JN437858

임진왜란과 호남 사람들 2

진주성 싸움과 행주대첩, 논개와 김덕령

임진왜란과 호남 사람들 2

진주성 싸움과 행주대첩, 논개와 김덕령

초판 발행 : 2013년 4월 10일

글 · 사 진 : 김 세 곤
펴 낸 이 : 김 남 진
펴 낸 곳 : 온새미로
주　　소 : 서울시 중구 신당2동 355-8 백석빌딩 신관 3층
출 판 신 고 : 제301-2009-241호
디 자 인 : 한 지 희

판 매 대 행 : (주)중앙경제
주　　소 : 서울시 중구 신당2동 355-8 백석빌딩 신관 4층
홈 페 이 지 : www.elabor.co.kr
전　　화 : 02-2231-7293
팩　　스 : 02-2235-5344

정　　가 : 20,000원

ISBN 978-89-7017-508-9 (03040)

임진왜란과 호남 사람들 2

진주성 싸움과 행주대첩, 논개와 김덕령

글 · 사진 김세곤

도서출판 온새미로

※ 온새미로 : "가르거나, 쪼개지 않고, 생김새 그대로, 자연 그대로, 언제나 변함없이" 라는 뜻의 순우리말

호남의 역사와 문화를 사랑하는 사람들에게 이 책을 바친다.

책을 내면서

2010년부터 무등일보에 '임진왜란과 호남사람들'을 4년간 연재하고 있습니다. 지금은 제3부 정유재란을 연재중인데, 7년 전쟁동안 호남사람들은 어떻게 국난을 대처하였으며 그들의 삶은 어떠하였는지를 재조명하고 있습니다.

저자는 2011년 5월에 〈임진왜란과 호남사람들〉 1권을 발간한 데 이어 2권을 발간합니다. 〈임진왜란과 호남사람들〉 1권은 1592년 4월부터 10월까지 임진왜린 초기 6개월간을 다루었습니다. 김천일, 고경명의 창의 활동과 권율과 황진의 이치전투, 전라좌수사 이순신의 옥포해전과 한산대첩 등 네 번의 해전, 그리고 7월 금산 전투에서의 고경명 순절 이후 전라 좌·우 의병의 경상도 진출과 장성 남문창의, 영광의병 수성 등을 살피었습니다.

이번에 발간한 2권은 김시민의 진주대첩과 전라도 순찰사 권율의 행주대첩, 1593년 6월의 제2차 진주성 싸움에서의 김천일·황진·최경회·고종후·장윤·양산숙 등 호남의병의 순국과 의기 논개의 순절을 다루었습니다. 또한 국난 중 민초들의 삶과 제2차 진주성 싸움 이후의 호남 의병 활동 그리고 비운의 팔도의병장 김덕령의 생애도 이야기 하였습니다.

이 책은 한 마디로 '역사인물기행' 책입니다. 이는 두 가지 점에서 의미가 있습니다. 첫째 이 책은 '역사기행' 책입니다. 저자는 역사 현장에서 임진왜란 당시 호남사람들의 고초와 충의를 느끼었습니다. 의기 논개를 만나러 진주성 의암, 의암사적비, 의기사, 임진대첩계사순의단, 변영로의 논개시비 뿐만 아니라 전북 장수군 의암사와 주논개 생가지도 답사하였고, 충장공 김덕령의 아픔을 느끼고자 광주광역시 충장로, 충장사, 풍암정, 취가정, 충효마을, 사직공원 등을 찾았습니다.

둘째 이 책은 '역사인물' 책입니다. 역사는 충무공 이순신, 충무공 김시민, 충장공 권율, 충장공 김덕령 같은 위인偉人의 업적도 중요하지만, 그들과 생사고락을 함께 하면서 왜적과 싸운 사람들의 행적도 큰 의미가 있습니다. 지금까지 역사책은 위인 중심이었지만, 이 책은 위인 휘하의 참모나 용사들의 흔적도 기록하였습니다. 이런 사람들의 기록을 찾는데 〈호남절의록〉과 〈조선왕조실록〉 그리고 〈난중잡록〉이 많은 도움을 주었습니다.

'임진왜란과 호남사람들' 글을 쓰면서 느끼는 것은 1593년 7월 중순에 이순신 장군이 한산도로 진영을 옮기면서 사헌부 지평 현덕승에게 보낸 편지의 한 구절인, "호남국가지보장 湖南國家之保障. 약무호남 시무국가 若無湖南 是無國家(호남은 나라의 울타리입니다. 만약 호남이 없으면 곧바로 나라가 없어질 것입니다.)"란 말이 이 시대에도 들어맞는다는 점입니다.

구한말 열강의 격동 속에서 호남이 아니었으면 동학민중운동이 일어날 수 있었을까요? 현대사에서 광주가 없었으면 이 땅의 민주화가 꽃을 피울 수 있었을까요?

역사란 무엇입니까? 왜 우리는 역사를 알아야 합니까? 몇 년 전에 통일부 통일교육원에서 교육을 받았을 때 방문한 폴란드 아우슈비츠 수용소 기념관 입구에서 읽은 글귀가 그 답을 준다고 생각합니다.

역사를 기억하지 못하는 자는 다시 한 번 그 역사에 얽매이게 된다.

The one who does not remember history is bound to live through it again.

이 책이 나오는 데는 여러분의 도움이 컸습니다. 온새미로 김희성 회장, 김남진 사장, 김태윤 상무 그리고 한지희 님, 정말 감사합니다.

2013년 4월 8일

솔향 강릉, 한국폴리텍대학 강릉캠퍼스에서

김세곤 삼가

목차

목차

4부. 팔도 의병장 김덕령

1부

진주대첩과 행주대첩

01

진주성 싸움의 서막이 오르다.

1592년 4월 13일에 임진왜란이 일어났다. 1592년 4월부터 10월초까지 6개월간 일본은 파죽지세이었다. 왜군은 20일 만에 서울에 무혈 입성했고 선조는 압록강 근처 의주까지 피난을 갔으며 전라도를 제외한 7도가 왜군의 손아귀에 들어갔다.

다행히도 하늘이 도왔을까. 나라는 망할 지경이었지만 전라도만은 무사했다. 호남은 육지에서는 의병의 저항으로, 바다에서는 이순신의 제해권 장악으로 온전히 보전될 수 있었고 병참기지로서의 역할을 톡톡히 수행하였다.

임진왜란 초기 호남의 위치는 1593년 7월 16일 전라좌수사 이순신이 친구인 사헌부 지평 현덕승에게 보낸 편지 한 구절로 함축된다.

호남국가지보장 湖南國家之保障

약무호남 시무국가 若無湖南 是無國家

호남은 나라의 울타리입니다.

만약 호남이 없으면 곧바로 나라가 없어질 것입니다.

이 말은 오늘날 호남정신의 근간이 됐고, 호남사람들은 국난에 처했을 때마다 몸을 아끼지 않고 나라를 위하여 싸웠고 그 정신은 한국 현대사에서도 이어져 오고 있다.

이제 1592년 10월초의 상황으로 돌아간다. 10월초에 김시민은 진주성 싸움에서 승리를 한다. 이른바 신주대첩이다. 신주대첩의 흔석을 찾아 신주성을 간다.

진주성 촉석문

진주성 입구 촉석문을 지나 성안으로 들어가니 '촉석루중 삼장사기실비 矗石樓中 三壯士記實碑' 가 있다. 거북이등 위에 세워진 비는 나무 한 그루와 함께 촉석루를 바라보고 있다. 이 비를 읽어 본다.

> 선조 임진 오월에 김성일은 영남초유사로 진양성에 다달아 조종도와 이노와 더불어 촉석루에 오르다. (중략) 분연히 맹세하여 술 한 잔 높이 들고 시 한 수를 읊으니
>
> 촉석루 삼장사는 잔을 들고 굽어 볼 제
> 뜻있어 흐르는 물 웃는 가슴 미어지네.
> 세월도 강물이러니 넋은 길이 남으리라.

학봉 김성일1538~1593은 경상우도 초유사로 경상우도에 와서 조종도1537~1597와 이노1544~1597를 만난다. 세 명은 촉석루에서 술 한 잔 마시고 나라 위해 한 목숨 바치기로 맹세한다. 진주에서 첫 번째 한 일은 진주성을 지킬 관료들을 찾는 일이었다. 임진왜란이 일어나자 진주목사 이경은 지리산으로 들어가 숨었다. 진주판관 김시민도 진주목사를 따라 지리산으로 피하였다. 진주성은 텅 비어 사람의 그림자도 없었고, 오직 강물만 출렁이며 흐르고 있었다.

'학봉전집'의 부록인 김성일 연보에는 진주성에서 삼장사가 만난 일을 이렇게 기록하고 있다.

(전략) 김성일은 조종도, 이노와 함께 눈을 들어 산하를 바라보다가 분통함을 참지 못했다. 조종도가 손을 잡고 함께 강으로 뛰어들려고 하자, 선생이 웃으면서 이르기를, "한번 죽기가 어려운 것은 아니지만, 그대로 죽기만 하면 무슨 소용이 있겠는가." 하고, 서로 눈물을 닦았다. 시를 지었는데, 그 시는 이렇다.

촉석루 누각 위에 올라 있는 세 장사	矗石樓中三壯士
한 잔 술에 웃으면서 장강 물을 가리키네.	一杯笑指長江水
장강 물은 밤낮으로 쉬지 않고 흘러가니	長江之水流滔滔
저 물이 마르지 않는 한 우리 넋도 죽지 않으리.	波不竭兮魂不死

촉석루 중 삼장사기실비 矗石樓中 三壯士記實碑

진주성에서 바라본 촉석문

그러면 학봉 김성일에 대해 좀 더 자세히 알아보자. 우리는 그를 선조 임금에게 일본에 대한 잘못된 정세 보고를 한 조선통신사로 기억한다. 1590년에 선조는 일본의 정세를 파악하기 위해 조선통신사를 일본에 파견했다. 그때 황윤길이 정사이고 김성일이 부사였다.

황윤길과 김성일은 1591년에 귀국하여 선조에게 엇갈린 정세보고를 한다. 서인의 황윤길은 "도요토미 히데요시가 담력이 있고 눈이 빛나 보인다."며 침략가능성을 강하게 말한데 반하여, 동인의 김성일은 "도요토미 히데요시를 쥐새끼 같다고 폄하하면서 별로 걱정할 것이 없다"고 보고한 것이다.

아이러니컬하게도 1592년 4월 11일, 임진왜란이 일어나기 이틀 전에 선조는 김성일을 경상우도 병마절도사로 임명한다. 병조에서는 무관을 추천했는데 선조가 무관출신 자리에 문관을 임명한 것은 너무나 파격이었다. 김성일은 임명되자마자 경상도로 내려간다. 그는 한강을 건너면서 시 한 수를 짓는다.

도끼 들고 남쪽 향해 길을 떠남에	仗鉞登南路
외로운 신하 한번 죽음 각오했다네.	孤臣一死輕
늘상 보던 저 남산과 저 한강물은	終南與渭水
고개 돌려 바라보니 남은 정情 있네.	回首有餘情

다시 서울을 못 볼 것을 김성일이 예감했을까. 상당히 비장한 느낌의 시이다.

경상우병영이 있는 창원으로 가는 도중에 김성일은 선조가 자신을 잡아오라는 소식을 듣는다. 4월 17일에 선조는 의금부 도사를 시켜 김성일을 잡아오라고 명한 것이다. 잘못된 정세보고를 한 김성일은 대역죄인 취급을 당한 것이다.

김성일은 선조의 명을 받들기 위해 자진하여 북쪽으로 향한다. 김성일 일행이 충청도 직산에 이르렀을 때 선조는 노여움을 풀고 그의 죄를 용서한다. 친구이고, 같은 동인인 유성룡이 간언한 것이다. 지금 국가가 위험에 처한 때에 한 사람의 신하도 중요하니 적진에서 싸우면서 충성을 다하게 하고 죄는 전쟁이 끝나고 나서 다스려도 늦지 않다는 요지의 간언을 한 것이다. 왕세자 광해군도 김성일을 변호해 주었다.

선조는 김성일을 경상우도 초유사招諭使로 임명한다. 초유사란 나라가 위기를 맞았을 때 백성을 잘 구슬려 나라를 위해 일어나도록 권유하는 직책이다. 경상우도에 내려가자마자 김성일은 초유문을 써서 백성들에게 보내 의병에 참여토록 권유한다. 그래서 고령의 김면과 합천의 정인홍, 의령의 곽재우 등이 의병을 일으키는 데에 큰 도움을 준다.

이 상황은 1592년 6월 28일자 선조실록에 나와 있다. 여기에는 경상우도 초유사 김성일이 선조 임금에게 의병이 일어난 일과 경상도 지역의 전투 상황을 보고한 장계가 기록돼 있다.

신은 죄가 만 번 죽어도 마땅한데 특별히 천지 같은 재생의 은혜를 입어 형벌을 당하지 않았을 뿐만 아니라 또 초유의 책임을 맡겨주시니, 신은 명을 받고 감격해 하늘을 우러러 눈물을 흘리면서 이 왜적들과 함께 살지 않기로 맹세했습니다.

● 답사할 곳 ●

* 진주성 : 경남 진주시 남성동 101-1 전화 055-728-0111

02

김시민, 진주목사가 되다.

초유사 김성일은 장계에서 경상우도 의병의 의거와 경상우도 전투 상황과 육군과 수군, 의병 그리고 민심의 동향을 소상하게 보고하고 있다. 이 중에서 진주에 대하여 언급한 부분을 읽어보자.

신이 보건대 진주는 남쪽 지방의 거진巨鎭으로 호남과 영남의 요충지에 위치하고 있으니, 이곳을 지키지 못한다면 이 일대에 보존된 여러 고을이 토붕와해돼 조석을 보존할 수 없을 뿐만 아니라 적이 반드시 호남을 침범할 것입니다.

호남은 지금 근왕으로 인해 도내가 텅 비었으니 만약 또 적의 침입을 받는다면 더욱 한심하게 될 것입니다. 진주는 바로 당나라 시절 수양성이 당나라의 보루가 된 것과 같으니, 오늘날 꼭 지켜야 할 곳입니다. 그래서 신은 진주에 머물면서 독려 조치해 이 고을을 견고하게 지키도록 해 호남 및 내지를 방어하는 계책으로

삼으려고 합니다.' (선조실록 1592년 6월 28일)

이 장계에서 보듯이 김성일은 진주를 견고하게 지켜 호남 및 영남을 방어하고자 한다. 그는 가장 먼저 진주 목사를 찾는다. 그런데 지리산으로 숨은 목사 이경은 목에 종기가 난 지 1개월이 넘었는데 나타나지를 않았다. 그리하여 김성일은 판관 김시민金時敏 1554~1592을 진주목사 직무대리로 임명한다.

진주성으로 돌아온 김시민은 성안의 백성들을 모아 훈련시키는 한편 염초를 구워 150근을 마련하고 총통 170자루를 제조해 왜군의 침입에 대비한다. 아울러 군사들도 모집한다. 유생 300명이 진주성을 지키겠다고 지원하는 등 모집된 군사가 3천명이었다. 김시민은 이순신 장군처럼 '준비된 장군' 으로서의 면모를 갖춘 것이다.

7월에 들어서자 김시민은 인근 지역의 왜군을 섬멸하는 데 앞장선다. 그는 사천현감 정득열 등과 함께 사천 · 고성 · 진해의 왜적을 무찔러 여러 고을을 수복한다. 특히 진해전투에서는 왜군 적장 다하라平小泰를 사로잡아 기세를 올린다.

7월 26일 조정에서는 이런 김시민의 공로를 인정해 그를 진주목사로 임명한다. 종5품에서 정3품으로 승진시킨 것이다.

판관 김시민을 발탁해 진주목사로 삼았다. 김시민이 진주의 주민을 안정시키면서 출전해 누차 승첩을 거뒀으므로 금산 이하에 머물며 주둔하던 적이 모두 도망했다. 이에 김시민이 도로 진주에 주둔하면서 굳게 지킬 계책을 세웠다. (선조수정실록 1592년 8월 1일)

그러면 김시민에 대해 알아보자. 김시민은 1554년 8월 충남 천안시 목천 잣밭마을에서 태어났다. 그는 어릴 때부터 활 쏘고 놀기를 좋아해 무인 기질이 있었다. 김시민은 1578년에 무과 초시에 급제하고 1584년에 무과 을과에 3등으로 합격해 임금을 호위하는 금군이 된다. 그 후 그는 종 6품 훈련원 주부로 근무한다. 요즘 같으면 육군 장병 훈련부대 교관이었다. 이때 그는 무기가 녹슬고 군대의 기강이 해이한 것을 보고 병조판서에게 이를 개혁하자는 건의를 올린다. 그런데 병조판서는 그에게 오히려 "태평성대에 군사를 조련하고 무기를 만들면 백성들이 놀란다."는 질책을 한다.

김시민은 벼슬을 그만두고 낙향한다. 그 뒤 그는 다시 벼슬길에 나서 군기시 판관을 거쳐 1591년에 진주 판관이 된다. 진주는 별로 연고가 없는 발령이었다. 그는 일을 원칙대로 공정하게 처리해 백성들의 신임을 받는다.

진주성에서 국립진주박물관으로 가는 길목에 충무공 김시민 장군의 동상이 있다. 한쪽에 칼을 차고 한 손을 뻗어 지휘를 하는 카리스마 넘치는 젊은 장수 모습이다.

김시민 장군 동상

1592년 8월과 9월의 전라도와 경상도에서의 전쟁 상황은 일진일퇴를 거듭하고 있었다. 전반적으로 보면 왜군이 밀리는 입장이었다. 금산, 의령, 성주 등지에서의 의병의 활약 그리고 이순신이 이끄는 전라도 수군의 제해권 장악 등으로 왜군은 수세에 몰리고 있었다. 더욱이 왜군은 병참기지인 전라도를 점령하지 못해 식량 보급에 애로가 생기고 있었고 추운 겨울이 오면 더욱 걱정이었다.

한편 8월에 하세가와가 이끄는 1만2천명의 왜군은 서울에서 김해로 남하한다. 그리고 9월 24일부터 남해 연안을 따라 진주성 공략에 나선다. 이 때 왜군은 2만 명으로 불어났다. 10월 1일에 왜군은 함안군을 분탕질하고 부다현을 넘어오다 조선군과 마주쳤다. 이윽고 진주의 소촌역에 진군했고 3일부터는 말띠고개와 미륵벼루를 넘어 부대를 2개로 나누어 진주성을 공격했다. 이것이 진주성 싸움의 서막이었다.

이때 경상우병사 유숭인이 창원에서 2천명의 군사로 왜군과 싸웠으나 중과부적이었다. 28세의 장수 유숭인은 전투에서 패하고 진주성에 이른다.

그는 김시민에게 성문을 열라고 명령한다. 그러나 김시민은 이를 거부한다. 성 밖에서 왜군과 싸우라는 것이다. 김시민은 하극상을 저질렀다. 만약 유숭인이 성안으로 들어오면 지휘권을 상관인 유숭인에게 주어야 하므로 김시민이 세워놓은 수성작전이 물거품이 되는 점을 고려한 고육책이었다. 결국 유숭인은 진주성 안으로 들어가지 못하고 성 밖에서 왜군과 싸우다가 장렬하게 죽는다. 진주성 안의 군사와 백성들은 이들의 죽음을 보면서 몸을 떨었다. 그리고 진주성 사수를 다시 한 번 다짐한다.

1592년 10월 1일자 선조수정실록은 진주성의 상황을 이렇게 적고 있다.

부산 등지에 주둔했던 적이 군사를 합쳐 대대적으로 진주를 포위했다. 당초에 적이 유숭인의 군사를 패배시키고 여러 고을을 분탕질한 뒤 진주로 향하려 했다. 이에 김성일이 호남에 구원을 청하자 의병장 최경회 · 임계영이 달려 왔다. 적이 진주에 육박했을 때 유숭인이 말을 달려 성 아래에 이르러 들어가려고 했는데, 김시민이 장수의 명령 계통이 전일하지 못할까 염려해 성문을 닫고 받아들이지 않으면서 말하기를 '성문을 계엄 중에 열고 닫을 때 창졸간에 변이 있게 될까 염려되니 주장主將은 밖에서 응원해 주면 좋겠다.' 했다. 유숭인이 돌아오다 적을 만나 패해 사천 현감 정득열, 권관 주대청 등과 함께 모두 전사했다. 곽재우가 김시민이 유숭인을 받아들이지 않았다는 말을 듣고 감탄하기를 '이 계책이 성을 온전하게 하기에 충분하니 진주 사람들의 복이다' 했다.

한편 경상도 산음 본부에 있던 초유사 김성일은 왜군이 진주성을 공략하였다는 소식을 듣고 깜짝 놀란다. 그는 김시민에게 목숨을 바쳐 나라를 구할 것을 당부하고 곤양군수 이광악, 진주 판관 성수경, 만호 최덕량,

김시민 장군 전공비

이찬종에게 전령을 보내 철통같은 방어를 지시한다. 그리고 곽재우, 김준민 등 경상우도의 의병장들에게 지원을 요청한다. 전라우의병장 최경회와 전라좌의병장 임계영에게도 사람을 보내 진주성이 위급하니 달려와 줄 것을 간곡히 부탁한다. 호남정신

● 답사할 곳 ●

* 국립진주박물관 : 경남 진주시 남성동 169-17 (남강로 626) 전화 055-742-5951

03

김시민, 진주성 싸움에서 크게 이기다(1)

진주성을 한 바퀴 둘러본다. 입구인 촉석문을 지나 남쪽은 강낭콩처럼 푸른 남강이 흐르고 돛단배가 한 척 떠 있다. 의기義妓 논개가 왜장과 함께 몸을 던진 의암 바위도 보인다. 촉석루를 지나 성안으로 깊숙이 들어가면서 강을 바라보니 험준한 절벽이다. 이 절벽은 호국사 절, 창렬사 사당 근처의 서장대까지 연이어져 있다.

이곳에서 오른쪽으로 걸어가면 북장대가 나온다. 그곳은 시가지와 인접해 있고 성벽이 상당히 낮다. 그리고 보니 진주성은 천혜의 요새다. 촉석문이 있는 동쪽과 북장대의 북쪽만 잘 수비하면 그리 쉽게 함락되지 않을 것 같다는 생각이 든다. 더구나 기록에 의하면 진주성 안은 여름과 겨울에도 마르지 않은 우물이 셋이나 있어 식량만 있으면 적에게 포위돼도 몇 달을 견딜 수 있었다 한다.

진주성 촉석루

진주성 제1차 싸움은 1592년 10월 5일부터 10월 10일까지 6일간 일어났다. 진주목사 김시민과 판관 성수경, 곤양군수 이광악이 진주성을 지켰다. 성안의 군사는 모두 3천800명이었다. 성 밖에는 경상우도와 전라도 의병들이 지원했다. 진주성을 중심으로 북면에는 심대승, 서북면에는 최경회 · 임계영 · 김준민, 서면에는 정기룡과 조경형이, 남강으로는 하경해, 남면에는 정유경 · 이달 · 최강 · 조응도 부대가 활동했다. 성 밖의 조선 지원군은 대략 4천 명 정도였다.

왜군은 가토 미치야스, 나가오카 타다오키, 하세가와 히데카츠, 기무라 시게지 등이 지휘하는 약 2만 명의 군사가 진주성을 공격했다. 어떤 기록에는 왜군이 3만 명이라고 적혀 있다.

한편 조경남이 지은 '난중잡록'을 보면 초유사 김성일이 호남의병에게 지원군을 요청한 기록이 나온다.

10월 2일. 적병이 소촌召村 진주에 있는 역 이름에 옮겨 둔을 치다. 경상우도 감사 김성일이 첨정 조종도를 보내 전라 좌우 의병 및 여러 장수에게 구원을 청했더니 우의병장 최경회가 남원으로부터 군사를 거느리고 산음, 단성으로 향하다.

10월 6일 경상 우순찰사 김성일이 또 정랑 박성을 보내 좌의병에게 응원을 청하니, 임계영이 남원으로부터 함양으로 향하다.

이를 보면 최경회와 임계영이 이끄는 전라좌·우의병은 남원에서 운봉으로 함양, 산음 그리고 단성을 거쳐 진주 근처에 도착한 것으로 보인다. 전라좌·우의병이 진주성 싸움에 참전을 하게 된 것은 초유사 김성일의 안면이 크게 작용한 것 같다. 초유사 김성일은 1583년에 나주목사를 하여 전라도 사람들을 많이 알았다. 이 당시에 최경회는 영암군수를 했는데, 김성일은 퇴계 이황의 제자이고 최경회는 고봉 기대승의 제자이어서 두 사람은 더욱 친분을 쌓았을 것으로 보인다. 나주의 경현서원에는 김성일의 신위가 이황, 기대승의 신위와 함께 모셔져 있다.

국립진주박물관

임진왜란 특성화 박물관인 국립진주박물관을 구경했다. 먼저 입체영상관에서 '진주대첩' 3D 영화를 봤다. 15분 정도 상영되는 이 영화는 진주성 싸움을 실감나게 보여준다. 진주목사 김시민이 적의 총알에 맞는 장면을 볼 때는 가슴이 뭉클했다.

그러면 6일간의 진주성 싸움을 자세히 살펴보자. 이 기록은 조선왕조실록의 '선조실록'과 '선조수정실록', 조경남의 '난중잡록', 이긍익의 '연려실 기술', 이로의 '용사일기', 홍양호의 '해동명장전' 등 여러 문헌에 실려 있다.

10월 5일(첫째 날)

왜군의 선봉 천 여 명이 바로 진주성 동쪽 말띠고개의 북쪽 산봉우리에 올라 종횡으로 달리면서 위엄을 떨쳤다. 김시민은 명령을 내려 적을 보아도 못 본 체하고 화살 하나도 허비하지 않도록 했다. 또 적군이 잘 볼 수 있는 곳에 큰 용이 그려진 깃발을 세우고 여러 채의 장막을 쳤다. 그리고 성안의 남녀노소 모든 사람들에게 남자 옷을 입혀 병력이 많은 것처럼 했다. 왜군 수만 명은 진주성 동쪽 10리쯤 되는 임연대臨淵臺 등에 집결하여 진을 치고 있었다.

김시민은 솔선하여 부인과 함께 술과 밥을 병사들에게 나눠 주고 온 힘을 다해 성을 지킬 것을 독려했다.

10월 6일(둘째 날)

왜군은 진주성을 본격적으로 공격하였다. 이른 아침부터 왜적은 부대를 셋으로 나눈 후 대탄大灘으로부터 일시에 진격했다. 한 부대는 동문 밖 순천당산에 진을 치고는 성안을 내려다보고, 두 번째 부대는 봉명루鳳鳴樓 개경원開慶院 앞에 진을 쳤고, 세 번째 부대는 앞의 두 부대 사이의 공간을 차지하고 진을 쳤다. 나머지 병력은 주위의 산에서 이들을 응원했다.

왜군 적장 6명은 검은 옷을 입고 쌍견마雙牽馬 양쪽 말몰이에 창칼을 가진 자가 옹위해 서고, 앞뒤에는 흰 납의衲衣를 입은 여인이 역시 쌍견마로 따른 왜군 졸병을 많이 거느리고 왜장 앞에 섰다.

순천당산에 진을 친 총수銃手 천 여 명이 성안을 향해 일제히 쏘아댔다. 탄환이 마치 우레 소리와 같고 수 만여 명의 적이 일시에 소리치니 천지가 진동했다. 그러나 성안에서는 전혀 동요하지 않고 사람이 없는 것같이 적막하고 반응이 없었다.

조선군은 왜군의 공격이 조금 가라앉은 것을 기다려 포를 쏘고 북을 울렸다. 그러자 왜적은 일시 흩어졌다. 그리고 민가의 대문짝 등을 뜯어와 성 밖 백 보쯤 되는 곳에 늘여 세우고 판자 뒤에 엎드려 조총을 쐈다.

일부 왜적은 민가에 들어가 짚과 대나무로 만든 집의 구성물을 뜯어내 막사를 지었는데 6, 7리가 연해 뻗쳤다. 왜군은 세를 과시하면서 기선을 제압하려는 듯 날라리를 불면서 곳곳에서 서로 호응하며 크게 소리쳤다. 밥 먹을 무렵에 그 소리는 그쳤으나 총소리는 밤새도록 끊이지 않았다. 왜군은 막사 주위에 불을 밤새 피웠다.

조선군도 외곽의 사방에서 횃불을 올렸는데 의령의 의병장 곽재우는 부하 심대승에게 군사 200명을 거느리고 향교 뒷산에 올라가 호각을 불고 횃불을 들게 했다. 고성에서 활약하고 있던 의병장 최강과 이달도 각각 원병을 이끌고 달려와 횃불을 들고 북을 치고 밤새 함성을 질렀다.

10월 7일(셋째 날)

왜군은 하루 종일 조총과 활로 성을 공격했고 주변의 여염집을 모두 다 불태웠다. 밤에 왜군은 붙잡은 아이들을 성 주위에 풀어 소리를 지르게 했다.

"서울이 함락되고 8도가 무너졌다. 진주성은 새장 속에 들어 있는 조롱새 신세이니 어찌 너희들이 성을 지키겠는가. 빨리 항복해라. 오늘 저녁에 우리 장수 개산介山 아버지가 오면 너희 세 장수의 목을 당장 깃대 위에 달 것이다."

아이들의 억양은 혹은 서울말로 혹은 각 지방 사투리가 섞여 있었다. 이 소리를 듣고 성안의 사람들이 격분해서 아이들을 꾸짖으려 했다. 그러자 김시민은 침착하게 대응하라고 하면서 말대꾸를 못하게 했다.

그런 연휴에 김시민도 악공을 시켜 문루에서 피리를 구슬프게 불도록 했다. 마치 한나라 유방이 초패왕 항우와 마지막 결전을 할 때 밤에 피리를 불어 초나라 군사들에게 고향생각이 나게 해 사기를 꺾듯이 김시민도 고도의 심리전을 펼쳤다.

이 날 밤에 달이 지자 왜군은 대나무로 엮은 죽편을 동문 밖에 세우고, 그 안에 판자를 세운 뒤에 흙과 돌로 토성을 만든 후 그 뒤에서 총포를 쏴댔다.

10월 8일(넷째 날)

왜군이 총공격을 시작했다. 왜군은 수많은 대나무 사다리를 놓고 성으로 기어올랐다. 3층 높이의 바퀴달린 산대를 만들어 성으로 밀고 들어오면서 조총과 화살을 쐈다. 김시민은 현자총통을 쏘아 3층 비계의 왜적을 명중시키니 왜군이 놀라서 물러났다.

또 왜군은 소나무가지를 쌓아 해자垓子를 메우고 죽편을 이용해 성벽을 기어 올라오려 했다. 김시민은 이를 간파하고 화약으로 불을 붙여 모두 불태워버렸다.

조선군은 미리 준비한 진천뢰震天雷와 질려포蒺藜砲 고약한 냄새가 나는 풀을 넣어 만든 일종의 독가스탄, 큰 돌멩이로 성에 오르려는 적을 사력을 다해 막아냈다. 그리고 자루가 긴 도끼와 낫을 준비해 산대를 파괴했다. 또 가마솥을 많이 걸어 놓고 물을 펄펄 끓여서 적의 머리위에 퍼부었다.

김시민은 낮에는 진내陣內에 복병해 내다보지 못하게 하고 군졸들에게 엄명해서 헛살 한 개도 못 쏘게 했다.

밤 10시께 고성의 조응도와 진주의 정유경이 군사 500명을 이끌고 각자 횃불을 들고 남강 건너편의 망진산 위에서 호각을 부니, 성안에서도 이에 호응했다. 왜군은 복병을 강변에 보내 진로를 차단하는 소동을 일으켰다.

사졸들은 죽기로 싸우지 않는 사람이 없었으나 싸움이 오래돼 화살이 떨어졌다. 김시민은 밤에 사람을 보내 성 밖의 김성일에게 이 상황을 보고했다. 김성일은 화살을 지원하고자 했지만 이 일을 수행할 사람을 얻기가 어려웠다. 하경해가 이 일을 자원했다. 그는 깊은 밤에 성을 몰래 타고 올라와 화살 백여 부部를 가져왔다. 성안의 군사들은 사기가 넘쳤다.

10월 9일(다섯째 날)

밤낮에 걸쳐 왜군의 총공격이 계속됐다. 왜군 2천여명은 새벽에 단성지역에서 분탕질을 계속했다. 일부는 단계현으로 향했는데 김준민에게 격퇴

당하고 말았다. 다른 일부는 살천 방면으로 나갔다가 정기룡에게 쫓겨 저녁에야 회군했다. 전라우의병장 최경회와 전라좌의병장 임계영도 구원병 2천명을 거느리고 와서 측면을 공격함으로서 왜군의 공격을 견제했다. 정유경도 망진산에서 사천으로 이동하면서 적을 견제했다.

조경남의 〈난중잡록〉에는 최경회의 전라도 의병이 경상도를 지원한 것을 이렇게 묘사하고 있다.

> 10월 9일에 단계에 이르니 해가 이미 뜨다. 큰 마을 하나가 시내의 동편에 있는데 앞에 대숲이 있다. 사람도 피곤하고 말도 피곤하므로 머물러 밥을 짓다. 전라우의병장 최경회가 군사 2천 명을 거느리고 바야흐로 단성에 머물러서 합천 군사와 합세해 진주로 전진하려 하다. 단성의 피란하는 남녀들이 산에 올라서 바라보고는, "전라도 대군이 본 현에 머물러 있고 또 합천 군사가 잇달아 올 것이니 다행히 잠깐이나마 죽음을 면하겠구나." 하다.

왜군은 총포와 활을 종일토록 그치지 않고 쏘았고, 흙을 날라다 급히 산대를 쌓고 그 위에서 철환을 무수히 쏘아댔다. 이에 대응해 조선군은 성안에서 현자총통을 발사해 세 번이나 죽편을 뚫고 또 목판을 뚫어 한 화살이 적을 관통해 즉사시켰다. 이후로 적이 다시는 산대에 오르지 못했다.

적의 기세는 날로 성해졌다. 김시민은 밤낮으로 군사들을 독려했다. 김시민은 울면서 호소하기를 "만일 진주성을 보전 못하면 성안에 있는 천백 인은 다 칼끝의 귀신이 될 것이니 '사지에 놓인 뒤에야 살 계책이 생긴다.'는 옛말을 명심하라" 했다.

저녁에 진주에서 납치당했다가 도망쳐 온 한 아이가 성안으로 들어 왔다. 그 아이는 내일 새벽에 왜군이 총공격을 할 것이라는 첩보를 제공했다. 이에 성안의 3천800명은 결사항전을 다짐했다.

10월 10일(여섯째 날, 마지막 날)

드디어 최후 결전의 날이었다. 왜군은 한 밤중인 1시경에 각 막사에 불을 밝히고 짐바리를 싸고 물러나 거짓으로 퇴각하는 척해 아군의 마음을 느슨하게 했다. 이윽고 왜군은 불을 끄고 몰래 들어 왔다. 2시께 왜군 1만여명이 새로 쌓은 동문 성벽에 육박해 왔다. 각자 긴 사다리를 가지고 접근했다. 왜군은 3층으로 만든 가면 인형을 사다리로 올려 우리 군사를 속인 연후에 성에 기어올랐고, 말 탄 왜적 천여 명이 뒤따라 돌진했다. 탄환이 비 오듯 쏟아지고 외치는 소리가 뇌성과 같은데, 왜군 적장은 말을 달리면서 칼을 휘둘러 전투를 독려했다.

이 때 목사 김시민은 동문 북장대에서, 판관 성수경은 동문 옹성에서 화살 · 진천뢰 · 질려포 · 큰 돌마름쇠 · 불붙인 짚 · 끓는 물 등 모든 화력과 무기를 총동원해 사력을 다해 진주성을 수비했다.

동문 쪽 전투가 한창일 때에 왜군 1만여 명이 어둠을 타고 돌연히 옛 북문을 공격했다. 긴 사다리와 방패를 이용한 일시의 공격에 성문을 지키던 군사들이 모두 놀라 한 순간 무너졌다. 곧 전 만호 최덕량과 군관 이눌 · 윤사복이 죽기를 무릅쓰고 흩어졌던 전세를 수습했다.

진주성 안은 노약자, 어린아이, 아낙네 할 것 없이 모든 사람들이 돌과 불을 던져 성안의 기와, 돌멩이, 지붕 넓은 싶까지 거의 다 없어졌다.

마침내 새벽 무렵에 적의 공세가 약간 누그러졌다. 이때 숨어 있던 한 왜군이 쏜 총탄이 김시민의 왼쪽 이마를 관통했다. 김시민은 의식을 잃고 말았다. 김시민이 총알을 맞아 쓰러 졌다는 소식이 전해지자 성안의 사람들은 동요했다. 이윽고 곤양 군수 이광악이 민심을 수습했다. 그는 김시민 대신 북장대를 지키며 궁수를 거느리고 용맹을 떨쳐 쌍견마를 탄 왜장을 사살했다. 이 장수는 등원랑이라 했는데 다다오키의 동생 겐바노조로 알려져 있다.

맹공을 퍼 부은 왜군은 날이 밝자 공격을 멈추고 비로소 퇴각했다. 10월 5일부터 10일까지 6일간의 치열한 전투가 끝난 것이다. 진주목사 김시민이 진주성을 지켜낸 것이다.

양군의 피해는 컸지만 특히 왜군의 피해가 훨씬 컸다. 왜군은 이를 은폐하기 위해 전사자를 불로 소각하고 퇴각했다. 포로와 우마까지 버리고 쓸

쓸히 퇴각했으나, 조선군도 김시민이 탄환을 맞고 장수와 군사들이 지쳐서 더 이상 왜군을 추격하지 못했다.

〈연려실기술〉은 마지막 전투 상황을 이렇게 묘사하고 있다.

> 진시와 사시의 중간쯤에 적이 물러갔다. 죽은 자는 셀 수 없었는데 적들이 끌어다가 불태워 버렸으므로 머리를 벤 것은 겨우 30여 개이며 적이 물러간 뒤에 불사른 뼈가 곳곳에 쌓여 있었다. 왜장의 시체는 상자에 담아갔으며 우마와 포로로 잡았던 우리 남녀들을 버리고 도망갔다. 김시민은 탄환을 맞고 장사들은 힘이 다해 추격하지 못한 것을 사람들이 한스럽게 여겼다.

〈부계기문〉에는 "왜군이 1594년에 명나라와 강화를 하면서 말하기를 '진주성 싸움에서 죽은 왜군 장교가 300명, 군인이 3만 명이니 이들에 대한 보상을 해 주어야 강화협상을 할 수 있다' 라고 공갈을 했다"라고 적혀 있다. 이처럼 진주성 1차 싸움은 왜군에게 뼈아픈 패배를 안겨주었다.

04

김시민, 진주성 싸움에서 크게 이기다(2)

진주성 싸움이 한창일 때 경상우도 순찰사 김성일은 거창에 있었다. 그는 김시민이 진주성을 지켜 냈다는 소식을 한 밤중에 보고 받았다. 촛불을 밝히고 앉아서 전령에게 성을 지킨 내역에 대해 자세히 물은 다음, 같이 있던 사람들에게 말하기를, “진주성을 지키지 못했다면 성 안에 있는 사람들이 떼죽음을 당했을 뿐만 아니라, 경상우도의 나머지 성도 보전하기가 어려울 것이다. 또한 호남도 당장에 왜적들의 침입을 받았을 것이다”했다.

날이 밝자 김성일은 즉시 진주로 달려갔다. 진주성 주위에는 왜적의 송장이 서로 베개 삼아 깔렸고 피비린내가 땅에 진동했다. 김성일은 가장 먼저 탄환에 맞아 누워 있는 김시민을 찾았다. 그는 김시민의 노고를 진심으로 치하하고 위로했다. 그리고 임시로 김해 부사 서예원을 목사로 삼고 선조에게 장계를 올렸다. 이 장계 맨 마지막 부분에는 김시민의 공이 적혀 있다.

> 대개 온 나라가 붕괴된 나머지, 어느 한 사람도 감히 성을 지킬 계책을 세우지 못했는데, 목사만은 외로운 성을 굳게 지켜서 바깥 응원을 기다리지 아니하고 능히 큰 왜적을 물리쳐서 한 도를 보전할 뿐만이 아니라 또 호남을 보호해 적으로 하여금 내지에 달려들지 못하게 했으니, 목사 김시민의 공이 너무 큽니다.

선조는 이 소식을 듣고 크게 기뻐했다. 그리고 김성일의 장계에 따라 논공행상을 했다.

> 비변사가 아뢰기를,
>
> "김성일의 포위를 풀었다는 장계를 보건대, 수만의 적이 누차 이긴 기세를 바탕으로 죽기를 기약하고 성을 함락시키려 하므로 위태로움이 조석에 달려 있다고 했습니다. 그런데 김시민이 수천 명의 외로운 군사를 가지고 홀로 성을 보전해 한 도의 이미 저상沮喪되었던 인심을 분연히 흥기시켰습니다. 그가 한 성을 지킨 것은 큰 공이라 할 수 없지만 원근에서 그 소문을 들은 자들이 이로 인해 스스로 힘쓸 것이니 특별히 논상해야 마땅할 듯합니다. 곤양 군수 이광악은 김시민이 철환을 맞은 이후부터 모든 조치를 다 적절하게 처리했고 말 탄 장수를 죽이기까지 해서 한 성으로 하여금 기운이 치솟게 했으니 역시 별도로 논상하는 것이 마땅할 듯합니다. 판관 성수경은 제일 위급한 동문을 지키면서 죽기를 기약하고 막았으니 초서超敍해야 합니다."하니, 상이 그대로 따랐다. (선조실록 1592년 12월 5일)

그런데 안타깝게도 김시민은 병상에 누운 지 한 달 후에 죽는다.

진주 목사 김시민이 졸하다. 김시민은 탄환 맞은 뒤에도 그 몸은 돌보지 않고 때때로 머리를 들어 북쪽을 향해 눈물을 흘리다가 이 달에 마침내 일어나지 못했다. 진중에서는 적이 알까봐 비밀에 붙여 발인을 하지 않았다.

그러나 성안에서는 부모상을 당한 것 같이 사람들의 울음소리가 여기저기에서 들렸고, 성안 사람들은 1년이 넘도록 소찬을 먹었다. 상여가 고향으로 돌아가는 길에 함양에 이르자 김시민이 경상우병사로 발탁됐다는 조정의 명을 들었다.
(〈연려실 기술〉에서)

한편 왜군의 진주성에서의 참패는 분통이 터지는 일이었다. 〈난중잡록〉에는 포로가 된 사람으로 일본에 있는 자가 김성일에게 보낸 편지가 소개되어 있다.

"왜적이 매양 진주 목사를 이야기 하고 있고 또 그때의 왜장으로 우시등원랑羽柴藤元郎이라는 자는 풍신수길의 조카로 병력이 가장 강했는데 패하여 창원으로 도망가서 분하고 한스러움이 병이 되어 죽었다."

이 포로의 편지처럼 왜군은 진주목사 때문에 진주성을 함락시키지 못했다고 분개하고 있었다. 왜군은 김시민의 이름은 몰랐지만 진주성을 지킨 지휘관이 진주목사라는 것은 알고 있었다.

진주성 싸움에서 패배했다는 보고를 접한 도요토미 히데요시는 매우 노하면서 어떤 희생을 치를지라도 진주성을 반드시 점령할 것을 명령했다. 그리고 진주목사의 목을 자기에게 가져다 바치라고 했다실제로 왜군은 1593년 6월 하순 제2차 진주성 싸움에서 1차 때 보다 5배나 많은 10만 명이 동원됐고, 진주성을 점령한 왜군은 당시 진주목사 서예원의 목을 도요토미 히데요시에게 가져갔다고 한다.

일본은 진주목사 김시민을 모쿠소木曾라고 부르고, 진주성을 목사성이라 했다. 모쿠소는 12세기말에 용감했지만 비극적인 생을 마친 영웅 키소 판관이다. 모쿠소는 에도 시대에는 일본에 건너가 국가 전복을 꾀하는 요술쟁이 반역자로 윤색돼 일본 전통연극 가부키의 주인공으로 등장했다. 일본의 2대 극작가중 한사람인 쓰루야 난보쿠의 '텐지쿠 도쿠베의 한국이야기' 에는 모쿠소 판관의 아들인 텐지쿠가 아버지의 유언과 두꺼비의 요술을 이어받아 일본의 전복을 위해 모반을 꾀한다는 내용을 담고 있다.

요컨대, 제1차 진주성 싸움은 육지에서 왜군을 이긴 가장 큰 승리이고 이순신의 한산대첩, 권율의 행주대첩과 함께 임진왜란 3대첩의 하나로 기억된다.

이 승리는 진주목사 김시민의 지휘아래 3천800명의 관, 민이 단결한 결과였다. 그리고 경상우도 관찰사 김성일의 면밀한 주도아래 4천여명의 경상도와 전라도 의병들이 진주성 외곽 지원을 한 것도 큰 효과를 봤다. 사극 영화로 말하면 김성일이 영화감독을 하고 김시민이 주연배우를 한 것이다.

이로써 진주를 장악해 경상도 의병의 활동을 약화시키고 전라도로 진출하려는 왜군의 전략은 무산됐다. 그들은 결국 후일을 기약하고 김해 쪽으로 후퇴할 수밖에 없었다.

국립진주박물관을 구경하고 나서 진주성 입구에 있는 '김시민 장군 전공비'와 '진주성 임진대첩 계사순의단'을 찾았다. 김시민 장군 전공비 자리는 김시민의 신위를 모신 옛 충민사가 있던 곳이다. 충민사는 고종 때 대원군에 의해 철폐됐다. 김시민의 신위는 지금은 진주성 서문 근처에 있

진주성 임진대첩 계사순의단

는 창렬사에 모셔져 있다.

김시민은 병조판서와 상락군에 봉해졌고 다시 영의정에 추증됐으며, 충무공 시호를 받는다. 충무는 '내 몸이 위태로워도 위를 받드는 것이 충이요, 쳐들어오는 적의 창을 꺾어 치욕을 막는 것이 무이다' 라는 의미이다. 그리고 보니 이순신과 김시민 두 사람 모두 시호가 충무공이다.

'진주성임진대첩계사순의단' 을 올라가면서 벽에 새겨진 김시민 장군 전공비 번역 글을 봤다. 1619년에 성균관 진사 성여신이 지은 비문 맨 마지막 부분을 소리 내어 읽어 본다.

기품은 날카롭고도 강하며
자질은 굳세면서도 온화하였네.
의로써 줄기를 삼고
충으로써 뿌리를 삼았네.
성을 보존하고 적을 물리쳤음은 그의 공이고
나라 일에 목숨을 바쳤음, 그의 충이네.
진주의 산은 높디 높고
진주의 물은 길고 길어라
한 빗돌 세워 천추에 전하니
공의 공덕 산처럼 높고 물처럼 길어라.

진주성 1차 싸움 부조

05

최경회와 임계영, 경상도에서 왜군을 무찌르다(1)

1592년 10월 10일 김시민이 이끈 조선군과 곽재우 · 최경회 · 임계영 등의 경상 · 전라 의병은 6일간의 치열한 전투 끝에 진주성 싸움에서 승리하였다. 이 전투에서 패배한 왜군은 창원, 김해 쪽으로 후퇴하면서 크게 움츠러들었다. 반면에 기세가 오른 영남 지역의 관군과 의병들은 이번 기회에 왜군에 점령당한 지역을 되찾기 위해 공세를 더욱 강화했다.

당시의 경상도 상황을 살펴보자. 왜적이 경상도에서 점령한 지역은 경상좌도에는 부산 · 동래 · 경주 · 밀양 · 청도 · 대구 · 영천 · 영산 · 창녕 · 현풍 등 열 고을이고, 경상우도에는 웅천 · 김해 · 창원 · 진해 · 고성 · 성주 · 개령 · 선산 · 금산 · 상주 · 함창 · 문경 등 열두 고을이었다.

전라우도관찰사 김성일과 경상도 의병장 정인홍, 김면 등은 전라도 의병장 최경회와 임계영에게 경상도에 계속 남아 왜적을 같이 물리치자고 말한다. 지금은 전라도가 무사하니 경상도의 왜적을 쳐서 전라도를 더욱 온전하게 하자고 설득한다. 정인홍은 남명 조식의 수제자로 임진왜란이 일어나자 합천에서 거의했고, 김면은 조식과 이황의 문하인데 고령에서 의병을 일으켰다.

이들의 간곡한 부탁에 전라의병장 최경회와 임계영은 경상도에 계속 머무르기로 한다. 이후 두 의병장은 장윤 · 고득뢰 등과 함께 경상 의병장 정인홍, 김면과 더불어 거창을 본거지로 개령과 성주의 왜적을 친다.

그런데 당장에 2천 여 명의 전라도 의병이 먹을 식량이 문제였다. 이에 정인홍등 경상도 의병장들은 경상우도 선비들에게 양곡 지원을 호소하는 격문을 보낸다.

'슬프다! 우리의 종묘사직이 잿더미가 되고 폐허가 된 지가 몇 달이며, 우리 임금께서 평안도로 파천하신 지가 지금 몇 달인고. (중략)

정인홍 등은 어리석은 생각에 격동돼 스스로 힘을 헤아리지 않고 창의해 군사를 모아 회복을 도모했으나 군사를 거느린 지 반 년에 근근이 한 구역만을 지키고, 아직도 경상도에 주둔한 적을 섬멸하지 못하니 슬프고 분하도다.

그런데 지금 임계영 · 최경회 두 의병장이, "적을 토벌하는 데는 처음부터 피차의 구별이 없다" 하고, 정예한 군사 수천 명을 거느리고 가까운 땅에 와서 주둔하면서 정인홍 등과 더불어 성주 · 개령의 적을 치고자 했다. 그들의 열렬한 의기가 보고 듣는 이를 감동시키니 실로 하늘이 국가를 도와 강토가 회복될 조짐이로다.

다만 군량이 부족한데 조달할 계책이 없으니, 저 수천의 군사를 무엇으로 먹일꼬. (중략) 우리 군사만 먹여도 오히려 넉넉지 못할까 염려되거늘, 하물며 호남의 군사에게 어떻게 공급할 수 있으리오. 옛글에 이르기를, "양식이 부족하면 군게 지킬 땅이 없다."했으니, 양식과 물자가 계속 공급되지 못하면 비록 호남의 의병이라도 붕괴돼 흩어짐을 면치 못할 것이니, 회복을 하고자 하는 호남의병에게 어찌 군량 지원을 생각지 않겠는가. 생각건대 우리 선비들은 이미 말 타고 활 쏘는 재주가 부족하니, 전쟁터에 달려가서 왜놈 하나라도 쏘아서 적개의 충성을 바치려 한다면 그만이지마는 만분의 일이나마 도울 수 있는 것은 오직 군량을 공급하는 일일 것이다.

엎드려 원하노니, 여러 선비들이 동지들에게 두루 타일러서 성의를 다해 조금씩 곡식을 낸다면 호남 군사의 수개월 양식을 공급해 그들로 하여금 회복할 계책을 성취시키게 하리니 어찌 아름답지 않겠는가. 들은즉 호남의 의사들은 의주의 행재소에 경비가 부족할 것을 생각해 서로 권면해 쌀 수만 석을 모아서 의곡義穀이라 이름 해 배에 싣고 수레로 운반해 평안도로 보내 바치었다 하니 정말로 그 충성이 지극하다.

돌아보건대, 경상도의 많은 선비들은 그 재력이 진실로 호남의 전성全盛함에 미치지 못하므로 비록 의곡을 보내는 장한 일은 본받지 못하지만, 감히 그 아름다운 뜻을 본받아 힘이 미치는 데로 바다에 한 방울의 물을 보태고 태산에 한 티끌을 보태기를 하지 않겠는가. (중략) 의리를 아는 제군은 힘쓸지어다.

(조경남의 〈난중잡록〉 1592년 10월 18일에서)

한편 전라좌의병장 임계영도 전라도 여러 지역 선비들에게 전투에 참여할 것을 요청하는 격문을 보낸다.

의거로 군사를 일으킴은 오로지 국가를 위해 적을 토벌함이다. (중략) 조선 7도가 이미 어육이 됐고 다만 호남만이 겨우 보전함을 얻었으니, 지금이라도 만약 기회를 잃으면 어찌 남아 있는 백성을 구하랴. 이때가 바로 의기 분발한 선비가 몸을 아끼지 않고 나라에 보답할 때이다.

우리들은 용성으로부터 거창에 와 주둔해 바야흐로 영남의 여러 어진 분들과 협력해 개령·성주 등지의 적을 치려한다. 그러나 외로운 군사로 깊이 들어와 형세가 고단하고 힘이 약해 바로 흉한 칼날을 치기가 어려워서 백가지로 생각해도 상책을 얻지 못하고 있다.

공사公私가 모두 군색해 앉아서 응원병이 오기만을 기다려도 아직까지 먼저 소리치는 장수가 이곳에 왔다는 소식을 듣지 못했으니, 비록 까닭이야 있겠지마는 왜 그리 더딘지 부끄러울 뿐이다.

경상도 개령의 험한 데가 지켜지지 못하면 전라도 운봉을 지키기 어렵고 운봉을 한번 잃으면 다시는 군사를 쓸 땅이 없을 것이니, 만일 흉한 오랑캐가 마구 몰아친다면 그 뒤에는 여러분이 죽을 힘을 다해 왜적을 막으려 한들 피곤한 군사를 거느리고서 군센 왜적에게 항거하기가 어렵지 않겠는가.

엎드려 원하노니, 여러분들은 각기 정예한 군사를 통솔하고 시기에 맞춰 와 응원해 좌우의 어금니처럼 서로 의뢰하고 고기비늘처럼 잇달아 나온다면, 위엄이

미치는 곳에 왜적은 반드시 간담이 꺾어질 것이니 합세해 일제히 치면 어떤 견고한 적인들 꺾지 못하리오.

비린내와 누린내를 소탕하고 씻어서 멀리 개령의 지경까지 막으면, 호남은 절로 완전해져서 국가를 다시 회복할 수 있을 것이다. 일의 기미가 이와 같은데 어찌 소홀히 할 수 있으리오.

다시 원하노니, 제군은 좋은 계책을 힘써 생각해 후회하지 말지어다. 임기응변은 병가兵家에서 귀히 여기는 바이며, 급한 데로 달려가 형세를 타는 것은 지사志士가 숭상하는 바이다. 만약 머뭇거리고 핑계하다가 늦어서 기회에 미치지 못하면 모든 벗의 꾸짖음을 받을 뿐만 아니라 반드시 조정의 질책도 있을 것이니 두렵지 아니한가.'

(조경남의 〈난중잡록〉 1592년 10월 18일에서)

06

최경회와 임계영, 경상도에서 왜군을 무찌르다(2)

1592년 10월 중순 이후 전라도와 경상도 연합의병은 경상우도에 남아 있는 왜적을 토벌한다. 전라좌의병장 임계영은 거창에 주둔하면서 전라우의병 최경회 군대와 함께 경상 의병장 김면과 협력해 개령의 적을 무찌른다. 그런데 성주에서 적과 싸우던 경상의병장 정인홍의 부대에서 임계영에게 지원요청이 왔다. 정인홍은 하루에 세 번씩이나 사람을 보내어 위급함을 전했다.

11월에 들어서 임계영은 거창으로부터 합천 해인사로 진을 옮긴다. 그리고 정인홍과 협조하여 성주의 적을 친다. 가야산 해인사는 성주와 상당히 가까운 거리였다. 한편 최경회 부대는 거창에 그대로 머물러서 김면과 함께 개령의 적을 공격했다.

전라좌의병 임계영 부대의 활약은 대단했다. 광해군의 사부 박광전의 큰 아들 박근효와 둘째 아들 박근제, 그리고 문위세, 장윤, 정사제, 소상진, 남응길 등 1천여 명의 보성 · 장흥 · 순천 의병들은 11월 18일 성주로 가는 길에 왜적을 만나 접전했다.

이 전투에서 부장 장윤이 왜적의 머리 2개를 베었다. 12월 7일에는 성 밑에서 적을 유인하여 성 밖으로 나온 왜적 10명 중 6명을 죽였다. 12월 14일에는 하루 종일 싸워서 적의 시체가 성 밑의 언덕처럼 쌓였다. 우리 군사도 10여명이 피해를 입었고 적을 쫓던 소상진, 남응길등이 총탄에 맞아 죽었다.

보성출신 소상진은 임진왜란이 일어났다는 소식을 듣고 홀로 근왕하기 위해 서울로 올라갔다. 그는 삼례역에 이르러 김성일을 만나 영남으로 내려가 전라좌의병 임계영 막하에 들어갔다. 소상진은 '적을 보고 물러나면 어찌 의병이라 할 수 있으랴' 하면서 몸을 아끼지 않고 왜적을 닥치는 대로 참살하다가 갑자기 탄환에 맞아 죽었다. 남응길은 장흥 사람으로서 임진란이 일어났을 때 상중喪中이었다. 그런데 그는 임금이 파천했다는 소식을 듣자 전라좌의병에 합류해 소상진과 함께 좌 · 우익을 이뤄 적을 쫓다가 적의 탄환에 죽었다. 소상진과 남응길에 관한 행적은 모두 '호남절의록' 에 나온다

이런 임계영의 경상도에서의 종횡무진은 임계영을 경상의병장으로 잘못 표기하는 해프닝까지 일어나게 했다. 학자들에게 꽤나 알려진 신경이 지

은 '재조번방지 권2' 에는 임계영이 경상의병장으로 기록되어 있다.

그런데 개령과 성주 모두 왜적의 저항이 너무나 거셌다. 전라도와 경상도의 의병만으로는 조총으로 무장한 왜군을 이기기 어려웠다. 더구나 개령에 주둔한 왜장 우시안예와 모리휘원은 개령 백성에게 생업에 종사할 것을 명령하기까지 하는 대담함을 보이기도 했다.

> 개령 백성에게 고하노니, 개령 백성들은 왜 돌아오지 아니하는가. 돌아와서 각기 그 생업에 안정해 농부는 제 농사를 지어 혹은 물을 대고 풀을 매며, 장사꾼은 장사하여 혹은 그 재물을 교통하고 이익을 얻는 것이 옳다. 비록 깊은 산골에 있어 종적을 숨기고 1백 년을 지낸들 또한 무슨 유익이 있겠는가. (조경남의 〈난중잡록〉에서)

그래서 경상우도 순찰사 김성일과 정인홍등 경상의병장들은 체찰사 정철에게 경상우도의 왜적을 무찌를 군사를 지원해 줄 것을 요청한다. 정인홍 등이 호남 의병을 요청하는 호소문도 그 일환이다.

> 슬프도다. 바다 도적이 세력을 믿고 침범하매 경계에서 막아낼 사람이 없어 조선팔도 중에 일곱 도의 강산이 적의 손에 모두 함몰됐는데, 오직 전라도만이 잠식됨을 면했다. 이런 호남의 강토가 지금까지 그대로 있는 것은 호남의 의병장들이 충의를 분발하고 격려해 의병을 모아 합한 힘이 아니었던가. 용성 · 금산 두어 성이 이미 왜적의 소굴이 됐다가 곧 섬멸되고 완산이 거의 먹힐 뻔하였는데 겨우

보존됐다. (중략)

정인홍 등은 각 고을이 붕괴된 나머지 분기하고 흩어진 군사들을 간신히 불러 모아 겨우 한 읍을 얻어 조개와 도요새처럼 서로 버티어 여름부터 겨울까지 지냈으니, 군사는 피곤하고 양식은 부족한데 여러 성을 점령한 왜적은 좌우에 벌여 있고 왕래하는 왜놈은 먼 데나 가까운 데에 가득하다. 부상당하고 굶주린 군사를 거느리고 한창 날뛰는 왜적과 대항하자니 이 또한 어렵도다.

근래에는 왜적의 세력이 더욱 거세서 이웃 고을에 개미처럼 모였던 놈이나, 상도上道에서 후퇴한 놈들이 모두 성주로 모여서 실로 수효가 많으니, 마구 침입할 조짐이 아침 아니면 곧 저녁에 닥칠 것이다. 행여 오늘 방어에 실패하면 겨우 남은 여덟·아홉 고을도 차례로 지키지 못할 것이니, 왜적들이 강토를 짓밟을 걱정은 역시 호남 지방도 마찬가지일 것이다.

하양下陽이 한번 함락되매 우虞와 괵虢이 따라서 망하고, 한단邯鄲이 굳게 지켜지니 조趙와 위魏가 함께 온전했다. 영남과 호남은 곧 우·괵의 하양이요 조·위의 한단이니, 영남이 없으면 호남도 없을 것인데, 막부에서 어찌 영남의 존망을 멀거니 쳐다보고 염려를 하지 않는가. 오직 생각건대 막부에서 평원군 平原君의 사자[使]를 기다리지 아니하고도 강황 江黃의 위태로움을 구원하고 저 무용스런 군사들이 와서 경상도 한곳에 주둔한다면, 이것이 실로 입과 입술(脣齒)의 형세로서 남의 곤란함을 급히 살피는 의리라 할 것이다. (중략)

하물며 지금 임계영·최경회 두 장수가 멀리 이웃 도의 위급함을 구원해 새로 칼날이 한창 날래고 피곤한 군사도 용기를 솟구치니 크게 승리할 기약은 날짜를 정하고 기다릴 수 있을 것이다. 삼가 원컨대 막부에서는 웅장한 계책을 쾌히 결단해 '시경' '무의편'을 읊고 와서 두 장수와 더불어 계책을 맞추고 힘을 한 가지로 하면, 본도의 사기士氣가 믿는 바가 있어 스스로 배가 될 것이며 충청도의 군사도 또한 서로 의지하여 떨칠 것이다. (중략)

경계는 비록 호남 · 영남으로 갈렸으나 형세는 보거輔車 수레의 덧방나무와 바퀴처럼 뗄 수 없다는 뜻으로, 서로 돕고 의지하는 관계를 이르는 말처럼 서로 의지했으니 때를 놓치면 배꼽을 물어뜯은들 무슨 소용이 있으리오. 이는 깊은 마음속에서 나온 말이니, 선비들은 힘쓸지어다. 정인홍 등. (조경남의 〈난중잡록〉에서)

이런 경상우도의 요청에 따라 체찰사 정철은 운봉 현감 남간과 구례 현감 이원춘 등을 대장으로 삼아서 전라도 관군 5천여 명을 지원했다. 그들은 호남과 경상의병들과 함께 개령 · 성주의 왜적과 전투를 했다. 그러나 전라도 관군은 워낙 왜적의 저항이 크므로 성주성을 치다가 크게 패해 다시 전라도로 돌아왔다.

영남 의병장 정인홍 등이 호남 의병장 최경회 등과 약속하고 개령 · 성주에 주둔한 적을 공격할 것을 의논했다. 그래서 체부體府에 구원병을 요청하니 정철이 전라좌도의 운봉 등의 관병을 파견해 돕게 했는데, 도합 5천여 명이었다. 그러나 성주 등지에 주둔한 왜적을 공격했다가 크게 패해 돌아왔다.

영남과 호남의병 및 관군들이 경상우도의 개령과 성주의 왜적을 무찌르지 못한 것은 조선 군사들 간의 긴밀한 협조 체제가 이뤄지지 못한 탓도 있다. 1593년 5월 24일의 〈난중잡록〉에 기록된 전라좌의병장 임계영의 보고서에는 1592년 12월 중순에 임계영 의병이 성주를 함락시키지 못한 것은 경상의병과의 연합작전에 실패했기 때문이라고 적혀 있다.

〈난중잡록〉은 남원 출신 의병장 조경남趙慶男 1570~1641이 그의 나이 13세 때인 1582년부터 별세하기 2년 전인 1639년까지 58년간의 사적을 일기체로 쓴 사료이다.

12월 10일에 의병장 정인홍 및 관군의 여러 장수와 더불어 약속했는데, 4일 후인 12월 14일에 우리 군사가 종일토록 죽도록 싸워서 전쟁터는 모두 핏빛이 됐으며 성 밑에 쌓인 송장이 언덕과 같았습니다. 우리 군사들이 왜적의 머리를 탐내 앞다퉈 성 밑으로 달려갔더니, 궁지에 몰린 왜군이 죽음을 무릅쓰고 칼날을 돌려 우리 용사 10여 명이 피해를 입었습니다. 부장 또한 말이 피곤해 달리지 못하므로 말에서 내려 걸으면서 용맹을 떨쳐 한 화살에 한 놈씩 죽인 것이 수를 헤아릴 수 없자, 적이 그제야 물러났습니다. 흉한 놈들 중에 죽은 자가 3분의 2는 돼 한창 싸울 때에 쏘아 맞히고 쏘아 죽인 것은 이루 헤아릴 수 없으니, 성주의 수복이 바로 눈앞에 있었는데, 이 도의 모든 장수들이 약속을 배반하고 응원하지 않았으니 분함을 금할 수 없습니다.

이런 상황을 아는 듯 인동 선비 장봉한은 임계영에게 다음과 같은 글을 보낸다. 인동은 지금의 구미시 인동동으로 당시는 성주 근처의 인동현이었다. 이 글 역시 〈난중잡록〉에 기록되어 있다.

군사를 의병이라고 이름 한 것이 어찌 우연함이리오. 그 충성과 용맹이 관군과 견줄 바가 아니요 의기에 분발함이 다른 것과 비교할 바 아닙니다. 의로운 소리와 높은 절개가 늠름해 자신을 잊고 나아가 싸우는 것이 의이요 크고 작은 것과 강하고 약한 것은 논할 바가 아닙니다.

그러므로 의병 앞에는 강한 적도 강함이 되지 못하고, 많은 적들도 많은 것이 되지 못합니다. 대저 우리나라의 많은 선비들은 태학관太學館에 올빼미가 날아다님을 분하게 여기고 태원太原을 침략당한 욕을 부끄럽게 여겨 분연히 몸을 돌보지 않고 군사를 모은 자가 곳곳마다 일어났습니다. 그 중에도 기운이 산하를 웅장하게 하고 충과 의가 모두 열렬해 정성이 금석을 꿰뚫은 것은 전라도가 제일입니다. 지금 임금께서 파천하시고 백관이 도망해 숨으며 빛나던 종묘사직이 이미 기장이 우거진 폐허가 됐는데도, 임금께서 다행히 여기시는 바는 전라도의 군사가 온전하기 때문입니다.

피란하는 백성들이 도마 위의 고기와 솥 속의 물고기 신세를 면하지 못하고 유리流離하는 고생이 이미 극도에 달했는데도, 백성들이 믿는 바는 전라도가 그 지킴이 견고하기 때문입니다. 위와 아래의 희망이 모두 전라도에 있을 뿐 아니라 왜적이 두려워하는 바도 역시 호남 한 도 뿐이니, 호남에서 의병을 일으킨 이는 진실로 위급한 오늘날에 기대를 저버릴 수 없을 것입니다.(중략)

그런데 근일에 전도前導가 밤에 놀라 대군이 별처럼 흩어져 적을 잡을 기세를 놓쳤으니 이것이 어찌 장군만의 실책이리오. 실로 영남의 군사들이 미친 개 같은 왜놈들에게 겁을 내는 것이 벌써 하루 이틀의 일이 아니므로, 왜적이 우리를 추격한다는 말을 잘못 전해 퇴군한 죄가 마침내 장군의 군사가 회군할 의사를 가지게 한 것입니다. 아! 백 번 싸워 백 번 패해도 마지막에 한 번 이기는 것만 같지 못하거늘 어찌 한 번 놀란 일로 떠나가고 머무는 것을 결정하리오. (중략)

지금 장군은 용맹하기가 범과 같고 곰과 같은 군사가 있으며, 하늘에 뻗치는 칼을 집고 해를 휘두르는 창을 잡고서 호남의 의사를 데리고 왔으니 그 이름이 장하지 않습니까. 왜란을 평정해 바른 데로 돌림이 이 한 걸음에 있고, 엎어지는 것을 붙들고 위태로움을 유지하는 것도 이 한 걸음에 있으니, 그 맡은 것이 중하고 그 책임이 큽니다.

그렇다면 어찌 소장부小丈夫처럼, 싸워서 이기면 기세가 등등하고 싸워서 지면 군세가 움츠러들어 한 번의 승부에 진퇴를 가벼이 하겠습니까. 군문의 위엄이 사랑함보다 앞서고 군령이 엄숙해 오직 의를 따른다면, 방숙方叔의 계책이 장해 매우 치성하던 적세가 스스로 위축돼 날로 위축된 강토를 회복할 수 있을 것입니다.

만일 맹시사 孟施舍의 용맹을 굽히거나 조괄 趙括의 겁을 내 도끼가 이지러지지도 않았는데 오던 길로 수레를 속히 돌린다면 환영했던 백성이 어찌 실망하지 않겠습니까. 이는 또한 성상이 회복하실 기대를 저버리는 것이 되고 적에게 약함을 보이는 일입니다.

장군이 이번에 떠나시는 것을 혹자는 국가의 불행이라 합니다. 애당초 사방에 두루 의론해 의기를 떨쳐 군사를 모집하던 실제가 과연 어디에 있습니까. 그 이름과 그 실지가 현저히 다르니 혹자가 의병이라 말하더라도 나는 믿지 않겠나이다. 바라건대 장군은 다시 생각하소서. (중략)

이제 적의 굴혈에 와서 벤 머리를 조정에 바치지 못하고 창과 칼을 거둬 넣으며 수렁에 빠진 이를 건지러 왔던 수레를 장차 돌리려 하니, 비록 젖 달라고 우는 어린애는 돌보지 않는다 하더라도 어찌 파천하신 전하를 생각하지 않으십니까. (중략)

그렇다면 중흥을 생각하는 형세는 다만 호남의 의사들을 믿는데, 군사가 주둔한 지 10일 만에 혈전하는 정성을 바치지 아니하니 장차 하늘이 돌보지 않음인지요. 영남의 군사는 흩어지고 도망한 중에 다시 불러 모았으니 흙 무너지듯 여러 번 물러감이 진실로 그런 형세이지마는, 장군의 군사는 강하고 날래며 용감함이 견줄 데 없는데 오히려 강한 기운이 꺾이어 군사를 되돌리겠다니 난감합니다.

부로父老들이 물어보면 장차 무슨 말로 답하시렵니까. 부로에게 답할 말이 없을 뿐 아니라 호남 의사들의 낙담이 장차 장군으로부터 비롯될 것입니다. 삼가 원하건대, 장군은 종묘사직이 폐허가 될 것을 깊이 애통히 여겨 다시 근왕의 정성을 굳게 할 것이요 돌아가는 걸음을 빨리하지 마소서. 저는 무武로 적을 막을 재주가 모자라니 창을 메고 싸우는 노력도 감당할 수 없고, 문文으로도 적을 퇴각시킬 수 없으니 어찌 무의無衣의 시를 화답하겠습니까.

밤낮으로 간절히 바라는 바는 우뚝한 우리 장군이 반드시 최고의 공을 세워 개선하는 날에 문무의 덕을 칭송해 다시〈6월편을 노래하기를 원하나이다. 장군은 장한 기운을 더해 곤이 昆夷의 주둥이를 무찔러 주소서. 도망해 숨어 다니는 중에 소리를 삼키는 울음을 견딜 수 없어 삼가 죽음을 무릅쓰고 아뢰나이다. 다시 한 번 생각하소서.

경상도를 떠나려 하는 전라좌의병장 임계영을 붙잡으려는 인동선비의 호소는 너무나 리얼하다.

한편 전라 좌 · 우의병이 오래 영남에 머물면서 성주, 개령의 적과 여러 번 싸워 몇몇 왜군을 베어 죽인 공은 있으나 한 번도 전승全勝한 적이 없어 의병들의 피해가 너무 심했다. 따라서 전라도 의병들 중에는 철병해 북으로 가서 근왕할 것을 거론하는 이가 많았다.

비변사에서도 임금에게 곽재우, 최경회와 임계영의 의병을 근왕하게 하자는 건의를 한다.

비변사가 아뢰기를, 각도의 의병 가운데 곽재우 · 최경회 · 임계영이 거느린 군사는 쓸 만해 보입니다. 이들 세 사람이 바야흐로 경상도에 있으니 급히 군사를 정돈해 근왕하게 하소서. (선조실록 1592년 12월 9일)

1592년 12월 25일. 드디어 이여송이 이끄는 5만 명의 명나라 군대가 압록강을 건넜다. 마치 1950년 한국전쟁 때 중공군이 압록강을 건너듯이. 명군 5만 명은 당시에 평양성에 주둔하고 있는 왜군보다 3배나 많았다.

조선과 명나라 연합군은 곧장 평양성을 공격했다. 마침내 1593년 1월 8일 조 · 명 연합군은 평양성을 되찾았다. 왜장 고니시는 '퇴각하는 길을 막지는 말아 달라' 고 애걸하면서 평양성을 빠져 나갔다.

의기양양한 명나라는 내친김에 서울도 되찾겠다고 조선의 모든 군사들에게 동원령을 내렸다. 그 불똥은 전라도 의병들에게도 떨어졌다. 체찰사 정철은 임계영, 최경회 전라 좌 · 우의병장에게 군사를 거느리고 서울로 가도록 명령을 내렸다.

경상도에서 왜군과 싸우고 있던 두 의병장들은 서울로 올라 갈 준비를 했다. 이런 상황이 생기자 호남과 영남은 일시에 뒤숭숭한 분위기가 됐다. 언제 다시 왜군의 손아귀에 들어갈지 모른다는 불안감이 가득했다.

영남 몇 고을 백성은 두 장수가 간다는 말을 듣고 집을 헐어 가지고 바위 구멍에 들어가 숨는 자가 잇따랐고 늙은이와 어린이를 붙들고 사방으로 가는 자가 여럿이었다.

이 지경에 이르자 호남 · 영남의 선비들은 임금에게 상소를 했고, 체찰사 정철에게도 호소했다. 먼저 임금에게 상소한 글을 읽어 보자.

무릇 일의 성공과 실패는 모두 기회가 있는 것이니, 비록 일의 성패가 하늘에 달려 있다 하나 사람이 실로 하는 것입니다. 진실로 장차 올 일을 살피지 아니하고 이미 이뤄진 세력을 헐어버리면 다만 일에만 유익함이 없을 뿐 아니라 화가 예측할 수 없는 경우가 있습니다.

서울이 지켜지지 못하고 각 고을이 함께 무너졌는데 전라도 한 도만이 홀로 지탱할 수 있는 것은 전라 좌우 의병이 있어 막아 준 까닭입니다.

의병이 일어난 처음에 금산·무주의 왜적을 쫓아서 침입하지 못하게 했고, 또 서로 약속해 서울로 함께 달려가려 할 즈음에 영남에 주둔한 적이 바야흐로 치성했습니다.

의병장 정인홍·김면의 군사가 감히 홀로 감당하지 못해 슬피 호소하며 전라 좌·우 의병에게 구원을 요청하므로, 임계영·최경회 두 의병장이 군사를 이끌고 거창·합천 등지로 달려가서 지난해부터 지금까지 수개월 동안에 혹은 산성에 둔쳐서 진주의 적을 쫓는데 협력했고, 혹은 요로를 지키면서 성주·개령을 나누어 공격해 날마다 싸우지 않은 적이 없고, 달마다 이기지 않은 적이 없었습니다.

그러므로 영남 6~7고을이 온전히 살게 되었으니 이 두 장수의 공이 이것으로 봐도 큰 것입니다.

두 장수는 위험을 무릅쓰고 왜적을 맞아 싸웠고, 그 공이 아니었더라면 영남의 6~7 고을은 이미 조선 땅이 아니었을 것이며, 6~7고을이 버티지 못하고 왜적에게 들어갔다면 그 화가 또 호남까지 미쳤을 것이니, 호남이 없어지면 국가는 어디를 근거로 해 회복할 터전을 마련할 지 알 수 없습니다.

지난해에 호남이 마침 풍년을 맞아 창고가 가득 찼으니 이것은 하늘이 국가 회복의 근본을 도와준 것입니다. 북으로 짐바리를 운송해 길에 연달았고 동으로 양식을 운반해 끊이지 않게 대어주니, 왜적이 감히 침범하지 못한 것도 이런 연유입니다. (중략)

이제 이뤄진 세력을 뭉쳐서 더욱 울타리를 견고하게 하면 왜적이 감히 6·7고을에 충돌하지 못해 호남이 온전할 수 있을 것이요, 호남이 온전하면 경상도의 왜적도 절로 물러갈 것이요, 경상도의 적이 스스로 물러나면 서울의 적이라고 어찌 홀로 보존하겠습니까.

이런즉 경상도 6~7고을을 굳게 지켜서 적으로 하여금 감히 서쪽으로 몰아가지 못하도록 함이 이것이 진실로 서울을 수복할 큰 기회입니다.

일의 성패가 여기에 있으며 왜적이 가고 머무는 것이 여기에 관계되니 임계영·최경회 두 장수의 거취가 어찌 중하지 않겠습니까. 만약 적을 방비하는 계책이 호남·영남에서 조금 해이해져 들어올 틈만 있다면 적이 창고의 재물을 그대로 먹고, 무뢰배를 몰아서 군사를 삼을 것이니 그 걱정이 태산 같습니다.

신들이 삼가 듣건대 비변사에서 두 장수가 쓸 만하다 해 그들로 하여금 군사를 모두 거느리고 서울로 올라오게 한다니 이는 잘못 생각하신 것입니다. 의병이 한 걸음 물러나면 왜적이 한 걸음 나아올 것이요, 의병이 오늘 떠나면 왜적이 내일 올 것이니 6~7고을이 아침에 도륙을 당하면 전라도가 저녁에 그 화를 입을 것입니다. (중략)

오늘날 위태로운 형세를 본다면 호남의 재력이 국가의 위태로움을 붙들 수가 있고, 왜적의 진퇴가 역시 두 울타리의 견고함과 견고하지 못한 데 따라 결정되는 것입니다.

한갓 서울의 적을 급히 공격하는 것만을 충성이라 하고 울타리를 굳게 지킴이 곧 서울을 수복할 근본이 되는 줄을 생각하지 않는다면, 울타리를 뜯어 도적에게 아첨하는 실수에 가깝지 않겠습니까. (중략)

바야흐로 왜적의 형세를 막는 것을 진실로 늦출 수가 없는데, 감히 두 장수의 군사를 이동시켜 호남·영남이 서로 의지하는 형세를 헐어서 왜놈이 충돌할 기운을 만들어서야 되겠습니까. 이리되면 회복의 터전이 다시는 여지가 없으니 가만히 생각하매 살지 않는 것만 못합니다.

삼가 원하건대, 전하께서 장차 닥쳐올 사세를 살펴 울타리의 군사를 철수시키지 않으시고 이미 이뤄진 형세로 인해 더욱 보존하고 지킬 계책을 굳게 해 주신다면 어찌 다만 두 도의 백성이 도륙을 면할 수 있을 뿐이겠습니까. 장차 국가가 회복할 날짜를 손꼽아 기다릴 수 있을 것입니다.

또 들은즉 명군이 경계에 들어오자 추한 종자들이 스스로 도망해 서울의 적이 모두 영남으로 모인다 하니, 마땅히 군사를 엄하게 배치해 굳게 지켜 합세해 적을 맞아 쳐서 그 기회를 잃지 않을 뿐입니다.

신들이 진실로 임금의 명령에 순종함이 순純이 되고 뜻을 거슬림이 역逆이 되는 줄을 알고 있으나, 삼가 오늘의 사세를 보건대 자못 평상시와 다르므로 감히 지엽을 가지고 근본을 보호하는 방책을 들어 전하에게 우러러 호소하니, 삼가 바라건대 굽어 살피소서. 신들은 지극히 황송함을 이기지 못하면서 삼가 죽음을 무릅쓰고 아뢰나이다.

(〈난중잡록〉 1593년 1월)

이들은 체찰사 정철에게도 상소문과 비슷한 내용의 글을 올리어 전라 좌·우 의병이 그대로 경상도에 머무르도록 호소했다. 영·호남 선비들의 호소를 들은 체찰사 정철은 이런 사정을 상세히 적어 급히 조정에 장계를 올린다.

경상우도 순찰사 김성일도 장계를 올려 임계영·최경회 두 장수가 경상도에 머무를 것을 호소한다.

지난해1592년 10월에 진주가 장차 함락되려 할 때에 신이 장악원 첨정 조종도와 공조정랑 박성을 보내어 호남 좌·우 의병에게 구원을 청했더니, 임계영·최경회 두 장수가 호남과 영남은 보거輔車처럼 서로 의지하는 형세가 있는데 존망과 성패가 급하다 하여 곧 군사를 이끌고 서로 잇따라 응원했습니다.

전 주부 민여운이 또한 태인으로부터 와서 비록 진주의 싸움에 미처 참가하지 못했으나, 성주·지례의 경계에 주둔해 본도의 의병대장 김면·정인홍 등과 더불어 협력해 적을 쳐서 누차 접전해 적을 죽인 것이 심히 많으니, 적이 자못 기운이 꺾여 숨고 나오지 못하므로 한 도의 사람들이 바야흐로 중하게 의뢰해 거의 의각猗角의 형세를 이루고 있습니다.

그런데 지금 호남 사람이 행재소에서 돌아와서 전하기를, 조정의 의론이 임·최 두 의병장을 불러 근왕하려 한다 하매, 두 장수가 기별을 듣고 바쁘게 곧 올라가려 합니다. 본도가 함몰된 나머지에 겨우 보존된 것이 5~6곳의 피폐한 고을이니, 흉악한 적이 사면에 가득하여 반드시 집어 삼키고야 말려 합니다.

이때를 당해 호남의 군사가 비록 여기에 머물러 서로 응원해도 역시 염려가 있는데 하루아침에 군사를 걷어 물러간다면 왜적이 응원이 없는 것을 알고 마구 덤빌 것이니, 이 도가 함몰되면 호남이 차례로 침범을 당할 것이요, 호남이 지탱하지 못하면 국가가 회복할 여지가 없어질 것입니다.

생각함이 이에 미치니, 마음이 찢어지려 하여 어찌 할 바를 알지 못하겠나이다. 조정에서 십분 참작해 두 장수를 본도에 머물기를 허락해 보장保障을 견고하게 하도록 헤아려주소서.

마침내 조정에서는 전라 좌·우 의병이 서울로 올라오게 하는 것을 중지했다. 이리하여 전라 좌·우 의병과 경상의병 그리고 경상 관군은 경상도에 잔류하고 있는 왜군을 무찌른다.

드디어 1593년 1월 15일에 성주의 왜적이 철수했다. 2월 16일에는 개령의 왜적이 철병했고 호남 · 영남의 군사들은 여세를 몰아 선산의 적을 공격했다. 이즈음에 경상 우병사 김면이 졸卒했다. 조정에서는 최경회를 후임 경상우병사로 임명했다. 4월에는 선산의 적도 퇴각해 호남 · 영남의 의병과 군사들은 의령에 나아가 진을 쳤다. 호남정신

07

호남 의병장들, 왜군과 싸우다.

- 변사정, 강희열, 임희진, 민여운 등

임진왜란이 일어난 지도 6개월이 지났다. 전쟁은 왜군이 초반에 파죽지세로 조선을 유린하던 것과는 달리, 조선 곳곳에서 의병들이 일어나 일진일퇴를 거듭하고 있었다. 그 중심에는 전라도 의병이 있었다.

더구나 명나라도 적극적으로 참전해 전쟁은 바야흐로 한·중·일 3국이 싸우는 국제 전쟁이 되었다.

이제 추위가 오고 있어 따뜻한 곳에서 살아 온 왜군들은 이국땅에서 얼어붙은 겨울을 맞아야 했다. 적괴賊魁 풍신수길은 우리나라에 와 있는 왜장들에게 겨울 추위가 걱정이 되어 다음과 같이 물었다.

"한 해가 이미 저물었는데, 겨울이 매우 차니 추위를 막을 준비를 어떻게 하고 있는가?"

이에 가등청정 등이 답변했다.

"겨울 추위를 견디는 것은 크게 걱정할 것이 없으나 아직도 잔당殘黨인 전라도가 항거해 굴복하지 않으므로, 내년 봄에는 협력해 공격할 계책을 세우고 있으니 급히 더 많은 군사를 보내 전라도를 함락할 수 있도록 지원해 주소서."

일본 본토와 조선에 수눈한 왜군 수뇌부 사이에 주고받은 이 말은 왜군이 전라도 때문에 조선을 삼키지 못했고 전라도를 쳐야 조선을 완전 정복할 수 있음을 실토하는 증거다.

한편 전라도 의병들의 항거는 임계영과 최경회의 전라 좌·우 의병뿐만이 아니었다. 전라도 곳곳에서 소규모로 의병이 일어났다. 〈난중잡록〉과 〈호남절의록〉에는 여러 전라도 의병장들의 활동이 실려 있다. 이들이 변사정, 강희열, 임희진, 심우신, 민여운 등이다.

1592년 9월에는 남원에서 이응수와 승려 두인斗仁이 나섰다. 이응수는 남원 읍내의 장정 70여 명을 모았고, 승려 두인은 관내의 승려들을 모아 승군을 조직했다. 이에 남원부사 윤안성이 크게 기뻐하며 무기와 식량을 줘 무주에 있는 왜적을 막으라 했다. 그런데 이응수 등은 왜적과 싸웠으나 패하고 돌아왔다.

이어 전 참봉 변사정邊士貞 1529~1596이 남원에서 2천여명의 의병을 모았다. 그는 정염·양사형 등에 의해 의병장으로 추대됐는데 적개敵愾라는 두 글자로 군표를 했고, 이응수의 부대도 흡수했다. 변사정은 이항의 문인으로 일찍이 벼슬하기를 좋아하지 않아 도탄에 은거했다. 그런데 선조는 그를 올곧은 선비라 생각해 참봉 벼슬을 내렸다.

변사정은 전라·경상·충청 삼도에 격문을 보내고 근왕을 위해 서울로 가려하자, 체찰사 정철이 비장裨將 이잠李潛을 보내 그의 부장副將이 되게 했다. 또 변사정은 1593년 1월에 전라 순찰사 권율이 수원 독성산성에서 구원을 청하자 의병장 임희진과 함께 수원으로 달려갔다. 그리고 용감하게 싸워서 왜적을 물리쳤다.

이후 그는 체찰사 정철의 권유로 호남을 지키기 위해 옥천으로 내려왔다. 그리고 경상도 선산 등지에 주둔하고 함안·성주 등지에서 왜적을 무찔렀다. 1593년 6월 하순 제2차 진주성싸움 때는 변사정은 재외운량장在外運糧將에 추대되어 산음山陰에 가서 병사들의 식량 수백 석을 구해 겨우 진주성에 운반했지만 곧 성이 함락됐다.

순천에서는 무사 강희열姜希說, 미상~1593이 군사 200여 명을 모아서 비飛자로 군표軍票를 삼아 남원으로 가서 왜적과 싸웠다. 처음에 강희열은 형 강희복과 함께 창의해 고경명을 따라 1592년 7월초의 금산전투에 참전했는데 의병장 고경명이 순절하자 잠시 향리인 순천으로 돌아왔다.

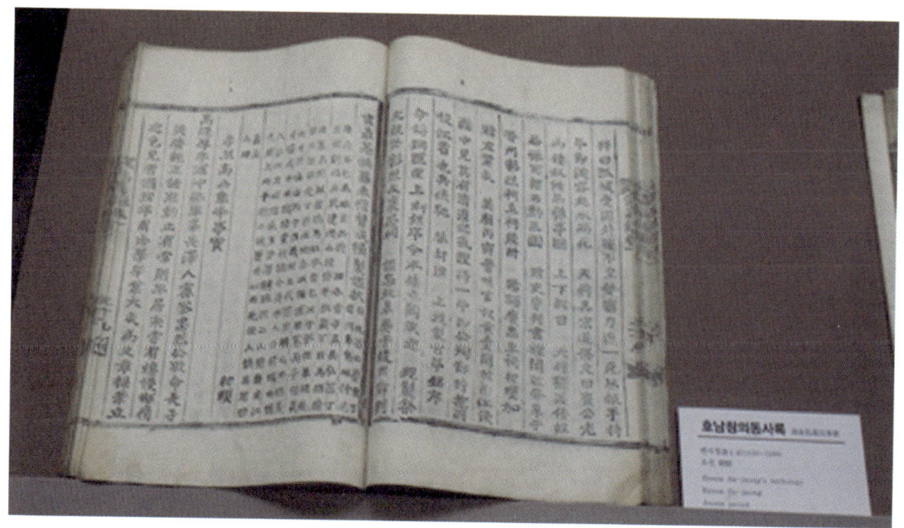

변사정의 문집. 국립광주박물관에 있다.

그는 다시 순천 의병을 모아 거의했는데 이 때 최경회의 의병이 뒤이어 일어나면서 합세하자고 그를 불렀으나 응하지 않고 독자적으로 의병장이 돼 싸움터로 달려갔다.

그는 1593년 6월에 진주성이 왜군에게 포위됐다는 소식을 듣고 의병을 이끌고 입성하여 김천일 · 최경회 · 황진 · 장윤 등과 함께 끝까지 싸우다가 장렬한 최후를 마쳤다. 그의 신위는 진주성 창렬사에 배향돼 있다.

한편 해남의 진사 임희진任希進, 미상~1593과 영광의 전 첨정僉正 심우신沈友信, 1544~1593도 각기 향병 수백 명과 함께 영남으로 달려갔다. 임희진은 표

진주 창렬사

강희열 신위. 창렬사 동편 사당에 모시어져 있다.

彪자로 장표를 삼고, 심우신은 의義자로 장표를 삼았다.

임희진은 변사정과 함께 수원 독성산성에 가서 왜적을 물리쳤으며, 서울에 있던 왜적이 퇴각함에 따라 뒤따라 남하했다. 그리고 임희진은 1593년 6월 하순 진주의 사태가 급하다는 소식을 듣고 진주성에 들어가 싸웠으나 역부족으로 남강에 투신했다.

심우신은 서인의 영수였던 심의겸의 6촌 형으로 1577년에 무과에 합격, 선전관을 역임하고 군기시 첨정에 이르렀다. 그는 임진왜란이 일어나자 의병을 모집, 수원성에서 적병의 진격을 막았고, 창의사 김천일을 만나 생사를 같이 하기로 맹세하고 함께 진주성으로 들어가 진주성을 지켰다.

슬프게도 진주성이 함락돼 황진 · 장윤이 먼저 전사하고 김천일 · 최경회 · 고종후 · 양산숙 · 김상건 등이 남강에 투신하자, 그는 배수진을 치고 싸우다가 화살이 다해 남강에 투신했다. 심우신과 함께 싸우다가 진주성에서 순절한 이는 영광의 임두춘, 능주의 정충훈, 무안의 김부행, 장성의 최인, 영광의 김보원 등이다.

전라도 태인에서도 의병이 일어났다. 전 주부 민여운이 정윤근과 함께 향병 200여인을 모집해 의병장이 돼 스스로 비의장飛義將이라 부르고 웅熊자로 장표를 삼았다. 민여운은 의병을 이끌고 팔량치를 넘어 함안 등지에서 적을 맞아 싸워 전과를 올렸다.

1593년 6월 왜적들이 다시 진주성을 포위하니 민여운은 휘하의 의병 300여인을 이끌고 진주성 안으로 들어갔다. 6월 22부터 시작된 전투에서 그는 10여 군데나 창검을 맞고 왼손이 잘리고 오른손이 부러졌는데도 장사들을 독려하면서 성을 사수하기 7일째 되던 날 성을 순시하다가 적의 화살에 맞아 전사했다. 그의 노비 추동도 진주성 싸움에서 적장 2인을 사살하고 민여운과 함께 전사했다.

또 남원 진사 방처인이 군사를 모집해 광양의 도탄陶灘 진주와 접경지역에 매복을 설치하고, 도탄의복陶灘義伏이라는 네 글자를 전사篆寫로 새겨서 군장軍章을 삼고 왜군과 싸웠다. 해남에서는 전 판관 성천지가 군사를 모아 뇌진군雷震軍이란 석 자로 군표를 삼고, 근왕하려고 북쪽으로 향해 흥양·낙안·순천·구례를 거쳐 남원을 지나갔다.

이때 남원에서는 관군과 의병이 동쪽으로 달리기도 하고 서쪽으로 향하기도 하면서, 혹은 근왕 하겠다 칭하고, 혹은 적을 치러가겠다고 해 서로 칼과 창이 서로 부딪쳐 각 고을의 군사와 말이 제때 일제히 출발하지 못했다.

이렇듯 임진왜란 시 의병을 일으킨 이가 "호남에 무릇 28여 장수요 8도가 모두 그러했는데, 나머지 소소하게 스스로 모집한 장수들은 이루다 기록할 수도 없다"고 조경남은 그의 일기 〈난중잡록〉에 기록하고 있다. 호남정신

08

전라도 순찰사 권율,
경기도 오산 독성산성에 진을 치다.

1592년 7월 8일에 이치전투를 승리로 이끌어 왜군들의 전라도 침공을 막은 권율은 광주목사에서 나주목사로 승진한다. 그런데 권율이 나주로 부임하기도 전에 다시 전라도 순찰사가 된다. 진중에서 전라감사 임명을 받자, 그는 머리를 조아리며 임금이 피난해 있는 서쪽을 향해 울음을 터트리니 온 군중이 슬퍼했다.

권율은 방어사로 하여금 이치를 대신 지키게 하고, 친히 전주에 이르러 기율을 일신시켰다. 먼저 모든 장수를 불러 말하기를, "지금 평양 이남이 모두 적의 진지가 돼 버렸지만 서울은 근본이 되는 곳이니 먼저 서울을 수복해야 한다." 하고 군사 2만 명을 일으켜 북으로 올라갔다.

권율의 군사들 중에는 각지의 장수들과 의병장 그리고 승장 僧將 처영도 있었다. 처영은 지리산에서 수도하다가 승병을 일으켰는데 호는 뇌묵으로 서산대사의 제자였다. 임진왜란이 일어나자 그는 서산대사의 격문을 받고 1천여 명의 승병들을 이끌고 권율의 부대가 됐다.

처영은 독성산성 전투, 행주대첩에서 큰 활약을 했는데 서산대사 휴정, 사명당 유정과 함께 임진왜란 때 승병을 이끈 승장으로 알려져 있다.

임진왜란 당시 승병은 평안도 묘향산에 있던 휴정이 팔도 승병 도총섭이고, 유정은 부총섭이었다. 해남 대흥사의 표충사에는 서산대사 휴정, 사명대사 유정과 함께 뇌묵대사 처영의 영정이 같이 모셔져 있다.

북신을 하던 권율은 10월에 양호체찰사 정철을 아산에서 만났다. 정철은 권율에게 "행재소는 길이 멀어 도달하기가 쉽지 않고 또 임금의 기체가 평안하시며, 명나라 군사가 도착해 군사는 많고 먹을 것은 적어 군량 마련 등에 어려움이 있으니, 경솔하게 진격하지 말고 돌아가서 전라도를 지키라"고 했다. 이 명령에 권율은 직산에 머물면서 이 사정을 조정에 보고했다.

권율은 장계에서, "체찰사 정철이 신에게 명하기를, '신에게 호남의 도적을 방어하도록 명하고, 근왕은 다른 장수를 시켜 올려 보내겠다.' 고 했으나 신이 스스로 군사를 거느리고 북상했더니 군사들의 마음이 호남을 지키라는 체찰사의 말을 기쁘게 생각하고 호남으로 도망간 자가 1천여 명이나 됩니다."했다. 이에 조정에서는 정철의 처사에 대해 심히 불쾌해 했고 선조도 크게 화를 냈다.

조정에서는 권율에게 명령을 내려 북진을 계속하도록 했다. 그리고 선조는 차고 있던 칼을 풀어 주며 말을 급히 달려 권율에게 주라고 하면서 "모든 장수중에 명령을 듣지 않은 자가 있거든 이 칼로 처단하라"고 어명을 내려 권율에게 힘을 실어 줬다.

드디어 12월에 권율은 경기도 오산에 있는 독성산성禿城山城에 들어가 진지를 구축했다. 권율이 계속 전진하지 않은 이유는 지난날 광주목사 시절에 전라 관찰사 이광을 따라 북상하다 용인에서 무리한 공격으로 참패한 전철을 밟지 않기 위해서였다.

한편 서울에 주둔하고 있던 왜군 총사령관 우키타宇喜多秀家는 권율이 호남에서 대군을 이끌고 북진해 독성산성에 주둔하고 있다는 첩보를 입수하고 후방과의 연락 및 보급선이 단절될 것을 염려하여 도성에 주둔한 왜군 수만 명을 이끌고 쳐들어 왔다.

이에 권율은 성벽을 굳게 지키고 움직이지 아니했다. 왜군은 세 개의 진채陳寨를 오산 등지에 만들어 놓고 날마다 싸움을 걸어왔다. 그런데 권율은 직접적인 교전을 피하고 성곽을 견고하게 방어했다. 간혹 정예부대를 매복시켰다가 소수의 적과 진지를 공격해 적의 예봉을 꺾기도 하였다.

권율은 한 때 왜적의 거센 공격으로 위기를 맞기도 했다. 권율은 날마다 체찰사에게 보고해 위급상황을 알리고 원군을 요청했다. 체찰사 정철은 전라도사에게 급히 글을 보내서 "흉한 적이 수원 땅에 가득해 오산의 들판에 적진이 퍼져 있고, 독성산성 밑에는 날마다 싸우지 않을 때가 없다. 한 도의 주장主將이 바야흐로 적병의 포위 속에 있는데 사방을 돌아봐도 응원이 없으므로 날마다 3번씩이나 급히 보고하니, 본도의 관군과 의병을 성화星火같이 보내 독산성의 군사를 구하라" 했다. 그래서 도사 최철견과 의병장 변사정 · 임희진 등 의병이 독성산성으로 달려갔다.

왜군은 조선군이 지구전을 계속 벌이자 예리함이 차츰 꺾이고 공격에 따른 소득도 별달리 없어 마침내 진영을 불사르고 서울로 철수했다. 이때를 놓치지 않고 권율은 1천 여 명의 정예기병으로 퇴각하는 왜군을 기습해 수많은 적병을 살상하기도 하였다.

결국 독성산성 전투에서 조선군은 왜군의 대규모 군사를 동원한 포위전술과 유인전술을 지구전과 유격전으로 막아낼 수 있었다.

특히 독성산성 내에는 샘이 없어 물이 부족했는데, 왜군이 첩자를 통해 이런 사정을 탐지한 후 산성으로 흘러들어가는 냇물을 차단해 극심한 급수난에 허덕이게끔 하려했다. 그런데 왜군의 계획을 미리 간파한 권율은 며칠 동안 지탱할 수 있는 물을 비축하도록 한 다음, 서장대에 장막을 치고 연회를 크게 벌이고 군마 몇 마리도 데려다가 물로 씻기는 장면을 연출했다.

이 장면을 본 왜군은 성안에 말을 씻길 정도로 많은 물이 있음을 확인하고 스스로 냇물 차단을 포기했다. 그런데 권율이 서장대에서 말을 씻긴 물은 진짜 물이 아니고 흰 쌀이었으며, 말 위에 뿌렸던 쌀이 햇빛에 반사돼 멀리서 보면 맑은 물처럼 보였던 것이다. 이때부터 서장대는 세마대洗馬臺라 불렸다고 하는데 권율 장군의 고도의 심리전술을 엿볼 수 있는 일화이다. 행주산성의 대첩기념관에 있는 독성산성 기록화는 바로 이 장면이 그려져 있다.

독성산성 전투의 승리로 경기도의 왜군들은 한성으로 몰리는 형국이 됐고, 이때부터 의주에서 호남에 이르는 서쪽길이 확보됐으며 한성 수복의 가능성도 엿보이게 됐다.

선조수정실록에는 권율의 독성산성 진출을 이렇게 기록하고 있다.

전라 순찰사 권율이 수원의 독성으로 군사를 진출시켰다. 권율이 직산에 이르자 체찰사 정철이 경솔하게 진격하지 말도록 경계하므로 권율이 그대로 군사를 머물게 하면서 보고했다. 조정이 전지를 내려 정철을 책망하고 권율을 재촉해 경성으로 진출하여 도모하도록 청했다. 권율이 지난날 평야의 전투에서 군사가 패한 것을 징계해 독성으로 진출해 머물렀다. 상이 차고 있던 칼을 풀어 달려가 내려주게 하면서 '여러 장수들 중에 명을 따르지 않는 자가 있거든 이 칼로 처단하라'고 했다.

독성산성 기록화. 군마를 쌀로 씻고 있다.

경성의 적이 진을 나눠 군사를 출동시켜 왕래하면서 도전했으나 권율은 성곽을 튼튼히 지키고 응하지 않으니 적이 군영을 태우고 퇴각했다. 권율이 가끔 날랜 군사를 출동시켜 낙후한 적을 습격하자 기내畿內에 주둔했던 적이 모두 경성으로 들어갔다. 이로부터 서로西路에 행인이 다닐 수 있게 돼 여러 의병들이 차례로 경기 지역에 진출해 주둔하면서 중국 군사를 기다렸다. (선조수정실록 1592년 12월 1일)

● 답사할 곳 ●

* 독성산성 : 경기도 기 오산시 지곶동 162-1 전화번호 031-370-3061

09

행주산성을 답사하다.

- 행주대첩의 흔적을 찾아서

퀴즈를 하나 냅니다. 임진왜란 3대첩이 무엇인지요? 누구나 다 아는 문제일 것입니다. 전라좌수사 이순신의 한산대첩, 진주목사 김시민의 진주대첩, 그리고 전라순찰사 권율의 행주대첩이 그것입니다.

그러면 이 3대첩이 일어난 시기와 장소가 어디인지요? 이에 대한 답은 조금 어렵다. 한산대첩은 1592년 7월 8일, 진주대첩은 1592년 10월 5일부터 10일까지, 그리고 행주대첩은 1593년 2월 12일이다. 이 전투가 일어난 장소는 한산대첩은 경남 통영시의 한산도 앞바다이고, 진주대첩은 경남 진주시의 진주성이다. 그리고 행주대첩은 경기도 고양시에 있는 행주산성이다.

마지막 문제입니다. 3대첩 중에서 승전만 한 곳은 어디인지요? 답은 행주산성이다. 통영의 한산도는 1597년 정유재란 때 제승당이 왜군에 의해 불타는 수모를 당했고, 진주성은 1593년 6월 하순 제2차 진주성싸움에서 함락당하였다. 그런데 행주산성은 더 이상 왜군이 넘나볼 수가 없었다. 1593년 4월에 왜군은 서울을 비워준 이후 경기도를 침범 못했기 때문이다.

전라순찰사 권율과 전라도 군사와 의병, 승병들의 흔적을 찾으러 행주산성을 간다. 행주산성은 경기도 고양시 덕양구 행주내동 덕양산 7~8부 능선에 축조된 토성으로 남서쪽에는 한강이 흐르고, 인근지역을 조망할 수 있는 전략적 요충지다. 이 성은 예전에는 별로 이름이 없었으나 행주대첩으로 인해 널리 알려졌다.

출입구 '대첩문'을 바로 지나니 도원수 권율장군 동상이 있다. 동상 뒤에는 관군, 의병 , 승병 , 부녀자의 항전 모습을 새긴 부조가 있다. 군관민승이 함께 싸운 흔적이다. 이들 중에 군인과 승려, 의병은 대부분 전라도 출신이다.

마침, 토요일이라서 그런지 유치원생으로 보이는 어린이들이 단체로 구경을 왔다. 문화해설사가 권율장군을 열심히 설명하고 있는데 어린아이들에게 어떻게 임진왜란과 권율, 행주대첩에 대해 이야기할 지 궁금하다.

길을 따라서 한참을 가니 왼편에 충장사가 있다. 충장공 권율을 기리는 사당이다. 이 사당은 1970년에 만들어졌는데 매년 3월 14일1593년 음력 2월 12일을 양력으로 환산한 날임 행주대첩제전 행사시 제를 지낸다고 한다. 사당에 들

대첩문. 행주산성 입구이다.

어가니 갑옷을 입고 칼을 앞에 꽂은 권율장군의 영정이 근엄하다.

이어서 '대첩기념관' 을 찾았다. 여기에는 화차, 총통, 신기전, 대첩비문 액자 및 기록화 등이 전시돼 있다. 임진왜란 관련 그림은 3점인데 하나는 이치대첩도, 또 하나는 독성산성 전투도, 나머지 하나는 행주대첩도이다. 행주대첩도에는 산성위에 있는 화차와 총통 등 여러 가지 무기와 돌 등으로 필사적인 방어를 하는 조선군의 모습이 생생하게 그려져 있다.

기념관 한 곳에서 변이중 선생 문집을 보았다. 전라도 장성 출신 변이중

권율장군 동상과 부조

은 300량의 화차를 제조했는데 권율장군에게 40량을 제공했다 한다. 이 화차는 요즘으로 말하면 장갑차인데 이 전투에서 크게 기여한 것으로 전쟁사 전문가들은 평가하고 있다.

전시실에서 행주치마도 봤다. 행주산성 싸움에서 쉴 새 없이 공격해 오는 왜군을 막느라고 무기와 화약이 바닥이 나자 부녀자들이 짧게 두른 앞치마로 돌을 날랐다는 일화가 있는 치마가 행주치마인데, 이 치마를 보니 조선의 여인들이 정말 용감했다는 생각이 든다.

충장사. 권율을 모신 사당이다.

대첩기념관

행주대첩도

대첩기념관에도 마찬가지로 초등학교 학생들이 단체로 구경을 하고 있다. 그리고 보니 행주산성은 호국의 체험장이다.

해발 125m인 덕양산 정상에 오르니 행주대첩비가 두 개 있다. 하나는 선조 시절에 만든 행주대첩비, 또 하나는 1970년에 세운 대첩비다. 1602년에 세웠다는 대첩비는 비각 안에 있는데 글씨가 마모돼 내용이 잘 안 보인다. 그래도 이 비는 의미가 있다. 권율 막하에 있던 장수들이 권율의 공덕을 추모하기 위해 만들었으니.

1593년 1월 8일 명나라와 조선의 연합군은 명나라 장수 이여송의 지휘 아래 평양성을 탈환한다. 이여송이 이끄는 명군은 여세를 몰아서 당장이라도 서울을 수복할 대세였다. 명군은 의기양양하게 서울로 향한다. 그런데 이여송은 1월 27일 백제관 전투에서 왜군에게 패전한다.

뜻밖의 패전에 움츠린 것일까. 명나라 장수 이여송은 개성으로 회군하

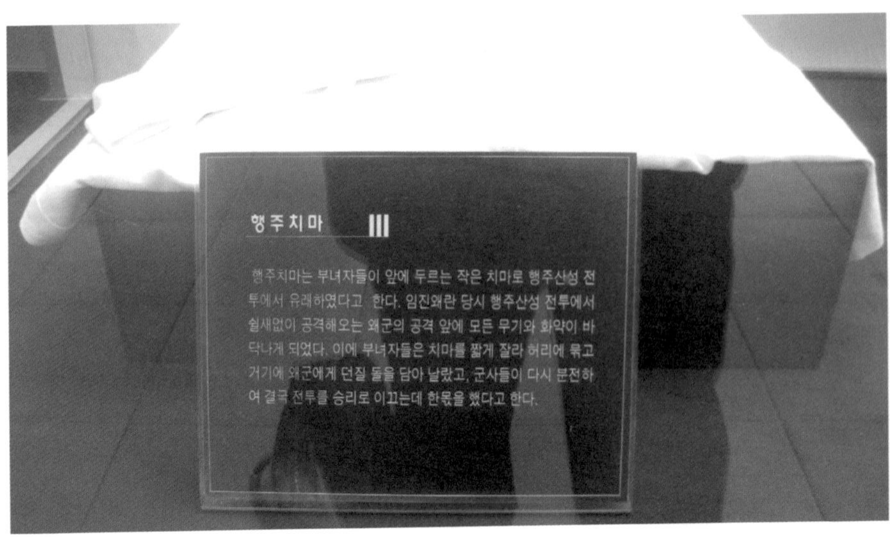

행주치마

고 아예 싸울 생각을 안 한다. 이어서 2월 12일에 행주산성 싸움이 있었고 전라순찰사 권율은 이 전투에서 2천300명의 정예군사로 3만 명의 왜군을 물리친 것이다. 4월에 왜군은 스스로 서울을 비우고 남하한다.

산 정상에서 한참 동안 있으면서 사진을 여러 장 찍었다. 그리고 이렇게라도 역사 현장을 정화한 1970년대 박정희 대통령 시절의 대한민국 정부에게 감사를 느낀다. 금산의 칠백의총, 남원 만인의총, 통영 한산도, 여수 충민사 등 여러 임진왜란 유적을 둘러보면, 이들 역사 현장은 상당수가 이 시기에 다시 조성된 것이다.

행주대첩비 바로 뒤에 있는 충의정에서 '행주대첩과 권율장군' 영화를 보았다. 영화는 도원수 권율 장군의 업적에 주로 초점이 맞춰져 있고, 후반부는 여러 차례의 행주전투를 시간대로 실감나게 보여준다. 처음 부분에는 권율이 광주목사 시절에 의병을 모아 금산 이치전투를 승리로 이끈 장면이 나온다.

배경화면에서 광주공원에서 광주향교 가는 길 언덕위에 있는 권율장군 창의비를 보았다. 정확하게 말하면, 도원수충장권공창의비. 이 비를 보니 한편으로는 자랑스럽고 한편으로는 부끄럽다. 전라도 사람들이 나라를 지켰다는 사실이 행주산성 교육관에서 상영되고 있는 것이 자랑스럽고, 광주에 있는 권율장군창의비 앞에 안내판 하나 없다는 것이 부끄럽다.

행주대첩비. 선조시절에 만든 비이다. 비각 안에 있다.

권율 장군은 이순신 장군과 더불어 호남 사람들에게 덕을 가장 많이 본 사람이다. 광주목사를 하다가 이치전투에서 공을 세워 전라도 관찰사가 되었고, 전라도 군사를 이끌고 행주대첩에서 이겨 도원수가 됐으니. 충무공 이순신 장군도 마찬가지이다. 전라좌수사로 여러 번의 해전에서 이겨 삼도수군통제사가 됐고, 명량해전도 해남 · 완도 · 진도 백성들의 도움으로 승리할 수 있었다.

그런데 이순신 장군과 권율 장군의 차이를 굳이 이야기 하자면, 이순신은 '약무호남 시무국가' 라는 글을 남겼고 부산해전에서 전사한 정운 장군

덕양산 정상에서 바라본 한강. 앞에 있는 비각이 행주대첩비각이다.

의 제문을 직접 쓰는 등 휘하의 전라도 장수들을 사랑한 흔적이 여러 군데인데, 권율은 필자가 과문한 탓인지는 몰라도 전라도에 대한 애정을 담은 말과 글을 보지 못한 점이다. 괜스레 이런 생각을 하나 보다.

덕양산 정상에서 내려다보니 남쪽은 한강이다. 한강 물이 흐르고 다리가 여러 개 보인다. 그리고 한강 쪽은 가파른 절벽이다. 맞은편 쪽은 토성길이다. 원래 토성 길은 1km나 된다는데 고양시에서 420m를 복원하여 산책로를 만들었단다. 주말이라 그런지 걷는 사람들이 꽤 많다.

행주산성을 내려오면서 이런 저런 생각에 잠긴다. 호남이란 무엇인가? 호남사람들은 임진왜란 때 어떻게 국난을 극복하였는가? 7년 전쟁이 끝난 후에 호남은, 호남 사람들은 어떤 대접을 받았는가?

● 답사할 곳 ●

* 행주산성 : 경기도 고양시 덕양구 행주내동 산26-2

10

권율, 행주산성에서 왜적을 무찌르다(1)

1593년 1월 8일 명나라 장군 이여송은 4만 대군을 이끌고 조선군과 연합해 평양성을 탈환했다. 그러나 1월 27일 백제관 전투에서 어이없이 왜군에게 패배해 다시 개성으로 돌아갔다. 이후 이여송은 서울을 수복할 생각을 하지 않고 마냥 웅크리고 있었다.

이 시기에 전라순찰사 권율은 독성산성에 주둔하고 있었는데 명나라 군사와 함께 서울 탈환을 위해 진지를 서울근처로 옮기기로 했다. 그는 조방장 조경趙儆 1541~1609에서 주둔지를 찾도록 지시했는데 조경은 어둔 밤을 틈타 강을 건너가서 지형을 살피다가 군사를 주둔시킬 만한 높은 언덕을 발견하니 그곳이 곧 고양의 행주산성이었다.

조경의 보고를 받고 지형을 살펴본 권율은 이곳보다도 더욱 서울에 가까운 마재안현 鞍峴에 진을 치고자 했다. 그러나 휘하의 장수들이 극력 반대하였다. 마재는 서울에 너무 가까워서 진을 치면 군사들의 목숨이 위험하다는 것이었다. 권율은 생각을 바꿔서 조경이 봐 둔 행주산성에 진을 치기로 했다.

권율은 군사를 두 패로 나눠 4천 여 명을 전라도 병사 선거이宣居怡 1550~1598에게 주어 금천衿川에 머물도록 하고, 권율 자신은 승장 처영이 지휘하는 승병 1천명을 포함한 2천300명의 정예병을 거느리고 양천강을 건너서 행주산성에 진을 쳤다. 선거이는 1587년에 조산만호造山萬戶이었던 이순신과 함께 녹둔도에서 변방을 침범하는 여진족을 막아 공을 세운 바 있는 이순신과 절친한 장군이다.

한편 양천일대에는 소모사 변이중의 1천명의 군사가 주둔하고, 창의사 김천일은 강화도로부터 나와 해안에 진을 쳤으며, 충청감사 허욱은 통진에 진을 치고, 충청수사 정걸 또한 지원하기로 했다. 그리고 파주의 도원수 김명원 군대, 양주의 경기도 방어사 고언백 군사도 한양을 포위하는 형세를 갖추고 있었다.

권율은 행주산성에 주둔하면서 "명나라의 군사가 많이 왔으니 왜적이 감히 나오지 못할 것이다. 반드시 성책城柵을 만들어야 할 필요는 없다"고 생각했다. 이에 대해 조방장 조경은 "외로운 군사로 큰 적과 가까이 있으니 성책을 만들어야 한다"고 권율에게 의견을 제시했으나 권율은 조경의 말을 듣지 아니했다.

그런데 2월 8일에 직산현 방면에서 양주로 올라와 있던 체찰사 정철은 전황에 대한 논의 차 권율을 소환했다. 조경은 권율이 출타한 틈을 이용해 모든 군사를 동원해 이틀 만에 성책을 2중으로 쌓았다. 조방장 조경은 권율보다 더 선견지명이 있었다.

목책木柵은 2월 9일에 완성됐고, 행주전투는 2월 12일에 있었으니 만약 목책이 설치 안됐더라면 행주전투는 어찌 됐을까. 조선군이 이길 수 있었을까? 조방장 조경은 무과에 급제해 선전관 · 제주목사를 했으나, 1591년 강계부사로 있을 때 그곳에 유배 온 정철을 우대했다는 이유로 파직됐다.

그는 1592년에 임진왜란이 일어나자 경상우도 방어사가 돼 황간 · 추풍 등지에서 싸웠으나 패배했고, 김산金山에서 왜적을 물리치다 부상을 입기도 했다. 그러다가 1592년 겨울에 권율의 조방장이 돼 독성산성 전투에 참가한 것이다.

권율이 체찰사 정철을 만나고 행주산성으로 돌아와 보니 2중으로 성책이 만들어져 있었다. 권율은 이를 매우 흡족해하면서 조경을 칭찬하고 본격적인 전투 준비를 했다.

권율은 먼저 활과 화살을 점검하고 화차와 총통과 화약을 정비했다. 화차는 변이중이 보내온 것이었다. 일찍이 변이중은 큰 수레 안에 총구 40개를 내고 그 안에 총기를 장치해 밖으로 향해 쏘는 화차를 300대 만들었는데 이중에 40대를 권율에게 보낸 것이다. 권율 자신도 수차석포水車石砲 라는 신무기를 만들었다. 기계가 물레방아처럼 돌아가면서 그 회전의 탄력을 이용해 돌을 연달아 날리는 투석차였다.

권율은 투석전에 사용할 돌을 주워 모으고, 진지후방에는 여러 개의 가마솥을 준비해 화전에 대비해 물을 가득 채웠다. 왜군의 화공작전에 대비해 젖은 수건도 준비했고, 재주머니 한 자루도 각자의 허리에 차도록 했다. 재주머니에는 횟가루가 들어 있었는데 왜군이 접근하면 얼굴에 뿌리려는 속셈이었다.

이 때 서울에는 평안도와 황해도로부터 후퇴한 왜군 3만 명이 집결하고 있었다. 이들은 얼마 전에 벽제관에서 명나라 군사를 패퇴시켜 사뭇 사기도 높았다. 왜군은 권율이 이끄는 전라도 군사가 강을 건너서 서울 서쪽에서 20리도 채 안 되는 곳에 진을 치고 무모하게도 한 판 싸움을 하자고 벼른다는 첩보를 듣고 크게 당황했다. 왜군 수뇌들은 논의하기를, 비록 권율 군사가 소수이긴 하지만 이치 전투와 독성산성 전투에서 권율에게 패배한 경험이 있기에 서울에 주둔하고 있는 모든 군사를 동원해 섬멸하기로 결의했다.

그리해 한 번도 전투에 나서 본 적이 없었던 총대장 우키다 히데이에를 비롯해 이시다 미쓰나리, 마스다 나가모리, 오디니 요시쯔구의 3봉행 등 본진 장군들까지 나섰다. 3만 명 왜군은 7대로 나눠 홍제원을 나와 행주산성으로 진군했다.

2월 12일 새벽에 왜군은 조선 군사가 외로이 홀로 깊이 들어간 것을 보고 수만 명의 대군으로 성책을 포위했다. 조선 군사들은 험준한 산위에 방어진을 치고 있었다. 125미터의 덕양산은 그리 높지는 않았지만 평야지대에 홀로 솟은 산이어서 사방의 관제가 용이했다.

또한 서남쪽은 한강에 위치하고 동쪽은 창릉천이 산성을 돌아 한강으로 흐르며, 산성의 동남쪽과 남쪽 일대는 경사가 매우 급해 서북쪽 한곳만 방어하면 되는 천혜의 요새지로서의 지형을 갖추고 있었다. 더구나 왜군은 올라보면서 공격하는 처지가 돼 조선군은 산성 전투에 유리했다.

우리 척후 장교가, 왜군이 좌우익左右翼으로 나뉘어 붉은 기와 흰 기를 들고 온다고 보고했다. 권율 장군은 모든 군사에게 현혹되지 말라고 명령하고 높은 곳에 올라가 바라보니 우리 진영에서 5리쯤 떨어진 곳에 왜적이 가득 차 있었다.

이에 권율은 모든 군사를 모아놓고 일장 훈시를 하였다.

권율의 훈시. 행주산성에 걸려있다.

"자세히 적세를 살펴본다면 고립된 군사가 깊이 들어와서 갑자기 적병을 만나니 우리는 맨손으로 당해낼 도리가 없다. 그러면 무엇으로 왜적을 제압할 것인가? 오직 한 가지이다. 죽음으로서 나라의 두터운 은혜에 보답하는 길 밖에 없다. '남아는 의와 기만을 생각할 뿐이지, 어찌 공훈과 명예를 다시 논하랴' 男兒感意氣 功名誰復論 남아감의기 공명수복론"

이어서 권율은 모든 장수에게 타일러 대오大悟를 엄중히 단속해 활을 버티고 기다리게 했다. 왜적이 가까이 올 때 까지는 화살을 최대한 아끼도록 명령했다. 이윽고 왜적의 선봉인 기병 백여 명이 먼저 와서 시위를 하더니 금방 수만 명의 왜군이 들을 덮고 우리 진영을 포위했다. 왜군은 군사를 세 패로 나눠 쉬어가면서 교대로 달려들었다.

고함 소리가 땅을 흔들고 총탄이 비 오듯 했다. 우리 군사는 죽음을 무릅쓰고 싸웠다. 권율은 친히 밥과 국 그리고 물을 가지고 분주히 다니면서 군사들의 배고픔과 목마름을 해소해 주면서 전투를 독려했다.

1593년 2월 12일의 행주산성 전투에서 왜군의 선봉 제1대장은 고니시 유키나가였다. 그의 군사는 1월 8일 평양성 전투에서 패한 이후 1월 27일의 벽제관 전투에도 참가하지 않고 있다가 이번 전투를 설욕의 기회로 삼아 조총부대를 앞세워 돌진하였다. 조선군은 성책 바로 몇 걸음 앞까지 왜군이 올 때 까지 기다렸다. 이윽고 선두에 있던 우리 장수가 큰 북을 세 번 울려 공격명령을 내리자 조선군은 미리 준비된 화차, 수차석포, 총통, 큰 활을 일제히 발사하였다. 왜군은 아군의 갑작스런 집중 포화공격을 받자 궤멸 상태에 빠지고 말았다.

조금 있다가 제2대장 이시다를 비롯한 3봉행과 더불어 마에노 나가야스가 맨 앞에서 휘하 군사를 데리고 돌진하였다. 아군은 큰 화살을 연달아 쏘아 적장 마에노의 흉부에 관통상을 입혔다. 왜군 제2대 역시 그대로 무너지고 말았다,

이어 제3대장 구로다는 지난 해 9월 연안성 전투에서 조선군의 방어 능력을 실감했기에 공성무기인 누대로 공격해 왔다. 이 누대위에 조총수 수십 명을 올려놓고 성안을 향하여 조총을 쏘면서 나머지 군사들은 아군 진지에 근접시키지 않는 신중한 작전을 전개하였다.

이에 조방장 조경은 지자포를 쏘아 이를 깨뜨리고 또 포전 끝부분에 큰 칼날 두 개씩을 달아 쏘게 하니 맞는 자는 즉사하였다. 왜군은 공격을 주저하면서 게걸음 작전으로 피하였는데, 조선군이 진천뢰로 공격을 하니 왜적은 일시에 후퇴하고 말았다.

왜군은 계속적인 공격에도 불구하고 성을 점령하기는 커녕 제1성책城柵도 돌파하지 못하여 총대장 우키다는 매우 분노하였다. 마침내 우키다가 손수 왜군을 이끌고 최선두에 섰다. 그의 소속 제4대 군사들은 죽음을 무릎 쓰고 돌진하였다.

조선군도 필사적으로 응전하였다. 그렇지만 왜군의 공세가 너무 강하여 제1성책이 무너지고 말았다.

제1성책을 무너뜨린 왜군은 여세를 몰아 제2성책까지 접근하였다. 이때 권율은 북을 울리면서 전투를 독려하였다. 그는 도망가는 조선군 두어 명을 칼로 베면서 큰 소리로 싸우도록 명령하니 아군은 도망갈 생각을 아예 포기하고 힘껏 싸웠다. 이윽고 조선군은 화차의 총통을 총대장 우키다에게 집중 사격하였다. 마침내 우키다는 부상을 당하고 부하의 부축을 받아 퇴진하였다. 제4대장 이시다도 역시 부상을 입어 후퇴하였다.

적병은 여러 번 달려들었다가 번번이 퇴각하였는데 드디어 제5대장 키카와 히로이에가 나섰다. 왜적은 갈대를 가지고 바람 부는 방향을 따라 불

해남 표충사, 해남 대흥사내에 있다. 서산대사 사명당 · 처영을 모신 사당이다. 편액은 정조 임금이 썼다.

을 놓아 제2성책을 불태우려 하였다. 황급히 성안에서는 물을 끼얹어 불을 꺼버렸다. 그러나 왜군은 화전을 집중하여 쏘아 성책의 일부가 불타기 시작하였다. 아군은 침착하게 미리 준비한 방화수로 불을 끄고 화살과 돌을 퍼부으니 부대장 키카와 또한 부상을 입고 물러났다.

이어 제6대장 모리 모토야스는 힘을 다하여 제2성책을 점령하려고 맹공을 가하였다. 이때 승장 처영은 서북쪽의 자성子城에서 1천명의 승병을 거느리고 적의 공격을 끝까지 막아냈다. 적들이 근접하자 재주머니의 재를 뿌려서 적이 눈을 뜨지 못하게 하는 전법까지 전개하여 왜군은 마침내 물러갔다.

처영의 진영이 있는 해남 대흥사 안에 있는 표충사. 서산대사 · 사명당과 함께 모시어져 있다.

왜적은 다시 전열을 가다듬고 공격방향을 바꾸었다. 제7대장 고바야카와 다카가게는 선두에서 서서 승병이 지키고 있는 서북쪽의 자성을 공격하여 그곳의 일각을 뚫자 승병이 붕괴되어 내성으로 들어와 일진一陣이 헤져지고 쓰러졌다. 이에 권율이 칼을 빼어 들고 승군에게 총공격을 명령하자 다시 승군이 힘을 내어 치열한 백병전이 전개되었다. 옆 진영에 있던 아군들도 적을 향하여 수많은 화살을 집중 발사하니 전투는 최고조에 달하였다. 이때 조선군은 화살이 다하여 투석전을 폈는데 적이 이를 알아차리고 기세를 올리려 하였다.

이 때 부녀자들도 치마를 짧게 잘라 허리에 묶고 돌을 담아 날랐다. 이 치마가 바로 유명한 '행주치마' 이다. 이 치마는 행주산성의 대첩기념관 전시실에 비치되어 있다. 행주치마를 두른 조선의 여인들. 참으로 용감하다.

한창 싸우고 있을 때 화살이 거의 다하여 군대의 진영이 상당히 위태로웠는데 충청수사 정걸이 두 척의 배로 화살을 싣고 와서 바다 쪽에서 들여보냈으므로 계속하여 사용할 수가 있었다. 정걸은 고흥 출신으로서 전라좌수사 이순신의 조방장으로서 부산해전에서 공을 세워 충청수사로 승진하여 이 전투에 참가한 것이다. 이어서 전라도 조운선 40척도 도착하여 양천포구를 뒤덮으니 아군의 사기가 더 한층 충천하였다.

마침내, 왜군은 공격을 포기하고 물러나고 말았다. 아침 해 뜰 무렵부터 저녁 해 질 때까지 일곱 번 공격에 일곱 번 모두 패배하여 물러난 것이다. 날이 저물면서 왜군의 기력도 쇠잔하여 왜군은 시체를 네 군데에 모아서 불태우고 한성으로 퇴각하였다. 왜군은 총대장 우키다를 비롯해서 키카와, 이시다, 마에노 등 4명의 징수가 부상을 다하는 피해를 입었다.

아군이 추격하여 머리를 벤 수가 1백 30여 급이 되고 기 · 투구 · 갑옷 · 칼 · 창을 버린 것이 헤아릴 수 없이 많았다. 왜군의 사상자는 수 천명에서 1만 명에 달하였다. 정유재란 때 일본에 끌려간 노인魯認이 쓴 '금계일기'에 의하면 행주산성 전투에서 죽은 자가 1만여 명이라고 밝히고 있는데 아무튼 이번 패배는 왜군에게는 참담하였다.

이 전투로 조선 육군은 일거에 명예를 회복하였다. 2천300명의 군사로 3만 명의 왜군을 물리친 쾌거였다. 뿐만 아니라 행주대첩은 평양성을 찾기는 하였으나 벽제관 전투에서 패하여 움직이지 않고 있는 명나라 군대에게 자극을 주었다. 한편 참패를 한 왜군은 서울 방어에만 전전긍긍하였고 4월에는 스스로 서울에서 철수하고 말았다.

경기도 고양시에 있는 행주산성을 다시 간다. 정문을 들어서면 바로 오른 편에 충장공 권율장군 동상과 행주대첩을 승리로 이끈 관군, 의병, 승군, 부녀자에 관한 부조가 있다. 권율장군 동상 뒤에 있는 부조를 살펴보면, 가장 왼쪽에 행주대첩을 설명하는 동판이 있고, 그 다음에 관군의 싸움 장면과 활약상을 설명하는 부조, 그 옆에 의병 활동과 승군의 역할, 그리고 맨 마지막에 부녀자의 활동에 관한 부조가 있다.

행주대첩을 설명하는 동판에는 '임진왜란 삼대첩의 하나인 이 행주대첩은 관군, 의병, 승군, 부녀자의 총력전으로서 임진왜란의 전세를 뒤엎는데 결정적 계기가 되었으며, 우리나라 대외 항전사에 길이 빛나고 있다' 라고 적혀 있다.

한편 행주대첩비 바로 뒤에 있는 충의정에는 행주대첩과 권율장군에 관한 영화를 상영하고 있다. 이 영화는 권율장군이 행주전투에 나서기 전인 광주목사 시절과 이치전투 장면 등을 보여주면서, 2월 12일 하루 동안의 행주전투 과정을 시간대별로 실감나게 방영하고 있다. 호남정신

11

권율, 행주산성에서 왜적을 무찌르다(2)

전라순찰사 권율의 행주산성 전투 승리는 조선과 명나라로부터 찬사를 받았다. 특히 조선군을 얕잡아 보던 명나라 장수들은 조선 군대를 달리 보기 시작했고 권율을 극구 칭찬했다.

명나라 부총병 사대수는 임진강 일대를 순시 중에 행주 승첩의 기별을 들었다. 며칠 후에 그는 권율진영을 방문했다. 사대수는 권율 휘하 군사의 호령이 엄명하고 대오가 일사분란하며 병기가 예리함을 보고 자기 부장들에게 감탄해 말하기를 "권장군의 진은 다른 군대들과는 유별나게 다르다. 참으로 조선에 이런 장수가 있었구나." 했다.

행주대첩이 일어난 지 한 달 뒤인 3월에 명나라 총 사령관인 경략 송응창이 명나라 조정에 행주대첩을 보고했다. 그는 "전라도 관찰사 권율이 외로운 군사를 이끌고 고립된 성을 굳게 지켜 수배나 되는 왜군과 대항했습니다. 요사이는 다시 부대자루에 모래를 넣어 군량을 가장해 왜놈이 와서 약탈하도록 유인해 놓고는 습격해 죽였으니, 이 사람이야말로 나라가 어지러운 때에야 알아볼 수 있는 충신이요, 중흥의 명장이라 하겠습니다. 따라서 붉은 비단 네 필과 백은白銀 50냥을 포상해 충성과 용맹을 권장하게 하소서"라고 했다.

이에 따라 병부상서 석성이 명나라 신종황제의 성지를 받아왔다. 이 칙서에는 "조선국은 본래부터 강한 나라로 알려져 왔는데, 전라도 관찰사가 많은 왜적의 목을 베고 사로잡았다고 하니 그것이 사실임을 알겠노라. 이는 조선 백성의 사기를 진작시키는 일이니 관원을 보내 선유하는 바이다"라고 적혀 있었다.

그 이후로 명나라 관원들은 지위고하를 막론하고 권율의 이름을 들을 때마다 이렇게 말하면서 칭찬을 아끼지 아니하였다.

"이 분이 바로 지난 날 행주산성에서 대승을 거둔 분이 아닌가?"

한편 백제관 전투에서 패하여 개성에 머무르고 있던 명나라 제독 이여송은 서울 진격 요청을 묵살한 채로 함경도에 있는 가토가 평양을 공격할 것이라는 풍문을 내세워 다시 평양으로 퇴각했다. 평산 보산역에 이르렀을 때에 이여송은 행주대첩의 보고를 받고는 크게 후회했다. 이에 그의 동생이고 선봉장인 이여백에게 꾸짖어 말하기를 "명나라 대장군이 공을 이루지 못한 것은 모두 너 때문이다" 했다. 이는 이여백이 서울 진격을 크게 반대하였기 때문이었다.

조선 조정도 행주대첩 소식을 듣고 크게 고무되었다. 승첩 보고가 행재소에 올라가자 선조임금은 권율에게 자헌대부, 조경에게 가선대부, 승장 처영에게는 절충장군의 벼슬을 내리고 모든 장사將士에게 상과 벼슬을 줬다. 선조임금은 권율을 칭찬하기를 "경이 아니었으면 어찌 국가가 온전할 수 있었으리요" 했다.

6월에 권율은 도원수가 된다. 선조가 그를 파격적으로 승진시킨 것이다.

그러면 권율이 행주산성 전투에서 크게 승리한 요인은 무엇일까. 행주산성 대첩기념관 입구의 '안내말씀' 에는 행주산성 전투 승리의 4대요인이 적혀 있다.

그것은 첫째, 권율장군과 휘하 장수의 완벽한 전략과 전술 둘째, 과학적으로 설계된 최신식 무기 사용, 셋째, 강, 절벽 등으로 배수진이 형성된 자연적, 지리적 조건 넷째, 민, 관, 군, 승려, 부녀자등이 혼연일체가 된 목숨을 건 전투이다.

한편 권율장군은 아래와 같이 스스로 평가하고 있다.

"행주의 싸움은 내가 이치에서 공을 세운 뒤에 있었고, 권력과 지위가 벌써 무거웠기 때문에 군사들의 마음들이 이미 내게 돌아온 터이다. 호남의 정예롭고 용맹한 장졸들이 다 수하에 예속됐을 뿐만 아니라 군사의 수효도 수천 명을 넘었다. 지리도 또한 험해 적병의 수가 비록 여러 배 됐지만 그 기세가 이미 쇠약해져 있었으므로 공을 세우기 쉬었다. 바로 명군이 위압해 있고 각도의 근왕하는 군사들이 경기도 내에 바둑돌처럼 깔렸으나, 나의 행주 싸움의 성공이 때 마침 모든 군진 보다 먼저 있었기 때문에 그 공이 드러나기가 쉬었던 것이다."

이를 종합하여 보면 행주전투의 승리요인은 (1) 권율 장군의 탁월한 통솔력과 군관민승의 일치단결 (2) 지형적 유리함 (3) 최신식 무기 사용 (4) 조명 연합군의 후원으로 요약할 수 있다.

그런데 권율의 지도력과 휘하 군사들의 용맹함, 그리고 군관민승의 일치단결은 이미 설명한 바 있으므로, 여기서는 나머지 승리요인에 대해 언급하기로 한다.

첫째 행주전투를 승리로 이끈 큰 요인 중 하나는 지형적 유리함이다. 행주산성은 강과 절벽으로 둘러싸여 산성으로 오르는 길이 오로지 한 길 밖에 없었다. 따라서 왜군이 한 군데에서만 공격을 해야 하니 군사가 아무리 많아도 별 소용이 없었다. 또한 조방장 조경이 임시로 만든 2개의 성책이 유효성 있는 적군 사살 및 방어에 상당한 효과를 거뒀다.

그렇지만 행주전투는 하루에 끝나서 다행이지 왜군이 다음 날 또 다시 공격했다면 군사와 무기가 부족한 조선군은 매우 힘들었을 것이다. 권율도 이런 점을 간파하고 행주전투가 끝난 후 곧바로 파주로 진지를 옮겼다.

둘째는 과학적으로 설계된 최신식 무기 사용이다. 행주산성에서 사용된 화약병기로는 진천뢰, 지신포, 화차, 대소 승자총통, 지자총통, 수차석포 등이었다. 진천뢰는 시한폭탄이고, 지신포는 수류탄으로서 전투에 상당한 효과가 있었다. 권율 자신이 만들었다는 수차석포는 기계가 물레방아처럼 돌아가면서 그 회전의 탄력을 이용해 돌을 연달아 날랐다.

이런 무기 중에서 가장 큰 효력을 발휘한 병기는 화차와 승자총통이다. 화차는 장성출신 망암 변이중1546~1611이 문종시절에 만든 화차를 개량한 일종의 기관포 달린 장갑차다. 승자총통은 휴대용 총으로 다른 총통에 비해 총열이 길어서 명중률이 높았다. 변이중은 큰 수레 안에 총구 40개를 내고 그 안에 승자총통을 장치해 밖으로 향해 쏘는 화차를 만들었다. 이 화차는 연발로도 발사가 가능하고, 가까운 거리에서 조준하여 살상력을 높이고자 철판으로 주변을 덮었다. 변이중은 화차를 300대 만들었는데 이 중에 40대를 권율에게 보냈다. 화차 40대는 모두 1천600정의 승자총통이 장착됐다. 따라서 화차는 왜적을 무찌르는데 결정적 무기였다.

행주산성 대첩기념관에는 변이중 문집과 문종 때 만든 모형 화차가 전시돼 있다. 변이중 문집에는 총통화전도설과 화차도설이 수록돼 있어, 우리

나라 국방 과학사 연구에 중요한 사료가 되고 있다.

셋째는 명나라와 조선군의 후방 지원이다. 군사수로 보면 조선군은 2천 300명이고 왜군은 3만명으로 왜군이 10배 이상 많았지만, 조선군은 양천과 금주산에 이어 통진 및 강화도에 주둔한 병력과 연결돼 있었고, 명나라 군대와 더 후방에 있는 조선군도 언제든지 달려 올 수 있었다. 따라서 후방 지원 병력을 합하면 조선군이 1만 명 정도 됐다. 이런 후방병력은 왜군에게는 상당한 부담으로 작용했으리라.

12

변이중, 화차를 만들어 왜적을 물리치다.

- 장성군 봉암서원

임진왜란 3대첩은 무엇인가? 역사에 조금만 관심이 있는 사람이라면 누구나 다 알 것이다. 한산대첩, 진주대첩 그리고 행주대첩이다. 그러면 임진왜란 중에 발명된 신무기 3가지는 무엇인가? 이에 대한 답은 조금 어렵다. 거북선과 화차와 비격진천뢰다. 임진왜란 3대첩 중 한산대첩에는 거북선이 등장하고 행주대첩에는 화차가 사용됐다. 신무기가 조선군의 승리에 상당한 역할을 했다.

그런데 이 두 가지 신무기를 만든 이가 누군지 아는가? 거북선을 만든 사람은 나주의 나대용이고 화차는 장성의 변이중이 제작했다. 이런 첨단 과학무기를 만든 두 사람 모두 전라도 사람이다. 정말 자랑스럽다.

행주전투를 승리로 이끄는데 큰 역할을 한 것은 변이중이 만든 화차였다. 정조임금도 “우리나라는 임진왜란 때 소모사 변이중이 처음으로 화차를 만들어 한 차에 총구 40개를 뚫어 연속발사가 되게 했다. 전라순찰사 권율의 행주대첩은 이 화차에 힘 입은바가 크다” 했다.

변이중邊以中 1546~1611을 만나러 장성 봉암서원을 간다. 이 서원에 그의 신위가 모셔져 있다. 외삼문인 두남문을 들어서니 바로 앞에 강당 뒷면이 보인다. 여기에는 봉암서원 현판과 ‘추모 망암 변이중 선생 서거 400주년, 2011.3.24.’ 라고 적힌 플래카드가 붙어 있다. 그리고 보니 올해가 변이중 선생이 별세한 지 400년이 되는 해이다. 지난 3월에 장성군과 변씨 문중에서는 대대적인 추모 행사를 했다.

왼편으로 돌아 들어가니 강당 대청마루와 방이 있다. 강당 이름은 성경당이다. 변이중은 자신이 지은 글 ‘심득心得’ 에서 성경誠敬을 학문의 종지宗旨로 했다. 그래서 강당 이름도 성경당으로 지은 것 같다. 강당 동, 서편에는 동재인 훈덕재, 서재인 경의재가 있다.

이어서 내삼문을 지나 사당으로 들어갔다. 내삼문의 이름은 엄온문嚴溫門. 추담 김우급의 스승 변이중에 대한 만시에 나온 글 “망치칙엄즉지온(바라보면 엄하시나 가까이 대하면 따뜻하셨도다)”에서 엄嚴과 온溫을 딴 것이다.

사당 이름은 종앙사宗仰祠이다. 종앙이란 이름은 홍수주의 상량문에 “크게 어지시어 한 시대에 스승이 되시니”라는 구절에서 나온 것이란다. 사당

봉암서원 입구

에는 변이중을 주벽으로 하고 윤진, 변윤중, 변경윤, 변덕윤, 변휴, 변치명 등 6명을 종향으로 해 모두 일곱 분을 모시고 있다. 이들 중 임진왜란과 관련이 있는 인물은 변이중, 변윤중 그리고 윤진이다.

그러면 변이중에 대해 알아보자. 그는 1546년에 장성군 장성읍 장안리에서 태어났다. 자는 언시彦時, 호는 망암望菴으로 우계 성혼과 율곡 이이 문하에서 수업했다. 23세 때 사마시에 합격하고 28세에 대과에 합격한 후 예조좌랑, 형조정랑, 함안군수 등을 역임했다.

1592년에 임진왜란이 일어났을 때 그는 어천찰방이었는데 선조에게 상소문을 올려 임금께서 조선에 머물며 국난을 극복할 것을 건의했다. 1592년 10월에 변이중은 윤두수의 추천에 의해 전라도 소모사召募使가 된다. 그는 40여 일 동안 6천명에 달하는 군사를 모았다. 이 과정에서 천민의 면천을 건의하는 장계를 올리기도 했다. 12월에 변이중은 군사를 이끌고 북상길에 오른다. 그리고 12월 15일을 전후해 변이중 군대는 수원, 안성부근에 주둔한다.

그런데 1593년 1월말에 변이중은 죽산 전투에서 쓰라린 패전을 한다. 그는 소가 끄는 화차로 죽산성을 공격했는데 왜적이 우차에 불을 던져 우차를 태우니 군사들이 죽고 변이중도 겨우 목숨을 건졌다.

이후 변이중은 권율의 부대에 합류해 양천에 머무르면서 권율에게 자신이 만든 화차 40량을 보낸다. 그래서 행주대첩의 숨은 일등공신이 된다.

1593년 5월에 그는 조도사調度使가 된다. 거느리던 군사를 병사 선거이에게 인계하고 전라도로 내려가 군량조달 업무를 맡는다. 이어 그는 광해군이 이끄는 분호조分戶曹가 되어 강화도에 들어가 조운을 맡게 됐다. 이 때 명나라 장병들이 그를 독운사督運使라고 불렀다.

그는 곡식 수 만석을 모아 명나라 군사들 양식으로 충당했다.

이어 변윤중1548~1597에 대해 알아보자. 변윤중은 변이중의 사촌 동생이다. 그는 변이중이 화차 300량을 만들 때 자신의 재산을 털어 물자를 조달해 줬다. 봉암서원 입구의 장자동長者洞은 그가 만석꾼으로 살았다 해서 지

시징당 외부

어진 동네이름이라고 한다.

1597년에 정유재란이 일어나자 그는 평소 거느리던 가솔들과 마을 젊은이 200여명을 모아 스스로 의병장이 돼 왜적과 10일 넘게 싸웠다. 그러나 적의 수가 워낙 많아 적군 수십 명을 죽이고도 결국 패배하고 말았다. 군사를 다 잃은 변윤중은 마지막 싸움터였던 부엉바위로 올라가 황룡강에 몸을 던져 순절했다.

이때가 9월 18일이었다. 부인 성씨와 며느리 서씨도 강물에 몸을 던져 함께 죽었다. 봉암서원 입구의 삼강정려각에는 변윤중과 부인 성씨 그리고 며느리 서씨의 충신, 열녀비가 있다.

시징당 내부. 화차 등이 전시되어 있다.

봉암서원을 둘러보고 나서 시징당是懲堂을 찾았다. 시징당은 서원 들어가는 입구 왼편에 있다. 시징당이란 당호는 “오랑캐를 응징한다.”는 의미로 시경에서 따 온 것인데, 안내판에는 “망암 변이중 선생은 화차 300대를 자비自費와 집안 동생 변윤중의 도움으로 제작해 그 중 40대를 행주산성에 보내 행주대첩을 거두는 데 결정적으로 기여했으며, 망암 화차는 전면과 좌, 우측 3방면에 승자총통을 장착해 40발이 연속 발사되는 신무기로 우리나라 국방과학사에 큰 업적을 남겼다”라고 적혀 있다.

시징당에는 변이중이 만든 화차 모형, 총통, 신기전 등 임진왜란 당시 사용했던 무기 모형이 18점 전시돼 있다. 변이중의 화차는 문종 때 만든 화차를 개량한 것이다. 문종화차는 1461년에 문종의 창안에 의해 임영대군이 만든 것인데 차체 위에 수레를 만들어 신기전 또는 사전총통을 설치하고 심지에 불을 붙여 차례로 발사했다.

변이중의 화차와 문종의 화차는 다음 3가지 점에서 차이가 있다.

먼저 화차 발사기에 장착된 화기다. 문종 화차에는 신기전이나 사전총통을 장착한 반면에 변이중의 화차는 승자총통을 장착했다. 둘째는 수레의 구조다. 문종화차는 차체의 높이가 바퀴보다 높았던 특수한 형태인데 비해 변이중의 화차는 일반 수레와 비슷하며 차체가 바퀴 축 위에 바로 올려져 있었다. 셋째는 화차의 발사방향이다. 문종화차의 화기는 한 방향으로만 사용할 수 있었는데, 변이중 화차는 전면과 좌우 측면 세 방향으로 화기가 장착됐다. 따라서 변이중 화차는 문종 화차에 비해 훨씬 화력과 살상력이 막강했다.

최근에는 장성군 북이면 조양리 덕곡마을과 서삼면 송현리 공평마을에서 화차 제작터가 발굴됐고, 변이중 화차를 복원해 육군포병학교 연병장에서 발사 시연을 하기도 했다.

변이중. 그는 거북선을 만든 나대용과 함께 우리나라 국방과학사에 큰 획을 그은 조선의 과학기술 인재다. 호남정신

● 답사할 곳 ●

* 봉암서원 : 전남 장성군 장성읍 장안리 19

제2차 진주성 싸움

- 호남의병들 순절하다.

2부

01

제2차 진주성 싸움의 흔적을 찾아서

임진왜란 애환이 가장 많이 서린 진주성은 두 가지 모습이다. 하나는 1592년 임진대첩이고 다른 하나는 1593년 계사순의殉義다.

1592년 10월 초에는 김시민 장군이 진주성을 지켜내는 대첩을 이뤘는데 반해 1593년 6월말에는 9일간의 전투 끝에 진주성이 함락되었다. 김천일, 황진, 최경회, 고종후, 장윤, 양산숙. 강희열, 이잠 등 호남 의병들이 순절하고 6만 여 명의 군관민이 모두 살육되는 참상을 겪었다. 이때, 논개는 왜장을 껴안고 남강에 투신해 의로웠다.

제2차 진주성 싸움의 흔적을 찾아서 진주성을 간다. 촉석문을 지나 성안 동편 광장 끝에는 두 개의 비각이 있다. 하나는 진주대첩을 기념하는 김시민 장군 전공비이고 다른 하나는 진주성 순절을 기억하고자 하는 진주촉석정충단비다. 진주촉석정충단비는 1593년 6월 제2차 진주성싸움에서 장렬하게 순국한 삼장사三壯士 김천일, 황진, 최경회 및 군관민의 영령을 제사하기 위해 세운 정충단의 비석이다. 정충단은 숙종 12년1686년에 이들의 충절을 추모하기 위해 촉석루 동쪽에 세웠다.

이곳 왼편에 진주성 임진대첩 계사순의단이 있다. 순의단 계단을 오르면서 보니 진주촉석정충단비명이 한글과 한문으로 돌에 새겨져 있다. 비문은 홍문관 대제학 이민서가 지었고, 글씨는 신익상이 쓰고, 김만중이 전서를 썼다. 이 비문은 진주성 제2차 싸움의 전말과 순절한 이들의 충절이 적혀 있다. 그리고 창렬사와 정충단을 세운 내역과 함께 찬시를 말미에 적었다.

비문을 지은 이민서1633~1688는 1652년에 문과에 급제한 뒤 나주목사 등을 역임하였고, 이조와 호조의 참의를 거쳐 광주목사를 했다. 그 뒤 대사간, 대제학, 예조 · 이조판서 등을 차례로 역임했다. 문장과 글씨에 뛰어나 많은 시문을 남겼으며, 특히 1677년 광주목사로 있을 때에는 임진왜란 때의 의병장 박광옥의 사우를 중수하고, 충장공 김덕령을 제향했다.

순의단 올라가는 계단의 벽 다른 쪽에는 계사년 진주성 함락 기록이 새겨져 있다. 1593년 7월 16일자 선조실록이 한글과 한문으로 적혀 있다.

이윽고 진주성 임진대첩 계사순의단에 이르렀다. 이 단 앞에는 '진주성 임진대첩계사순의단' 이라고 적혀 있고 향로가 놓여 있다. 순의단 좌우에는 임진대첩과 계사순의의 모습이 부조로 만들어져 있고, 뒤에는 2차례의 진주성 싸움 내역이 적혀 있다.

순의단 글은 '임진왜란은 우리가 패한 전쟁이 아니다' 로 시작하는데 진주성의 중요성, 진주와 호남과의 관계, 2차에 걸친 진주성 전투 과정과 충민사, 창렬사, 정충단비, 의기사를 세운 사실과 함께 1987년 12월에 순의단을 세워 진주성을 민족사의 문화공간으로 조성했음을 적고 있다.

이어서 국립진주박물관을 들렀다. 국립진주박물관은 임진왜란 전문 박물관이다. 임진왜란 관련 유물이 다수 전시되어 있다. 창의사 김천일의 유묵, 유몽인의 어우야담, 호남절의록, 도요토미 히데요시가 발행한 '코 증빙 보고서' 등등. 이중에서도 특히 한글 편지 한 장이 눈에 들어온다.

이 편지는 경상우도 관찰사 김성일이 1592년 12월 24일에 경상도 안동 본가에 있는 부인 권씨에게 보낸 안부 편지이다. 가족과 부인에 대한 정이 가득히 담겨 있다. 안타깝게도 김성일은 진주성이 함락되기 2달 전인 4월 29일에 진주성에서 전염병으로 별세했다. 그는 진주성을 반드시 지켜야 한다고 유언했다 한다. 역사에는 가정법이 없다지만, 만약 김성일이 살아 있었다면 2차 진주성 싸움은 어찌됐을까. 적어도 조정마저 진주성을 포기하고 지원군을 안 보내는 사태는 일어나지 않았으리라.

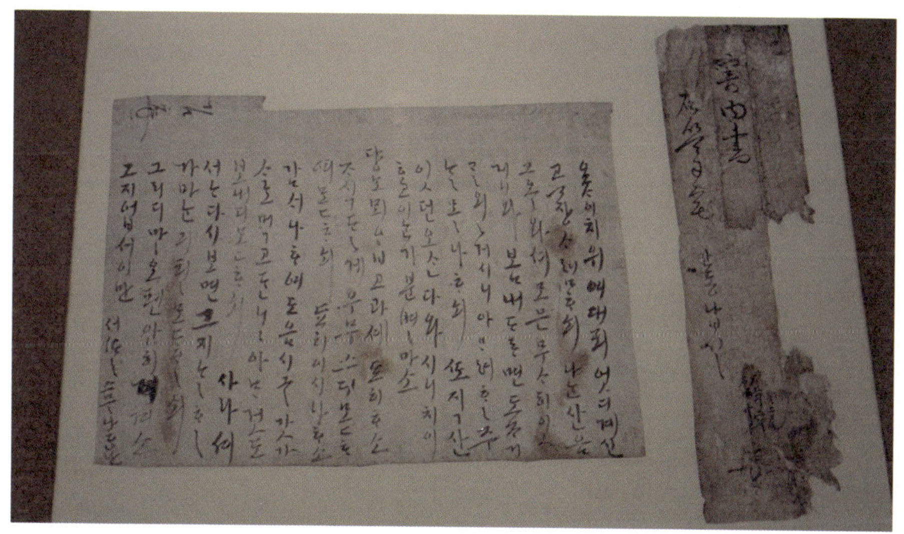

김성일이 부인에게 보낸 편지

의성김씨 학봉 김성일 종택, 경북 안동시 서후면 금계리에 있다.

창렬사 입구

진주성 뒤편에 있는 서장대와 호국사를 구경하고 나서 창렬사를 간다. 창렬사는 1593년 6월에 순절한 이들의 신위를 모신 사당인데 1607년에 사액됐다. 고종 때 대원군에 의해 김시민 장군을 모신 충민사가 철폐돼 김시민의 신위도 함께 모셔져 있는데 지금은 모두 39분의 신위를 모시고 있다.

창렬사 올라가는 길은 계단이 가파르다. 사당에 들어가니 사당이 중앙과 동편, 서편에 있다. 중앙 사당에는 창렬사라는 편액이 붙어 있고 사당 안에는 맨 좌측으로부터 김시민, 김천일, 황진, 최경회, 장윤, 고종후, 유복립의 신위가 모셔져 있다. 창의사 김천일, 충청병사 황진, 전라우의병장

창렬사 외삼문인 유중문

이며 경상우병사인 최경회, 사천현감이며 전라좌의병 부장인 장윤, 복수의병장 고종후는 모두 호남의병장들이어서 잘 알겠으나, 유복립은 누구인지 잘 모르겠다. 인물 검색을 해 보니 유복립은 김성일의 외조카이다. 의병장 유복립은 진주성을 반드시 지키라는 외삼촌 김성일의 유언을 받들어 진주성을 끝까지 지키다가 순절했다.

동편 사당에는 양산숙, 김상건, 김준민, 강희열, 조경형, 강희보. 최기필, 박승남, 장윤현, 이욱, 하계선, 최언량 그리고 7만 민관군 신위 등이, 서편 사당에는 이잠, 이종인, 성영달, 윤사복, 이의정, 손승선, 정유경, 김태백,

동편 사당에 모시어진 7만 군관민의 신위

양제, 박안도, 이인민 등의 신위가 모셔져 있다.

이들은 아군 6천명 대 왜군 10만 명의 절대열세, 명군과 조선 군사들의 지원이 전혀 없는 고립무원의 상황에서도 6월 21일부터 6월 29일까지 9일간을 죽을 힘을 다해 진주성을 지켰다. 비록 패한 전투였지만 이들의 희생이 있었기에 호남은 온전할 수 있었다. 이들의 충의와 의열은 길이 남으리라.

이어서 발길을 촉석루로 옮긴다. 촉석루는 영남 제1루이다. 촉석루 뒤에 논개를 모신 사당 의기사義妓祠가 있다. 이곳에는 논개의 영정과 신위가 있고, 다산 정약용의 의기사기, 조선의 마지막 선비 매천 황현과 진주 기생 산홍의 '의기사 감음' 시가 있다.

촉석루에서 좁은 문을 지나 아랫길로 내려가니 의암 바위와 의암 사적비가 보인다. 왜군이 진주성을 함락시킨 축하연을 벌였을 때 논개는 왜장을 촉석루 아래 홀로 떨어진 위험한 절벽으로 유인한 후 왜장과 함께 남강에 몸을 던졌다. 1625년경에 의병장 정문부의 아들인 정대륭은 이 바위에 의암이란 글씨를 새겼다. 의암 바위 근처에는 의암사적비가 있다.

비에는 '의기논개지문' 이라고 써진 현판이 붙어 있고, 절벽 바위에는 일대장강 천추의열一帶長江 千秋義烈 한 줄기 강물이 한 결 같이 흐르듯이, 의열도 천추에 영원하다 글자가 새겨져 있다.

진주성을 나오면서 마음이 착잡해 진다. 입구 바로 앞에서 '논개' 시비를 보았다. 시비에는 수주 변영로의 '논개' 시가 적혀 있다.

거룩한 분노는
종교보다도 깊고
불붙는 정열은
사랑보다도 강하다
아, 강낭콩보다도 더 푸른
그 물결위에

양귀비 꽃 보다도 더 붉은

그 마음 흘러라.

전북 장수 출신인 주논개. 그녀는 정녕 의로운 여인으로 우리 마음속에 남아 있다.

● 답사할 곳 ●

* 창렬사, 의기사, 촉석루 : 경남 진주시 진주성내

02

서울에서 철수한 왜군, 진주성 공격을 준비하다.

1593년 4월 들어 임진왜란의 판세는 왜군에게 불리해졌다. 1월초에 명나라와 조선의 연합군이 평양성을 탈환했고, 2월 12일에는 전라 순찰사 권율이 이끄는 전라도 군사가 행주산성에서 왜군을 대파했다.

서울로 퇴각한 왜군은 다급해졌다. 명군과 조선군의 포위 속에 마음대로 서울 근교를 돌아다닐 수 없을 뿐만 아니라 최악의 경우 서울이 무덤이 될 수도 있었다. 반면 가토는 함경도에서 임해군과 순화군, 두 왕자를 인질로 잡아 기세가 등등했다.

이럴 즈음에 왜장 고니시는 은밀하게 명나라에 강화회담을 요청한다. 명군 총사령관 송응창과 1월말에 백제관 전투에서 패한 바 있는 제독 이여송도 재빠르게 강화에 임한다. 일본이 명나라를 쳐들어오지 않겠다는 조건만 수락하면 손해 볼 것이 없다는 입장이었다.

3월부터 두 나라의 강화교섭은 빠르게 진전된다. 일본은 고니시가 명나라는 심유경이 교섭대표로 나섰다. 먼저 명나라는 일본에 3가지 조건을 제시했다.

(1) 조선에서 완전 철병하고 점령지를 모두 반환할 것
(2) 포로로 잡힌 임해군과 순화군 등 조선의 두 왕자와 대신들을 석방할 것
(3) 관백 도요토미 히데요시가 공식적으로 사과할 것

덧붙여 명나라는 고니시에게 서울을 비우라고 통고했다. 그렇지 않으면 왜군을 몰살하겠다고 경고했다.

드디어 고니시와 심유경은 서울 용산에서 1차 회담을 연다. 이 회담에서 고니시는 서울에서 자진 철수 하겠으니 왜군의 철수를 보장해 달라고 명나라에 요구한다. 명나라 경략 송응창은 고니시의 요구를 수락한다.

4월 18일에 고니시는 용산의 창고에 쌓아뒀던 곡식 2만석을 명군에게 넘겨주고 서울에서 철수한다. 명군은 조선군에게 일체 군사행동을 하지 않도록 조치를 내린다. 남하하는 왜군을 추격하는 조선군의 군사행동 자체를 금지한 것이다. 참, 어이없게도 조선군은 왜군을 추격했으나 왜군은

조선군의 습격 하나 받지 않고, 단 한명의 사상자도 없이 고스란히 부산에 집결한다.

5월말 경에는 10만 명 정도의 왜군이 부산에 모여들었다. 이는 또 다른 재앙을 잉태하고 있었다. 왜군들은 일본으로 돌아가려고 한 것이 아니라 진주성 공격을 준비한 것이다.

도요토미는 전쟁이 소강상태에 빠진 것은 전라도를 점령하지 못한 탓이라고 생각했다. 당초 왜군의 전략은 현지에서 군량을 확보해 전쟁을 치른다는 계획이었는데 전라도를 점령하지 못하자 군량 조달에 큰 차질이 생긴 것이다. 이런 차질에 결정적 계기가 된 것이 1592년 10월에 치른 제1차 진주성 싸움에서의 패배였다. 3만명의 왜군이 김시민이 이끄는 3천800명의 조선군에게 대패해 호남 공략이 저지된 것이다.

도요토미는 어떤 희생을 치르더라도 다시 진주성을 점령하도록 명령한다. 그는 2월부터 5월 사이에 세 차례나 명령서를 보낸다. 그러면 5월에 도요토미가 보낸 세 번째 작전지시서를 읽어 보자.

목사성일본은 진주목사 김시민 때문에 패전해 이 성을 목사성이라 불렀다 공략은 흙주머니와 죽창을 만들도록 명하고 부상자가 나오지 않도록 할 것이며, 한 명도 남기지 말고 모조리 죽일 것. 그렇게 한 후에 전라도로 출진해서 승리하도록 할 것. 전라도를 완전 토벌 한 후, 성들을 견고하게 만들고 군사의 다소에 따라 성의 크기를 결정하고 각자 소유할 것.

일본 입장에서 보면 진주성 공격은 1592년 임진년의 참패로 저하된 왜군의 사기를 높일 수 있는 기회였다. 진주성을 빼앗으면 호남을 공략할 수 있고, 보다 유리한 강화교섭 여건도 마련할 수 있었다.

실제로 도요토미는 진주성이 함락되기 하루 전인 6월 28일에 일본 나고야에서 명나라 사신을 맞아 7가지 요구조건을 제시한다. 이 조건은 (1) 명나라 황제의 딸을 일본의 후비로 보낼 것 (2) 일본 무역선의 왕래를 보장할 것 (3) 조선을 분할해 서울과 4개도는 조선 땅으로 하고 나머지 4개도는 일본 영토로 해 줄 것 등이 포함되었다.

요컨대 진주성 공략은 전술적으로는 복수전이었고, 전략적으로는 호남의 군량확보와 강화협상에 유리한 고지 장악이라는 선공작전이었다.

왜군은 도요토미의 명령에 따라 진주성 전투를 준비한다. 왜군은 제1대에서 제6대까지 편성했고 병력은 도합 10여 만 명 이었다. 1대는 2만5천600명으로 가토와 구로다가 맡았고, 2대는 2만6천200명으로 고니시가, 3대는 1만8천800명으로 우키다가 지휘했다. 4대는 모리가 이끄는 1만3천600명, 5대는 고바야카와의 군대 8천700명이었고, 6대는 보조 병력이었으며 수군도 합류했다.

이런 일본의 움직임이 명나라 군대에 전해졌다. 경략 송응창은 고니시를 따라 부산까지 내려 간 심유경에게 서신을 보내 꾸짖었다. 일이 잘못되면 처벌하겠다는 뜻도 담았다.

심유경은 송경락의 편지에 너무 당황한다. 당장 고니시에게 항의했으나 고니시는 가토가 혼자 한 일이라고 시치미를 뗐다. 고니시는 진주 공격에만 그칠 뿐이고 다른 일은 없도록 보장하겠다고 하면서 진주성을 그냥 비우는 것이 좋을 것이라고 은근히 엄포도 놓았다.

명나라 심유경은 다급하게 서울로 올라오면서 선산에 있는 도원수 김명원을 만난다. 김명원은 심유경에게 진주성 사수를 위한 지원을 요청한다. 그러나 심유경은 사태는 이미 돌이킬 수 없으니, 성을 비우고 조금 피하는 것이 좋을 것이라고 했다. 심유경이 마치 고니시의 대변인 같다.

그러면 당시에 명군과 조선군의 상황은 어떠했을까. 명군 총병 유정은 유격 오유충과 더불어 대구에 있었고, 참장 낙상지와 유격 송대빈은 남원에, 유격 왕필적은 상주에 있었다.

왜군을 추격해 영남으로 내려 온 조선군은 창녕, 의령 등에 포진했다. 도원수 김명원은 선산에, 순변사 이빈은 의령에 주둔했고, 전라병사 선거이, 충청병사 황진, 전라방어사 이복남등도 각기 군사를 거느리고 왔으며 전라감사 권율도 창녕에 있었다.

왜적이 쳐들어온다는 징후가 농후하자, 도원수 김명원은 급히 전군에 명령해 의령에 집결토록 했다. 권율, 선거이, 이복남, 황진, 최경회, 고언백, 정명세, 이종인등 관군과 김천일, 고종후, 곽재우 등 의병장들이 의령에 모였다. 이들은 대책을 논의했다.

먼저 창의사 김천일이 말문을 열었다. 그는 진주성을 지켜야 한다고 강력히 외쳤다.

> 왜적의 계책을 헤아리기 어려우니 그들이 다만 진주만을 공격하리라는 것을 믿을 수 없다. 호남은 나라의 근본이고 진주는 호남에 가까이 있는 곳이니 실로 입술과 이빨의 관계인데, 진주가 없어지면 호남 또한 없어지고 말 것이다. 혹시 진주성을 비움으로써 왜적을 피할 수 있다고 생각하는 것은 좋은 계책이라 할 수 없다.

그러나 대부분의 장수들은 고개를 돌렸다. 명나라가 성을 비우자는 입장이고 조선 조정도 공성책에 동조하고 있으며, 더구나 왜군이 30만 명이라는 소문도 있으니 얼마 안되는 군사를 가지고 싸울 엄두가 나지 않았다.

김천일이 다시 나섰다. "여러 장군들이 진주성을 안 지키겠다면 나 혼자라도 진주성을 지키겠소. 제아무리 적이 10만 대군일지라도 나는 적이 두려워 도망가지는 않을 것이오."

이런 김천일의 충심에도 불구하고 대부분의 장수들은 물러갔다. 권율, 이복남 등은 운봉으로 후퇴했고 순변사 이빈은 산음으로, 곽재우도 창녕으로 돌아갔다. 여러 장수들은 뿔뿔이 흩어져 가버렸다.

이런 상황에서도 김천일과 같이 진주성을 지키고자 하는 의로운 장수들도 있었다. 충청병사 황진과 경상우병사 최경회, 복수의병장 고종후 등 주로 호남 장수들이 그들이었다.

호남 의병들, 외롭게 진주성을 지키다.

진주성을 지키는 일은 홀로서기였다. 그런데 창의사 김천일등 호남의병들은 권율이 이끄는 관군과 곽재우의 영남의병도 포기한 진주성을 왜 지키려 했을까? 그 이유는 호남과 진주가 입술과 이빨의 관계라는 것에 대한 강한 믿음에서 비롯됐다. 진주가 무너지면 호남도 무너진다는 그런 신념. 이것이 바로 호남 사랑이었다.

6월 14일에 김천일은 양산숙, 김상건과 함께 300명을 이끌고 진주성으로 들어갔다. 성안에는 이미 김해부사 이종인, 거제현령 김준민의 부대가 들어와 있었다.

성에는 왜군이 다시 쳐들어온다는 소문을 듣고 인근 고을에서 피난 온 사람들로 북적거렸다. 이들 대부분은 노인이거나 여자 아니면 어린 아이들이었다.

이날 저녁 늦게 진주목사 서예원과 판관 성수경이 부랴부랴 성으로 돌아왔다. 이들은 명나라 군사를 상주에서 영접하던 중이었다.

15일에 충청병사 황진이 해미현감 정명세, 태안군수 윤구수, 당진현감 송제, 황대중 등 군사 700명과 함께 입성했다. 경상우병사 최경회도 문홍헌, 고득뢰, 최희립과 함께 군사 500명을 데리고, 복수의병장 고종후도 부장 오유와 오빈, 김인혼, 고경형 등과 군사 400명을 이끌고 뒤따라 왔다. 이어서 전라좌의병의 부장이며 사천현감인 장윤이 남응개, 김대민, 김신민 등 군사 300명과 함께, 웅의병장 이계련이 100여 명, 적개의병장 변사정의 부장 이잠이 300명, 태인 의병장 민여운이 200명의 군사를 거느리고 진주성에 입성하였다. 광양 도탄의병장 강희열과 강희보 형제, 해남의병장 임희진, 영광의병장 심우신 등도 진주성에 들어왔다.

이들 군사들은 모두 합해 3천500명 정도였다. 진주성 관군 2천500명과 합하면 모두 6천명. 성안의 백성들은 6만 명 남짓 되었다.

김천일은 곡식과 병기 등을 점검했다. 그는 진주목사 서예원을 불러 창고의 양곡을 계산해 보니 족히 수십만 석이 됐다. 4월말에 진주성에서 별세한 경상우도 감사 김성일이 비축해 놓은 양곡이었다. 모든 장수들은 크게 기뻐했다. “성은 높고 튼튼하며 식량은 갖춰 있고 병기도 충분하니, 여기가 바로 목숨을 바칠만한 곳이로다." 라고 말하면서 사기가 높았다.

김천일은 여러 장수들과 상의해 진주성을 지킬 부대편성을 다시 했다. 창의사 김천일이 의병의 절제사, 경상우병사 최경회가 관군의 절제사가 됐고, 총사령관은 김천일이 맡았다. 충청병사 황진이 수성장을 맡았으며 각 군 부장은 장윤, 양산숙, 민여운, 이종인, 김준민, 고득뢰, 강희보이고, 전투대장으로 강희열, 심우신, 임희진, 문홍헌, 서정후, 김인갑, 송제, 양응원, 남응개 등이 4대문에 각기 배치됐다.

이 당시의 상황을 김천일의 장계를 통해 살펴보자. 김천일의 장계에는 근심이 가득하다. 진주성을 지킬 일이 걱정스럽다.

창의사 김천일이 진주성의 방어 준비 상황을 보고하다

창의사 김천일이 치계하였다.

"신이 이달 14일에 진주성에 도착했는데, 목사 서예원이 명군을 접대하는 일로 나갔다가 날이 저물어서야 돌아왔습니다. 그와 함께 변란에 대처하는 여러 가지 일을 상의하여 결정했습니다. 15일에 전라 병사 선거이, 조방장 이계정, 충청병사 황진, 조방장 정명세, 경기 조방장 홍계남, 경상 우병사 최경회, 복수의병장 고종후들이 잇따라 달려왔는데, 다음날 전라 순찰사 권율이 전라 병사와 각항各項의 장령 등에게 전령해 모두 나오게 하므로 제장諸將이 일시에 달려가니 성중이 흉흉해 이 때문에 일이 누설됐습니다. 신이 최경회 · 황진 등과 더불어 겨우 수합

收合했으나 3천 명에 불과했습니다. 성안은 넓은데 이처럼 주린 군사로서는 방어하기가 쉽지 않으니 지극히 우려됩니다. 대개 진주는 바로 전라도의 보장인데 순찰사 이하가 방어를 철수해 산음으로 옮겨 갔으니 더욱 우려됩니다." (선조실록 1593년 7월 10일)

그러면 여기에서 왜군의 상황을 살펴보자. 6월 15일에 가토가 이끄는 1진을 비롯한 10만 명의 일본군이 김해와 창원에 집결했다. 6월 16일에는 선봉이 함안에 도착했다. 그때 이빈 · 권율은 군사를 거느리고 함안에 주둔하고 있었는데 일시에 무너져 달아났다. 18일에 왜군이 함안으로부터 정암나루로 건너오자, 홍의장군 곽재우는 형세가 불리해 후퇴했다. 권율 · 이빈 · 이복남 등 관군들은 물러나와 산음으로 향했다가 다시 방향을 바꾸어 남원으로 들어갔다. 왜적은 의령에 들어가 노략질했다.

조정에서는 이러한 위급상황을 명군에 보고하니, 서울에 있는 이여송이 유정 · 오유충 · 낙상지 등에게 명령하여 군사를 전진시켜 구원하도록 하였다. 그러나 현지에 있는 명나라 장수들은 왜적의 형세가 막강함을 두려워하여 감히 진격하지 못했다.

6월 19일에 전라병사 선거이 · 경기도 조방장 홍계남이 군사를 거느리고 진주성에 도착했다. 그들은 김천일에게 말하기를, "적의 군사는 엄청 많고 우리는 군사가 적어 군사 수가 크게 차이가 있으니 잠깐 물러나서 몸을 보존하는 것이 좋겠다."고 했다. 이에 김천일이 크게 노하여 꾸짖었다.

그는 "호남은 우리나라의 근본이요, 진주는 실로 호남의 방패이니, 진주를 지키지 못하면 이는 바로 호남을 없애는 것이다" 하고, 여러 장수들과 더불어 사수하기를 다짐했다.

이후 선거이 등은 진주성을 나와 군사를 이끌고 전라도 운봉에 진을 쳤다. 이어서 상주목사 정기룡이 상주에 주둔하고 있는 명나라 유격 왕필적과 함께 진주성에 당도했다. 김천일은 예의를 표한 뒤 명군의 지원을 요청했다.

6월 20일 이른 아침부터 성안이 갑자기 술렁거렸다. 적군의 선봉 기병 200여 명이 진주성 외곽 마현에 나타나 진주성을 살피기 시작한 것이다. 성안에서는 복수의병 선봉장 오유와 적개의병 선봉장 이잠이 뛰쳐나갔다. 한참 있다가 이들은 적병의 목을 말안장에 차고서 돌아왔다. 성안의 군사들은 환호했다.

이를 본 명나라 왕필적과 상주목사 정기룡도 감탄하면서 군사들의 의기가 대단함을 치하했다. 왕필적은 "유총병의 군사가 성의 외곽에서 지원하고자 하는데 그 선봉은 이미 삼가에 도착했으니 경들은 방어를 잘 하라" 하며 돌아갔다. 그러나 이후 명나라 군사는 단 한 사람도 나타나지 않았다.

이날 밤에 양산숙이 남강을 통해 간신히 진주성에 들어왔다. 며칠 전에 김천일은 양산숙을 상주에 있는 명나라 장수 유정에게 은밀히 보냈다. 김천일은 조급히 유정을 만난 결과를 묻자 양산숙은 침울하게 말했다.

유총병에게 고종후 복수의병장이 써 준 글을 읽어 드렸더니, 유정은 문장마다 힘이 넘쳐나고 곧은 기개가 서려 있어 탄복했습니다. 심지어 유정은 글을 들으면서 옷깃을 여미며 자세를 고쳐 앉을 정도였습니다. 그러나 유정은 지원군을 보내기는 어렵다고 저에게 말했습니다. 지금은 일본과 명나라 간에 강화협상이 진행 중인 데다가 진주성을 쳐들어오는 왜적의 기세가 너무 커서 군사를 출동하기 어렵다는 것입니다.

진주성은 말 그대로 고립무원孤立無援이었다. 10만 명이나 되는 왜적이 진주성을 겹겹으로 에워싸고 있었고, 명군도 조선군도 어느 한 사람 도와주지 않았다. 홀로 싸워야 하는 호남 의병들. 어두운 그림자가 진주성에 드리워지고 있었다.

04

진주성, 9일간의 혈전 끝에 무너지다.

1593년 6월 21일부터 6월 29일까지 9일간의 진주성 2차 싸움을 살펴보자. 이 전투일지는 '선조실록', '선조수정실록', 이긍익의 '연려실기술', 조경남의 '난중잡록', 조경의 '재조번방지', 안방준의 '진주서사' 등을 참조하였다.

6월 21일

왜군 선봉대 기병 200명이 척후활동을 시작했다. 척후병은 마현 봉우리 위에서 활동하더니, 조금 뒤에 10만 명 대군이 성을 세 겹으로 포위했다. 그런데 탄알 한 발 쏘지 않고 위세를 보인 뒤에 물러갔다.

6월 22일

드디어 적의 첫 공격이 시작됐다. 아침 10시부터 왜군 10만 명이 일제히 밀려왔다. 개경원 산 중턱에 진을 친 가토가 이끄는 1진과 향교 앞길에 있던 고니시의 2진이 동시에 쳐들어왔다. 첫 교전은 아군의 승리였다. 아군은 왜적 30명을 쏘아 맞히니 왜군들이 물러갔다. 초저녁에 다시 한참 동안 크게 싸우다가 2경에 물러갔고 3경에 다시 진격해 와서 5경이 돼서야 물러갔다.

6월 23일

이 날도 왜군은 공세를 늦추지 않았다. 낮에 3번 싸워 3번 물리치고, 밤에 또 4번 싸워 4번 물리쳤다.

이 날 고성 의병장 최강과 이달의 군사 300여명이 진주를 구원하려고 달려왔다가 왜적의 세력에 놀라서 다시 고성으로 물러갔다.

6월 24일

왜적의 증원군 5~6천 명이 와서 마현에 진을 치고 또 5~600명이 더 와서 동편에 진을 치고 치열하게 싸웠다. 성 안팎에 죽은 자의 수효가 헤아릴 수 없었다.

6월 25일

왜적이 동문 밖에 흙을 메워 언덕을 만들고 그 위에 흙집을 지어서 성 안을 내려다보고서 탄환을 비처럼 퍼부었다. 그러자 순성장 황진도 성 안에 높은 언덕을 쌓았는데 초저녁부터 밤중까지 황진이 직접 옷과 전립을 벗고 몸소 돌을 짊어지고 나르니 성 안의 남녀들도 힘을 다해 축조를 도와 하룻밤 사이에 완성됐다.

이에 현자총통을 쏘아서 적의 소굴을 부쉈으나 적이 곧 다시 만들었다. 이 날도 3번 싸워 3번 물리치고, 밤에 또 4번 접전해 4번 다 물리쳤다.

6월 26일

왜군은 새로운 전술을 시도했다. 군사들이 큰 나무 궤짝 위에 짐승 가죽을 입힌 뒤 그것을 방패삼아 성벽 밑으로 육박해 성을 헐려고 했다. 이에 성 위에서는 비 오듯이 활을 쏘고 큰 돌을 연달아 굴러 내려서 왜군을 격퇴시켰다. 그러자 왜적은 큰 나무 두 개를 동문 밖에 세우고 그 위에 판옥을 만든 뒤 성안으로 불화살을 쏘아 보냈다. 그 불화살이 성안의 초가에 떨어져 화염이 자욱했다. 황진도 마주 보고 나무를 세우고 판자 집을 만든 뒤 대포를 쏘아 왜군의 판옥을 무너뜨렸다. 성안 사람들이 물을 길어 불을 끄느라 정신이 없었는데 마침 소나기가 내려 불이 꺼졌다.

이 날 거제현령 김준민이 무너진 성벽 틈으로 뛰어드는 적을 막다가 죽었다. 아군 장수 가운데 최초의 희생자였다.

6월 27일

전투가 1주일 되는 날이다. 왜군은 동문과 서문 밖 다섯 군데에 흙산을 만들었고, 그 위에 대나무로 방책을 만들어 그 위에서 총탄을 발사했다. 성안의 군사 300여명이 전사했다. 또 왜군은 귀갑차를 이용해 성 밑으로 접근해 쇠망치로 성벽에 구멍을 뚫었다. 조선군이 섶에 기름을 붙여 귀갑차를 태우자 왜군이 퇴각했다.

왜군의 공격이 계속되자 진주목사 서예원이 겁을 먹고 허둥거리며 제대로 일을 처리하지 못했다. 김천일은 장윤을 임시로 목사에 임명해 사태를 진정시켰다.

왜군이 최후통첩을 보냈다. 그 글은 '대국의 군대도 항복했는데 너희 나라가 어찌 감히 항거하는가. 온 백성이 성안에서 일시에 모조리 죽음 당하는 것은 처참한 일이 아닌가. 항복하면 생명은 보장해 주마' 라는 내용이었다. 성 안에서 곧 답신을 보냈다. '우리는 죽음으로 싸울 뿐이다. 더구나 명군 30만 명이 지금 너희들을 추격해 남김없이 섬멸할 것이다.' 라고 적었다. 이 답장을 보고 왜군은 옷을 걷고 볼기를 두드리며 말하기를 '명군은 이미 다 물러갔다' 했다.

6월 28일

1주일이 지나자 왜적은 더욱 공세 수위를 높였다. 적이 다시 북문을 침범해 성문을 무너뜨리고자 했다. 이곳은 진주목사 서예원이 지키고 있었는데, 왜군이 성을 뚫는 것도 눈치 채지 못했으므로 성이 장차 무너지려 했다. 왜적이 바야흐로 가까이까지 밀고 들어왔는데, 김해부사 이종인이 힘껏 싸워 물리쳤다.

적이 또 동쪽과 북쪽의 성을 침범해 크게 전투가 벌어졌는데 이종인이 다시 물리쳤다. 황진이 순찰차 이곳에 이르렀다가 성 아래를 굽어보고 말하기를, "적의 시체가 참호에 가득하니 죽은 자가 거의 1천 여 명은 되겠다."고 했다. 이 때 왜군 한 명이 성 아래에 잠복해 있다가 위를 향해 철환을 쐈는데 황진의 왼쪽 이마에 맞았다. 황진은 용맹과 지략이 으뜸이어서 그를 믿고 의지했었는데, 그가 죽자 성안이 흉흉해지며 사기가 저하됐다. 이 날 황진의 죽음을 조문하는 듯 장맛비가 음산하게 내렸다.

6월 29일

최후 순국의 날이었다. 황진이 죽자 서예원을 순성장으로 삼았다. 그는 겁에 질린 나머지 혼이 빠져 갓을 벗은 채 말을 타고 울면서 돌아다녔다. 최경회가 군사들의 사기를 저하시켰다 해 그를 참하려고 하다가 그만두고는 장윤에게 대신 순성장을 맡겼다. 장윤은 명망이 황진 다음 가는 인물이었다. 그런데 안타깝게도 장윤마저 분전 중에 탄환에 맞아 죽었다.

오후 1~3시경에 왜군이 동문 성벽의 기초 석 몇 개를 뽑아내자 성벽이 무너져 내렸다. 왜적의 무리가 개미떼처럼 기어올랐고 이어서 서문과 북문도 뚫렸다. 창의사 김천일 부대가 사력을 다했지만 버텨내지 못했다. 드디어 왜적은 성에 올라와 병기를 휘두르니 성벽을 지키던 군사들이 흩어져 촉석루로 들어갔다.

좌우에 있던 사람들이 김천일을 부축해 피하기를 권했다. 그러나 김천일은 꿋꿋이 앉아 움직이지 않고 말하기를, "나는 마땅히 여기서 죽겠다" 하고 아들 김상건 및 최경회 · 고종후 · 양산숙 등과 함께 북쪽을 향해 네 번 절하고 남강에 몸을 던져 목숨을 끊었다.

이 때 최경회는 죽음 앞에서도 삼장사 시를 읊었다.

촉석루 누각 위에 올라 있는 세 장사
한 잔 술에 웃으면서 장강 물을 가리키네.
장강 물은 밤낮으로 쉬지 않고 흘러가니
저 물이 마르지 않는 한 우리 넋도 죽지 않으리.

한편 이종인, 이잠, 강희열등 10여명은 장검을 뽑아 들고 왜적과 싸우다 전사했다. 진주성이 함락되자 왜적이 대대적으로 도륙을 자행했다. 목사 서예원 및 판관 성여해도 죽음을 면하지 못했으며, 여러 장령將領들도 다 죽었다. 성안의 백성들도 앞을 다퉈 남강에 투신해 시체가 강을 메웠다. 대략 죽은 자가 6~7만 명이나 됐고, 성이 온통 폐허가 됐다.

9일간의 진주성 혈전은 이렇게 막을 내렸다. 명나라와 관군이 버린 진주성을 호남의병과 몇 지역의 경상관군이 사수했지만 버틸 수 없었다. 병력만도 무려 10대 1이었으니 처음부터 승산이 없는 전투였다. 이 싸움은 진흙 속에서 꿈틀거리던 버마재미 한 마리가 수레바퀴를 밀어내려 한 것에 비유하기도 한다.

왜군은 비록 진주성 전투에서 이겼지만 당초 목적인 호남을 점령하지는 못했다. 왜군은 진주성 전투의 피로가 겹쳐서 하동, 구례, 순천 등지를 잠시 분탕질하고 다시 경상도로 돌아왔다. 당초에 전라도를 점령해 군량을 확보하고자 하는 의도는 완전히 빗나갔다. 호남정신

05

진주성에서 순절한 호남 의병들(1)

- 김천일, 김상건, 양산숙, 이종인, 강희열, 강희보 등

진주성 안에 있는 창렬사를 다시 간다. 창렬사에는 진주성 2차 싸움에서 순절한 분들의 신위가 모셔져 있다. 중앙 사당에는 김천일, 황진, 최경회, 장윤, 고종후, 유복립의 신위가 있다. 이 중 유복립을 제외한 다섯 분은 모두 호남 의병장들이다. 동편 사당에는 양산숙, 김상건, 강희열, 강희보, 박승남 등이, 서편 사당에는 이잠, 이종인, 송제 등 호남의병들의 신위가 모셔져 있다.

진주성에서 순절한 호남 의인들의 흔적을 찾기 위해 전라도를 답사한다. 맨 먼저 가는 곳은 전남 나주시 동신대학교 뒤에 있는 정렬사旌烈祠이다. 정렬사는 1606년에 월정봉 아래에 세워졌고 1607년에 사액을 받았다. 이곳에는 창의사 김천일과 그의 큰 아들 김상건 그리고 참모 양산숙의 신위가 모셔져 있다.

정렬사 입구

외삼문인 창의문을 지나니 유물관이다. 유물관에 전시된 기록화들이 눈에 들어온다. 진주성 혈전 그림은 고립무원 중에도 의기를 잃지 않는 모습이 뚜렷하다. 내삼문인 절의문을 지나 사당에 들어섰다. 중앙에 김천일의 영정과 신위가 있다. 김천일의 신위 우측에는 김상건, 좌측에는 양산숙의 신위가 배향돼 있다. 불현듯 김천일의 순절 장면이 생각난다. '연려실 기술'을 읽었다.

> 왜적이 군사를 더해 급히 공격해 오니 성이 드디어 함락됐다. 이때 천일이 촉석루 위에 있었는데 맏아들 상건과 막하의 양산숙과 친병 10여명만이 옆에 있다

정렬사

가 울며 부르짖어 말하기를, "장차 어찌 하렵니까?" 하니 천일이 태연히 말하기를, "창의하던 날, 나는 이미 목숨을 바치기로 결심했다. 다만 너희들이 가엾구나." 하고 드디어 일어나 북쪽 행재소를 향해 절하고 나서 먼저 병기를 물속에 던지고 상건과 더불어 서로 안고 촉석루 아래의 깊은 물에 뛰어드니 장수들과 막료 중에 따라 죽은 자가 셀 수 없을 만큼 많았다. 적도 또한 힘이 다해 감히 다시 호남을 침범하지 못했다.

김천일 영정

사당 앞에서 향을 피우고 묵념을 했다. 김천일과 김상건, 양산숙 그리고 김천일과 함께 순절한 의인들의 영령을 위로하고 흠향했다.

그러면 순절한 사람들을 한 사람 한 사람씩 기억해 보자. 먼저 창의사 김천일. 1593년 6월 1일자 선조수정실록에는 그의 졸기가 적혀 있다.

김천일은 자字가 사중士重으로 이항에 사사師事해 학문으로 명성이 있었으며, 강방剛方하고 염직廉直했다. 입대入對할 때마다 할 말을 다하면서도 임금의 뜻에 맞았는데, 정성을 다해 관직을 수행해 남다른 치적을 세웠다.

그러나 체질이 허약해 병이 많았는데, 군대 내에서 세월을 지내다 보니 고생으로 몸이 야위어 옷의 무게도 이길 수 없을 정도가 됐으나 지기志氣가 견정堅貞하

양산숙 신위

> 고, 충성이 분개奮慨 했다. 그래서 뭇사람들로 하여금 적과 대치해 목숨을 내걸고 싸우게 할 수 있었으니, 이 또한 까닭이 있었던 것이다.

다음은 김천일의 큰 아들 김상건. 그는 병약한 김천일 곁을 잠시라도 떨어지지 않고 보좌해 비서실장 역할을 수행했다. 양산숙은 진주목사를 한 송천 양응정의 아들이고 기묘명현 학포 양팽손의 손자로서 의주에 있는 임금에게 전황을 보고해 공조좌랑 벼슬을 받았다. 성이 함락돼 남강에 뛰어 들 때에 김천일은 양산숙에게 '자네는 헤엄을 잘 치니 살아서 후일을 도모하라' 고 했다. 그러나 그는 '이미 생사를 같이 하기로 했는데 어찌 혼자 살 것이냐' 며 먼저 남강에 몸을 던져 죽었다.

〈호남절의록〉에는 김천일과 같이 순절한 분들의 명단이 실려 있다. 유휘진, 서정후, 임희진, 박승남, 정감, 김공간, 박흡, 윤성립, 최희급, 허협, 이의정, 김두남, 유한량, 서응두, 이종인, 박지경, 배몽성, 전룡, 박운, 강귀지, 차승륙이 그들이다.

유희진은 광주출신으로 군기시 주부를 했는데 남강에서 순절했다. 서정후는 남평 사람으로 효로써 천거돼 별좌를 제수받았다. 임진왜란 때 재산을 털어 의병 수백 명을 모았고 김천일의 종사관이 돼 시종 수행하다가 김천일과 함께 죽었다. 임희진은 해남 사람으로 임진란 때 집안 머슴을 이끌고 향병을 모아 호虎자로 깃발 표지를 삼고, 변사정과 함께 수원에서 관군과 힘을 합쳐 많은 적을 죽였다. 서울에 있는 왜적이 퇴각함에 그는 적을 뒤쫓아 남하했는데 진주성이 함락되자 남강에 몸을 던졌다. 아들 임달영도 1597년 정유재란 때 의병장으로 나서 직산에서 왜적을 많이 죽였다.

광주 출신 박승남은 전 판관으로 임진왜란 때 양산숙 등과 함께 창의했는데 진주성 싸움에서 순절했다. 정감은 나주 출신으로 1588년에 사마시에 합격했다. 임진란 때 김천일을 따르다가 진주에서 죽었다. 그의 큰아버지 정현보 역시 적에게 죽었다.

김공간은 남평 사람으로 송제민 문하인데 음직으로 흥양훈도를 제수 받았다. 임진왜란 때 김천일을 따라 창의해 금령싸움에서 전공을 세웠고 진주성이 무너지자 전사했다. 박흡은 영암출신으로 형제 여섯 사람이 한 방에서 함께 지냈으므로 호를 육우당이라 했다. 김천일이 평소에 그가 지략 있음을 잘 알았으므로 함께 진주성에 가자고 청했다. 공이 즉시 달려가고자 하니 노복인 노락금이 적세가 매우 성한 것을 알고 말 재갈을 붙들어 잡고 나아가지 못하게 했다. 공이 노해 꾸짖어 말하길 "적을 보고 도망감은 의렬이 아니다"라 하고 칼로 노복의 왼쪽팔을 쳤다. 노복은 다시 오른팔로 붙잡으매 다시 노복의 오른팔을 내리쳤다. 마침내 진주성이 함락되자 순절했다.

윤성립은 함평인으로 아버지와 아내가 왜적에게 죽임을 당하자 복수를 맹세했다. 집안의 가묘에 절을 하고 검은 상복에 끈을 매고 진주성에 들어가 왜적을 여러 명 죽이고 순절했다. 최희급과 허협은 나주 사람으로 김천일과 같이 거의해 강화도에 들어가 싸웠고 진주 남강에 투신했다.

이의정은 금산 출신으로 임진왜란 때 의병을 모아 의주 행재소로 가려했으나 여의치 못했다. 이때 영남 지방이 피해를 입어 공은 밤낮으로 함안 합천등지의 진중에 들어가 군졸을 훈련시키다가 진주성에 들어갔다. 공은 밤낮으로 싸웠으나 힘이 다 해 남강에 몸을 던졌다.

유한량은 효로써 칭송이 자자해 음직으로 현감을 제수 받았다. 임진왜란 때 창의해 곡식을 모았는데 김천일이 진주를 지킨다는 소식을 듣고 진주성으로 달려갔다. 왜적 수십 명을 죽이고 저항했으나 서문을 지키지 못하고 남강에 몸을 던져 죽었다. 서응두는 영광사람으로 무과에 급제하고 임진왜란 때 양곡을 모아서 여러 의병소에 보내고 의병을 이끌고 김천일 진중에 합류했다. 진주성에서 싸웠으나 남강에 몸을 던졌다.

남평 출신 전룡은 임진왜란 때 부장으로 용만으로 임금을 호위했다. 남하해 적을 막기를 청하니 임금이 허락했다. 김천일의 막하에 들어가 왜적을 많이 죽였으나 힘이 다해 탄환에 맞아 죽었다. 장흥 출신 이종인, 능주의 박지경, 낙안의 배몽성, 담양의 김두남, 장성의 박운, 함평의 강귀지, 장성의 차승록 등도 김천일과 함께 순절했다.

어찌 이들 뿐이랴! 〈호남절의록〉에 기록되지 아니한 많은 의인들이 조선을 위해, 호남을 위해 몸을 바쳤다. 이름 없이 순절한 분 등이여! 고이 잠드소서.

한편 〈호남절의록〉에는 김해부사 이종인, 도탄의병장 강희열과 강희보도 김천일과 함께 순절한 사람 명단에 포함돼 있다.

남평 사람 이종인은 황진과 함께 무과에 급제한 용장으로 가장 먼저 진주성에 들어갔고 종횡무진하며 진주성을 지켰다. 그는 마지막에 죽을 때도 양 겨드랑이에 왜적 두 사람을 끼고서 "김해부사 이종인, 여기에서 죽는다."라고 외치며 남강에 뛰어들었다. 선조수정실록에 기록된 이종인의 졸기를 읽어 보자.

> 이종인은 날래고 용맹스럽기가 월등했으므로 비장飛將이란 칭호가 있었다. 젊을 때부터 의협심이 강하고 얽매이는 성품이 아니었다. 황진과 우의가 깊어 의열로 서로 허락하고 생사를 함께 할 것을 약속했는데, 끝내는 그 뜻과 같이 됐다. 병조 판서에 추증되었다.

강희보는 순천 출신으로 호는 도탄인데 임진왜란 때 동생 희열과 함께 거의해 단성에서 적을 막았다. 1593년에 사촌동생인 강희원과 부장 임우화와 함께 진주 근처에 진을 치고 있다가 200명의 군사를 이끌고 진주성에 들어갔다. 적들의 동태에 따라 이리저리 사수하며 진주성을 지켰으나 6월 27일에 종제 강희원과 함께 적의 탄환을 맞고 죽었다.

강희열은 형 희보와 함께 창의해 장사 수백 명을 모아 분의장이 됐고 적을 단성에서 막았다. 1593년에 조방장으로 여러 고을의 군사들을 거느리고 구례 석주관의 길목을 지키고 있었다. 그런데 관군이 운봉으로 돌아갔다는 말을 듣고 분연히 일어나 "관군이 적을 피하는 것도 안되는 일인데, 의병마저 어찌 적을 피하랴" 하며 진주성으로 들어갔다. 형 희보가 분전하다가 먼저 죽으니 그는 복수를 맹세했다. 성이 함락되는 날 칼을 휘둘러 왜적과 싸웠으나 힘이 다해 전사했다. 〈선조수정실록〉의 강희열 졸기를 보자.

강희열은 무과 봉사武科奉事였는데, 의병장으로 일어났다. 그는 진주의 급변을 듣고 군사를 이끌고 달려가 성에 들어가 싸우다 죽었다.

정렬사 사당 앞에서 순절한 의인들을 한 사람 한 사람 기억하는 중에, 문득 정렬사 어느 곳에도 이들의 흔적이 없음을 깨닫는다. 기념비나 표석 하나 없다.

서울 용산의 전쟁기념관에는 6 · 25 전쟁 때 전사한 용사들의 이름이 적혀 있는 기념비가 있다. 이처럼 정렬사에도 김천일과 함께 순절한 호남 의병들의 이름을 새기는 비석 하나를 세우면 얼마나 좋을까.

정렬사 비

세상은 이제 김천일 장군 한사람만 기억되게 하여서는 안 된다. 김천일과 함께 나라를 위하여 목숨을 바친 막하의 부장과 졸병들도 같이 기억되어야 한다.

사당을 나오면서 오른편에 있는 정렬사비를 본다. 1626년에 세운 이 비는 장유가 비문을 지었다. 한문 비문과 한글 번역 글이 비각 주변에 둘러져 있어 매우 인상적이다.

이제 발길을 김천일 묘소로 향한다. 묘소는 나주시 삼영동 영산에 있다. 왜적이 진주에서 물러간 뒤, 김천일의 둘째 아들 김상곤은 진주성을 갔으나 김천일의 시신은 찾지 못하고 이빨과 머리카락, 손톱과 발톱을 가지고 와서 이곳에 초혼 묘를 썼다.

묘소는 전남운전면허시험장 가는 도로변에 있다. 큰 도로에서 오른 편 산을 바라보면서 내영산 2길 6~2, 6~3이라고 표시된 집을 따라 걸어가면 계단이 있고 신도비와 안내판이 나온다.

이 계단을 오르면 묘소 가는 길이다. 김천일 묘소 가는 길목에 큰 아들 김상건 묘소가 있다. 이 묘에 참배를 한다. 10여 미터 더 걸으면 창의사 김천일 묘이다.

묘소 옆에 문렬공 김천일 선생 안내판이 있다. 그의 숭모 기록을 읽어본다.

김천일 동상. 정렬사 입구에 세워져 있다.

선조 39년1606에 선생의 충의를 추모해 정렬사를 세우고 숙종 7년1681에 영의정에 추증되고 문렬의 시호가 내렸으며, 숙종 43년1717 나주목사 김진옥이 이 초혼장묘에 묘비를 세웠다.'

경건하게 재배하고 다시 한 번 김천일의 충절을 기린다. 그 당시 조선에 온 명나라 장수들도 김천일을 흠모했다. 명나라 제독 형개邢玠는 공公을, "충성스러운 혼과 씩씩한 넋이 늠름해 살아 있음과 같다"고 칭찬했고, 명나라 지휘사 오종도는 제문을 지어 제사를 지냈다.

오종도가 지은 제문을 소리 내어 읽는다. 그리고 다시 한 번 그를 생각한다.

계사1593년 9월 10일에 지휘사 오종도는 삼가 양과 돼지의 제물로 조선 창의사 김장군의 영위에 제사 드립니다.

무릇 사람이 하늘과 땅 사이에 있어서 죽어도 오히려 산 자가 있고 살아도 오히려 죽은 자가 있으니, 살았으면서도 죽은 자는 지금 천하에 가득합니다. 죽었어도 살아 있는 분은 창의사 김장군인데 나는 그분에게서 느낀 바가 많습니다.

왜적들이 미쳐 날뛰는 때를 당해 임금이 초야에 파천하고 전국 8도가 거의 온전한 고을이 없는데 오직 장군은 낚시대竿를 세워 깃 발을 달고, 나무를 베어 칼을 만들어 팔뚝을 걷어붙이고 한 번 부르짖으니, 호걸들이 호응했습니다. 의사 1천 여 명을 얻어 한강 가에 주둔해 지키면서 왜적과 더불어 살고 싶지 않음을 맹세했습니다. 그래서 장군의 명성은 안과 밖에 높았습니다. 불민한 저는 군무의 바쁜 틈에 처음 만나 알게 됐는데 곧 다정해 옛 친구와 같았습니다.

그 때 왜놈들이 바야흐로 강화를 요청하니 장군은 문득 팔을 걷고 꾸짖으며, 항상 이놈들을 멸망시키고야 밥을 먹겠다고 했습니다. 그 뜻과 그 공이 비록 이뤄지지는 못했으나 장군의 이름은 그것으로 말미암아 더욱 떨쳤습니다.

김천일 묘소

그런 까닭에 왜적이 매양 옛 송나라의 일을 오늘 일에 견줘 말하기를, "무목이 죽지 않고는 금金과 송宋과의 화의가 성립될 수 없었음과 같이 장군이 죽지 않고는 강화가 맺어지지 않을 것이다"해 왜적이 밤낮으로 계획하는 것이 오직 장군 죽이는 것으로 일삼았습니다.

그 때에 장군이 흩어지고 없어진 나머지의 군사로 진주를 지키게 됨에 이르러, 마침 최경회도 거기에 있었는데, 최경회는 더욱 왜적들이 평소에 꺼려하던 인물이었습니다. 이에 왜놈들은 대병으로 수십 겹을 포위하고 나는 새도 지나가지 못하게 해, 반드시 두 분을 잡으려 했던 것입니다.

이 때에 나는 명령을 받고 전라도를 지키게 됐는데, 도중에 장맛비로 인해 죽산에 머물게 됐습니다. 그런데 별안간 큰 바람이 불고 천둥번개가 치고 모래가 날리고 나무가 뽑혀 마치 나의 걸음을 재촉하는 것 같았습니다.

나는 비를 무릅쓰고 전진해 이틀 만에 남원에 도착해 보니 진주에서 기별이 날아왔는데, "진주는 화살이 다하고 식량이 끊어져서 성이 함락된 지가 며칠 되었다."는 것이었습니다. 장군 부자와 최경회가 모두 왜적을 꾸짖고 죽었다고 했습니다. 나는 비로소 죽산의 장맛비는 곧 장군 부자의 눈물이요, 큰 바람과 천둥벼락은 장군의 불평한 기운이었던 것임을 깨달았습니다.

아, 장군이시여! 어이 눈물을 흘리리까. 장군의 이름은 천추에 썩지 않을 터이니, 장군은 죽지 않았습니다. 나라 일을 잘못해 임금이 파천하도록 만들었거나 군사를 가지고도 구원하지 아니해 성이 잿더미가 되도록 하고도 부끄러움 없는 얼굴로 여전히 높은 지위의 의관을 하고 있는 자들은 비록 살아 있기는 하지만 어찌 장군의 죽음만 하리오.

슬프도다, 하늘이 돕지 아니함이여! 장군 부자가 함께 죽었도다. 절개와 의리가 겸해 온전함이여, 우리의 강상을 붙들었도다. 유명이 달라졌음이여! 몽매에 보는 듯 하도다. 좋은 벗과 영원히 이별함이여! 내, 한잔 술을 올리나이다.' 호남정신

● 답사할 곳 ●

* 정렬사 : 전남 나주시 대호동 646 전화 061-339-2537
* 김천일, 김상건 묘소 : 전남 나주시 내영산 2길 6

06

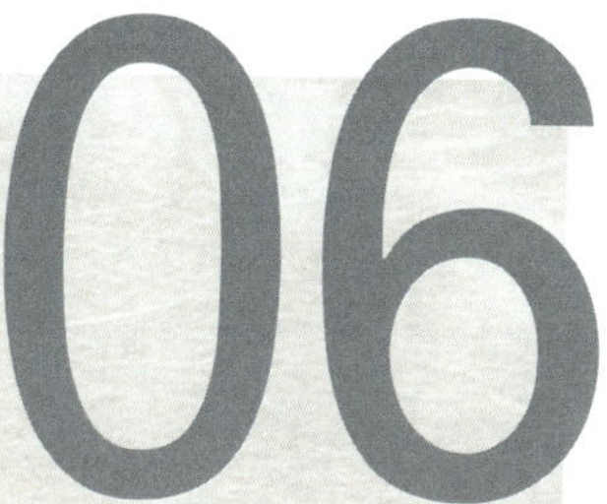

진주성에서 순절한 호남 의병들(2)

- 황진, 장윤, 고득뢰

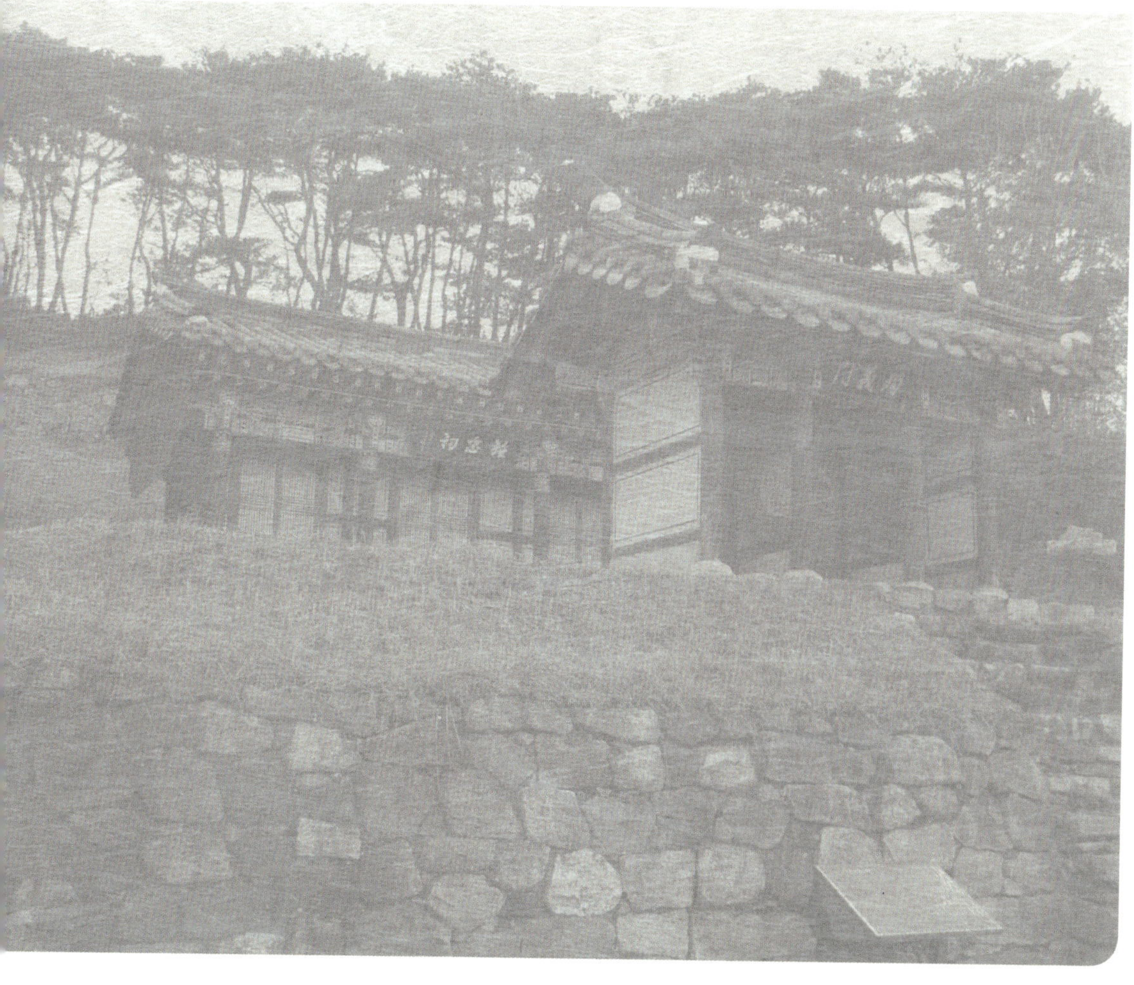

황진黃進 1550~1593 장군을 만나러 남원 정충사旌忠祠를 간다. 정충사는 전라북도 남원시 주생면 정송리에 있다. 이곳에는 진주성 순성장 황진과 전라우의병장 최경회의 부장 고득뢰, 1592년 7월초 금산전투에서 고경명과 함께 순절한 안영의 신위가 있다. 사당 뒤에는 황진 장군의 묘가 있다. 묘 앞에서 재배를 했다. 그리고 황진의 충절을 추모했다.

무민공 황진. 그는 세종 때 영의정을 한 청백리 황희의 5대손으로 1576년 무과에 급제해 선전관에 임명됐다. 그 뒤 거산도 찰방을 하고, 통신사 황윤길의 무관이 되어 일본을 다녀왔다. 일본에 갔을 때 왜적이 반드시 전쟁을 일으킬 것으로 생각하고 쌈지 돈을 털어 보검 한 쌍을 사가지고 돌아와 말하기를, "머지않아 적이 올 텐데 이 칼을 쓰리라" 했다.

이후 황진은 동복현재 전남 화순군 동복면 현감으로 있을 적에 왜란에 대비해 무예 단련에 열중했다. 집무가 끝나고 나면 갑옷을 입고 말을 달리면서 혹은 뛰어넘기도 하고 위로 솟구치기도 하며 용맹을 익혔다. 1592년 7월 이치의 승첩에서도 그가 제일 공이 컸다. 이 공로로 그는 익산군수 겸 충청도조방장이 된다. 1593년 3월에 황진은 충청도 병마절도사가 되어 군진을 안성으로 옮겼다. 이 때 왜군 장수 후쿠시마가 안성을 탈취하고자 죽산성을 나와 안성으로 진군했다. 황진은 왜군과 접전해 죽산성을 점령했으며, 퇴각하는 왜군을 상주까지 추격하여 대파했다. 6월에 10만 명의 왜군이 진주를 공략하자 그는 창의사 김천일, 경상우병사 최경회와 함께 진주성으로 들어갔다.

황진이 진주성으로 들어올 때 의병장 곽재우가 만류해 말하기를, "진주는 고립된 성이기 때문에 지킬 수 없고 더구나 충청병사는 진주성 수비와 직접 관계가 없으니 진주성에서 물러나시오" 했다.

황진은 곽재우에게, "비록 그렇다 하나, 나는 이미 창의사 김천일과 더불어 약속을 했으니 저버릴 수 없다"고 답했다. 곽재우는 그 뜻을 돌리지 못할 것을 알고 술잔을 잡고 서로 이별했다.

황진은 순성장으로 진주성을 굳게 지키며 9일간이나 싸우다가 적의 총탄에 맞아 진주성이 함락되기 하루 전에 전사했다. 전라좌수사 이순신은 황진의 전사 소식을 듣고 통곡하길, "황진이 이미 죽었으니 나랏일이 어긋

남원 정충사

나게 됐다" 했다.

황진을 기리다가 〈호남절의록〉 책에서 황진과 함께 순절한 사람들을 찾았다. 당진현감 송제, 해미현감 정명세, 소제, 양응원, 김사종 · 김언종 형제, 박홍남 · 박기수 형제 등이 그들이다.

당진현감 송제는 고흥사람으로 임진왜란 때 의주까지 선조 임금을 모셨는데, 재상 이덕형이 명나라에 가면서 그를 종사관으로 삼았다. 1593년에 그는 당진현감이었는데 격문을 호서에 보내 군사 200명을 모집하였고 이

황진 묘소. 정충사 뒤에 있다.

들을 이끌고 황진을 따랐다. 그는 표의장 심우신과 같이 동문을 지켰는데 마침내 진주성이 함락되고 적들이 떼로 몰려와 왜적에게 잡혔다. 왜장 가토가 그를 굴복시키려 하니 그는 꾸짖으며 "너는 비록 왜놈일지라도 당나라의 허원과 장순 이야기를 듣지 못했느냐? 내 목은 벨 수 있어도 무릎은 꿇릴 수 없다"했다. 당나라 허원과 장순은 현종 시절 안녹산의 난 때 수양성을 지키다가 순절한 충신이다. 왜적들은 송제를 어지러이 칼로 쳐서 협박했으나 굴복하지 않자 마침내 목을 베었다. 그가 죽은 후에 왜군은 그의 시신에 '조선 의사義士 송제' 라고 팻말을 붙여줬다. 갸륵하다. 보국충신 송제여!

해미현감 정명세는 장흥 출신으로 송천 양응정 문하인데, 1573년에 문과에 급제했다. 임진왜란 때 호서의병장이 돼 아산 · 평택 사이에 병력을 주둔시켜 왜적의 길을 막고 많은 전과를 올려 조방장이 됐다. 1593년에 황진과 함께 진주성에 들어가 왜적과 싸웠으나 힘이 다해 송제와 함께 적에게 잡혔다. 그 또한 눈을 부릅뜨고 적을 꾸짖다 죽었다. 이 또한 의사義士로다. 정명세여!

남원 출신 소제는 운량장인 형 소황과 함께 황진의 막하에서 일하다가 이치 전투에서 공을 세웠다. 진주성에 황진과 함께 들어가 싸웠는데 이마에 총을 맞고 순절했다.

곡성 출신 양응원은 활쏘기와 말 타기를 잘했다. 그는 임진왜란 때 장사 수십 명과 장검을 모아 황진을 따라 이치전투에서 공을 세웠다. 진주성 싸움에서도 사졸보다 앞장서 왜적을 많이 죽였다. 황진이 죽자 몸을 안 아끼고 독전하던 중 탄환에 맞아 죽었다.

남원 출신 김사종 · 김언종 형제도 황진을 따라 싸우다가 진주성에서 죽었고, 이치전투에서 공을 세운 남원 사람 박홍남 · 박기수 형제도 순절했다.

황진 묘소에서 황진과 함께 순절한 이들을 추모하다가, 황진 후임으로 순성장을 한 장윤이 생각났다. 전라좌의병장 임계영의 부장인 장윤은 전라우의병장 최경회와 함께 1592년 10월부터 1593년 4월까지 성주 · 개령 · 선산 · 의령 등의 왜적들을 소탕해 큰 전공을 세웠다. 이 공로로 최경회는 경상우병사가 됐고 장윤은 사천현감이 된다.

진주성 싸움이 8일째 되던 6월 28일에 황진이 죽자 장윤이 순성장이 된다. 장윤은 용맹하기로 소문난 장수였는데 명망이 황진 다음이었다. 그런데 안타깝게도 장윤마저 분전 중에 탄환에 맞아 죽는다.

1593년 6월 1일자 〈선조수정실록〉에는 장윤의 졸기가 적혀 있다.

> 장윤은 순천 사람으로 무과에 올랐다. 임진왜란 초에 임계영을 따라 군사를 일으키고 부장이 됐는데, 호령이 공정하고 분명해 사졸들이 즐겨 따랐으므로 임계영이 군사의 일을 모두 그에게 위임시켰다. 그러다가 진주성에 들어가게 됐는데, 서예원이 목사로 있으면서 항시 탈출하려고만 하므로 인심이 분개했다. 김천일이 장윤으로 서예원의 임무를 대신하게 하자 성안이 비로소 지킬 뜻을 견고히 했다. 그가 지킨 땅은 적이 감히 침범하지 못했는데, 장윤이 죽자 군사들이 믿을 곳이 없어 성이 함락됐다.

장윤과 함께 순절한 사람들은 보성사람 남응개, 김대민과 김신민이다. 남응개는 무과에 급제하고 전라좌의병장 임계영을 따라 여러 차례 전투를 해 공을 세웠는데 진주성에 들어가 순절했다. 김대민과 그의 사촌동생 김신민도 진주성에서 죽었다.

한편 정충사에는 전라우의병장 최경회의 부장 고득뢰의 신위가 모셔져 있다. 고득뢰는 어려서부터 무예가 출중하고 경서와 글씨에 뛰어났다. 1577년에 무과에 급제하고, 어란만호와 방답첨사 등을 역임했다. 그는 모친상을 당해 고향인 남원에 있었는데 임진왜란이 일어나자 전라우의병장 최경회 휘하의 부장이 돼 장수 · 무주 · 금산 등지에서 왜병과 맞서 싸웠다. 그 공로로 평창군수에 임명됐으나 부임하지 않았다. 마중 나온 향리들이 강원도 평창은 외진 곳으로 난을 피하기 적합한 곳이라고 역설했으나, 고득뢰는 나라가 위급하므로 편안함을 취하지 않겠다고 거절하고 의병의 부장으로 계속 왜적과 싸웠다. 1593년 6월에 진주성이 위급하자 그는 최경회와 함께 성을 지키다가 순절했다.

어찌, 이들 뿐이랴! 이름 없이 흔적도 없이 진주성에서 쓰러진 호남의병들이 얼마나 많은가! 이들 무명용사들을 위해 다시 한 번 머리 숙여 추모한다. 호남정신

● 답사할 곳 ●

* 남원 정충사 : 전북 남원시 주생면 정송리 정충마을

07

진주성에서 순절한 호남 의병들(3)

- 고종후, 오유, 오빈, 충노忠奴 봉이와 귀인

광주 포충사를 간다. 진주성에서 순절한 고종후高從厚 1554~1593의 흔적을 찾기 위해서다. 포충사는 광주광역시 남구 원산동에 있는데 의병장 고경명과 그의 큰 아들 고종후, 둘째 아들 고인후, 종사관 유팽로 · 안영의 신위를 모신 곳이다.

충효문을 지나 광장을 걸으니 내삼문이 보인다. 성인문을 지나면 포충사 사당이 있다. 사당에는 가운데에 고경명의 영정과 신위가 있고 좌우에 네 분의 위패가 놓여 있다. 향을 피우고 다섯 분을 추념했다.

복수의병장 고종후. 그는 아버지 고경명의 원수를 갚기 위해 다시 의병으로 나섰다. 1592년 7월 10일 금산전투에서 고경명과 고인후가 순절한다. 고종후 역시 왜적과 싸우다 죽으려 했으나 하인 봉이와 귀인을 비롯해

포충사

주변 사람들이 '당신마저 죽으면 부친과 동생의 시신 수습을 누가 할 것이오?' 하면서 말린다. 고종후는 밤낮으로 통곡했다. 부친과 동생이 순절했는데 홀로 목숨을 연명하는 것이 부끄러웠다. 병든 어머니의 극력 반대에도 불구하고 그는 싸움터로 가고자 했다.

고종후는 1592년 12월에 광주에 의병청을 설치하고 '복수'를 군호로 삼고 여러 곳에 격문을 보내 의병을 모았다.

그 격문에는 "불행한 때를 만나 집안의 화변이 망극하다. 불초고는 상중

포충사에 모시어진 고종후 신위. 가운데에 고경명 영정이 있다.

에 앓고 누어 아직까지 왜적들과 한 하늘 아래 살고 있다. 이번에 첨지 홍계남이 먼저 대의로서 아버지의 원수를 갚고자 의병을 일으키니 마음은 다 같은지라, 누군들 일어나지 않겠는가.

나는 비록 못났으나 아버지의 장례도 마쳤으니 이 몸이 죽어도 유감이 없다. 상복을 입고 병든 몸을 붙들고 동지들과 더불어 적과 싸워 죽고자 한다. 원컨대 나를 불초하다고 생각지 말고 담양에서 피를 마셔 맹세하던 일을 다시 한 번 기억해 일제히 광주에 모여 맹약을 맺고 함께 싸우자" 했다.

그런데 당시에는 군사 징발이 여러 갈래로 겹쳤기 때문에 고을마다 장정이 없어서 모집된 군사가 겨우 수백 명에 불과했다. 그래서 그는 부친 고경명과 친했던 삼도체찰사 송강 정철에게 군사를 부탁했다. 정철은 사찰의 노비들을 의병에 종속시켜 주었다. 고종후는 스스로를 복수의병장이라고 칭하면서 조수준을 계원장으로, 승려 해정을 유격장으로, 김인혼과 고경신을 군관으로, 오빈을 종사관으로, 오유를 부장으로 삼았다. 이때 집안의 하인 봉이와 귀인등과 고경명의 서얼 동생인 고경형도 의병으로 나섰다.

1593년 6월 하순 진주성이 위기에 처하자 고종후는 휘하병력 400명을 데리고 진주성으로 들어간다. 진주성이 함락되던 날, 그는 김천일, 최경회 등과 함께 촉석루로 달려간다. 이들은 "여기를 우리들이 죽을 장소로 합시다" 하고는 술을 가져오게 했는데, 술을 지니고 있던 자도 이미 달아난 뒤였다. 이윽고 왜적이 촉석루로 올라오자, 고종후는 김천일 · 최경회와 함께 북향 4배하고 남강에 몸을 던졌다. 그를 항상 따라 다닌 오빈, 김인혼, 고경형도 같이 몸을 던졌고, 하인 봉이와 귀인 역시 몸을 던져 죽었다.

오빈은 창평출신으로 임진왜란 때 고경명 막하에 있었다. 금산 전투에서 오빈은 군량을 모으기 위해 밖에 있어 죽지 않았는데, 마침내 복수의병장을 따라 진주성에 들어갔다. 성이 함락됨에 그는 고종후를 부축하고 남강에 뛰어들어 죽었다. 장성출신 김인혼은 하서 김인후의 사촌 동생이다. 고종후의 막하로 진주성에 들어갔는데 성이 함락되자 남강에 몸을 던졌다.

고경형도 고종후를 시종 보좌하다가 함께 물에 뛰어들어 죽었다. 그는 고종후의 서얼 삼촌인데 고종후가 거의할 때 비장으로 수행하게 해 달라고 청하니 고종후는 만류하며 말하길, "제게는 병든 어머니가 계시고 어린 아우가 있는데 돌봐줄 사람이 없으니 숙부께서는 따라 오지 마십시오" 했다. 그래도 따랐는데 진주성에서 순절했다.

이어서 사당 앞에서 고종후와 함께 순절한 이들에게 묵념을 드렸다. 오유는 보성출신 무인으로 권율이 가장 아끼는 부하였는데, 고종후는 권율에게 그를 부하로 삼게 해 달라고 청해 오유를 부장으로 삼았다. 오유는 용맹스러워 적개의병장 변사정의 부장 이잠과 함께 왜적의 우두머리를 죽이고 성에 돌아와 아군들의 사기가 높아졌다. 진주성이 함락되자 그는 칼을 휘두르며 왜적을 죽였으나 힘이 다해 죽었다. 오유의 아우 오주와 아들 오춘기도 따라 죽었다.

임실 사람 오성은 무과에 급제해 선전관을 지냈다. 병사 50여명과 전투말 수십 필을 모아 곧바로 진주성에 들어가 고종후를 도왔으나 성이 함락되자 함께 죽었다. 광주의 배승무는 문과에 급제했다. 고종후가 광주에서 의병을 모으자 그는 강희보 · 강희열에게 글을 보내 거의할 것을 권했다. 또 의병 막하에 있는 여러 장수들에게 글을 보냈는데 그의 말이 매우 간절하고 지성스러워 장수들이 모두 감탄했다. 그 역시 진주성을 지키다가 탄환에 맞아 죽었다. 동복 출신 조곤남은 고종후의 격문을 보고 말 한 필과 집안 하인을 데리고 진주성에 들어가 싸웠으나 남강에 몸을 던져 죽었다.

장성의 김언희는 사마시에 합격했다. 그는 김경수 · 김홍우 등과 함께 장성 남문에서 창의해 의병과 군량을 모았다. 복수의병장 고종후를 따라 진주성에 들어가 왜적 20명을 목 베는 용맹을 보였으나 끝내 적의 손에 죽었다. 고창 출신 서홍도도 장성 남문 창의에 참여했는데 진주성에서 싸우다 죽었다.

함평의 전의생은 고종후가 거의했다는 소식을 듣고 아들인 수문장 전덕인과 함께 진주성에 들어갔다. 성이 함락되던 날 전의생 부자는 함께 죽었다. 강진 사람 홍계훈은 장성 남문 창의에 참여해 강진 소모유사로 활동했다. 그는 집안 하인 80명과 의병 수백명, 곡식 70석을 모아 장성 의병청으로 보냈다. 이후 홍계훈은 고종후를 따라 달천에 이르러 적진에 들어가 왜적 20명의 목을 베었다. 그 때 그의 세손가락이 활시위에 닿아 끊어졌는데 사람들은 그를 칠지의사七指義士라 했고, 진주성에서 적장에게 죽임을 당했다. 광주의 김응복은 고종후의 막하에 나아가 힘껏 왜적을 죽였으나 화살이 떨어지고 힘이 다해 죽었다.

한참동안 이들을 기리다가, 포충사 옛 사당으로 간다. 옛 사당 올라가는 길에 '충노 봉이 · 귀인지비忠奴 鳳伊 · 貴人之碑', 이름하여 충노비가 있다. 충노비는 고경명 집안의 하인인 봉이와 귀인의 신분을 초월한 자기희생을 기리기 위해 만든 비다. 두 하인은 1592년 7월 금산전투에 참가해 고경명과 고인후의 시신을 거뒀으며, 고종후를 따라 진주성 전투에 참가해 왜적과 싸우다가 주인과 함께 순절했다.

포충사를 나오면서 정기관에 들렀다. 유물 중에 일문충효만고강상一門忠孝萬古綱常 현판이 눈에 들어온다. '일문의 충효는 만고에 변하지 않는 근본이다'라는 의미인데 고종 임금의 아들 이강이 쓴 글씨란다.

한 쪽에는 세독충정世篤忠貞이라고 써진 글씨가 있다. 고경명의 친필이다. '대를 이어 독실하게 충성하고 절개를 지켜라' 는 글이 가슴에 와 닿는다. 임진왜란 때 고경명과 그 아들 고종후와 고인후는 의병을 일으키고 순절했다. 고경명의 후손 고광순1848~1907도 역시 일제의 침략에 항거해 60세 나이에 의병장으로 활약하다가 구례 연곡사에서 순절했다. 정말 세독충정

옛 포충사 사당

충노 봉이 귀인 지비

이다. 그리고 그들의 애국 혼은 지금도 우리 호남인의 가슴에 활활 타오르고 있다.

● 답사할 곳 ●

* 광주 포충사 : 광주광역시 남구 원산동 947-1 전화번호 062-613-3471

08

진주성에서 순절한 호남 의병들(4)

- 전라우의병장 겸 경상우병사 최경회

전남 화순군 화순읍 삼천리에 있는 고사정高士亭을 간다. 이곳은 최경회崔慶會 1532~1593가 큰 형 최경운, 둘째 형 최경장과 함께 거의하고 의병청을 설치한 곳이다. 고사정 입구에는 의병청지義兵廳址라고 표시된 돌이 있다.

1592년 7월 10일 금산전투에서 의병장 고경명이 순절한 뒤, 고경명 휘하에서 군량을 모으는 일을 한 문홍헌은 최경회를 찾는다. 그는 모친 상중喪中인 최경회에게 의병장이 돼 달라고 간청한다. 최경회는 승낙한다. "이제 부모님이 다 돌아가셨으니 내 몸을 나라에 바쳐도 된다. 부모에게 효도하듯이 나라에 충성을 다 하겠노라."

61세의 최경회는 모친 신위에 곡하고는 검은 상복 차림으로 단상에 올라 의병장이 되었다. 최경회 집안은 최경회 삼형제와 조카 최홍재와 최홍

고사정 : 최경회의 조카 최홍우의 정자이다. 이곳에 전라우의병 의병청이 있었다.

우, 아들 최홍기도 나섰다. 최경회는 전라도 각 고을에 격문을 보낸다. 격문은 고경명 휘하에서 절의를 지킨 유팽로와 안영을 본받자는 내용이었는데 많은 사람들이 감동해 구름같이 모여 들었다.

7월 26일에 최경회는 광주에서 고경명 휘하의 흩어진 군사 800여명을 모은다. 실질적인 기반인 화순과 능주 출신도 다수 참여했다. 8월에 전라우의병은 담양, 순창을 지나, 남원으로 이동한다. 남원에서 전 첨사 고득뢰가 합류했고 의병들도 600~700명도 더 늘어났다.

전라우의병은 당초에 서울로 가려고 했는데, 금산 · 무주 등지에 주둔하고 있던 왜적들이 전주와 남원으로 향하고 있어 호남지역이 유린될 형편이었다. 전라감사 권율은 최경회에게 그가 이전에 현감으로 있었던 장수로 갈 것을 명한다. 전라우의병은 이곳에 주둔하면서 날쌘 기병 500명을 뽑아 전주 경계에서 왜적을 맞아 쳤는데 여러 싸움에서 적을 격파했다.

10월초에 전라우의병은 경상우도 감사 김성일의 요청으로 진주성 1차 싸움에 외곽 지원군으로 참여한다. 이후 이들은 계속 경상도에 남아 왜적을 무찌른다. 1593년 1월 중순에 조정에서는 서울 공략을 위해 최경회, 임계영. 곽재우 의병을 서울로 올라오게 하는 계획을 세웠다. 그런데 경상도에서 전라도 의병이 반드시 필요하다는 상소가 잇따라 그 계획을 철회한다.

최경회 부대는 정말 용감했다. 진주와 개령, 성주, 의령등에 주둔한 왜적들을 모두 쳐부쉈다. 감사 김성일은 조정에 장계를 올려 최경회의 포상을 요청한다.

1593년 3월 15일에 경상우병사 김면이 죽었다. 김면은 고령출신 의병장으로 왜적과 싸우다가 1593년 1월 5일에 경상우병사가 됐다. 그는 일개 서생書生으로 분연히 군사를 일으켜 끝내 장군의 임무를 맡아 왜적을 토벌하다가 전염병으로 죽었다.

우환은 계속 일어나는 것일까. 4월 29일에는 경상우도 감사 김성일 역

의병청지 : 고사정 근처로 전라우의병장 최경회가 의병을 일으킨 곳이다.

시 진주성에서 전염병으로 죽는다. 유성룡은 김성일의 죽음을 애도하면서 "아! 김성일의 불행은 경상우도 백성들의 불행이구나. 이것이 운명인가! 사람 힘으로는 어쩔 수 없구나." 했다.

4월 21일에 조정에서는 최경회를 경상우병사로 임명하고 5월초에 김늑을 경상우도 감사로 임명한다. 그런데 최경회가 경상우병사가 된 데는 우여곡절이 있다. 선조실록을 읽어 보자.

> 비변사가 아뢰기를, "전에 이광악을 경상우병사에 제수했었는데 이제 서울에 있던 적이 물러갔다고 합니다. 이 말이 사실이라면 충청도 이상은 한숨을 돌리게 된 것 같습니다만 영남이 가장 긴요하니 장수를 뽑아 임무를 맡길 적에 십분 정밀하게 선발하지 않을 수 없습니다.
>
> 듣건대 이광악은 재기가 보통 사람보다 크게 뛰어나지 못하다고 하는데 갑자기 군중에서 등용했으므로 위엄과 명망이 드러나지 못했습니다. 의병장 최경회는 무신은 아니지만 여러 번 전공을 세워서 명성이 크게 드러났고 재능도 책임을 감당할 만하다고 합니다. 그리고 그가 거느리고 있는 호남의 의병은 이미 그와 서로 친숙해 있으니 사변이 안정될 때까지는 그대로 직을 맡겨도 되겠습니다." 하니, 임금이 따랐다. (선조실록 1593년 4월 21일)

이 의미를 살펴보면, 당초에 이광악이 경상우병사였는데 호남의병이 경상도를 튼튼하게 지키고 있어 이들과 친하고 재기 있는 전라우의병장 최경회를 경상우병사로 기용한 것이다.

그런데 최경회는 내친김에 경상우도 감사까지 할 뻔했다. 선조실록을 읽어보자.

대신이 경상 감사 김늑의 체차를 청하고 최경회 · 이시언 · 곽재우 등을 추천하다.

대신이 아뢰기를, "경상감사 김늑은 인물이 온화해 평시에 있어서는 지방의 임무를 맡는 것이 괜찮으나 지금은 군무軍務의 조처가 평시보다 열 배는 되니, 진실로 재주와 명망이 특이하고 지모와 사려가 특출한 사람이 아니면 이 중임을 감당해 내지 못할 것입니다.

최경회 부조묘

최경회는 새로 병사에 임명됐는데 이 사람은 침착하고 중후하며 지략이 있어 감사에 합당하니, 그로 하여금 대신하게 하소서. 그 다음으로는 이시언과 곽재우도 임명할 만합니다" 하니, 상이 이르기를, "최경회를 감사로 승진시키는 것에 대해서는, 그것이 합당한지 잘 모르겠다. 김늑이 합당하지 않다고 여긴다면 그만두게 하고 여기에 있는 중신重臣 중에서 임명해 보내도록 하라" 했다.

(선조실록 1593 5월 16일)

이제 고사정을 떠난다. 다음 발길은 화순군 화순읍 다지리에 있는 최경회 부조 묘이다. 사당 앞에서 향을 피우고 최경회를 기렸다.

1593년 6월 가토가 이끄는 10만 왜군이 진주성을 공격해 오자 최경회는 병사 700명을 이끌고 창의사 김천일, 충청병사 황진, 복수의병장 고종후 등과 함께 진주성을 9일간 사수한다. 그러나 6월 29일에 진주성이 함락되고 만다. 이 때 최경회는 조복 한 벌과 무주 싸움에서 왜장에게서 빼앗았던 보검과 공민왕이 그린 그림을 조카 홍우에게 맡기면서 고향으로 돌아가 둘째 형 최경장에게 전해달라고 부탁한다. 그리고 "둘째 형님이 내가 죽었다는 말을 들으면 반드시 의병을 일으킬 것인데 이것으로 표지를 삼고 이 옷으로 내가 죽은 후 장례를 치러 달라"고 말한다.

마침내 최경회는 김천일, 고종후와 함께 촉석루에 오른다. 이 때 김천일 곁에는 김상건, 양산숙이, 최경회 옆에는 문홍헌이, 고종후 곁에는 오빈, 김인혼, 고경형, 하인 봉이와 귀인이 있었다. 최경회는 시 한 수를 읊는다.

촉석루 누각 위에 올라 있는 세 장사 / 촉석루중삼장사 矗石樓中三壯士
한 잔 술에 웃으면서 장강 물을 가리키네. / 일배소지장강수 一杯笑指長江水
장강 물은 밤낮으로 쉬지 않고 흘러가니 / 장강지수유도도 長江之水流滔滔
저 물이 마르지 않는 한 우리 넋도 죽지 않으리. / 파불갈혜혼불사 波不竭兮魂不死

마지막으로 최경회는 북쪽을 향해 4배하고 "외로운 성이 포위당했는데 밖에서 지원군은 오지 않고 형세도 불리하고 힘도 다했으니 한 번 죽음으로 나라의 은혜에 보답할 뿐이다."라고 말하고 인장과 병부를 가슴에 안고 남강에 몸을 던졌다.

1593년 6월 1일자 선조수정실록에는 최경회의 졸기가 실려 있다.

최경회는 동서로 적을 초토하느라 1년 넘게 노숙했으나 뜻이 조금도 태만해지지 않았다. 우병사로 승진돼서는 처사가 정밀하고 민첩했으며, 호령이 엄하고 분명했으므로 사람들이 그를 믿고 의지했다. 김천일과 함께 통수統帥가 돼 같이 있으면서 명령을 내렸는데 한 번도 상반되는 적이 없었다. 진주성이 함락되자, 막사幕士 문홍헌 등과 함께 물에 뛰어들어 죽었다.

● 답사할 곳 ●

* 고사정 高士亭과 의병청지 : 전남 화순군 화순읍 삼천리
* 최경회 부조묘 : 전남 화순군 화순읍 다지리

09

진주성에서 순절한 호남 의병들(5)

- 문홍헌, 구희, 오방한, 김인갑, 김의갑

화순 포충사를 간다. 주소는 전남 화순군 한천면 모산리이다. 화순 포충사는 기묘사화의 희생자인 조광조와 양팽손의 신위를 모신 죽수서원 바로 옆에 있다. 이곳에는 최경회와 문홍헌, 구희, 그리고 오방한의 신위가 모셔져 있다. 아쉽게도 사당 문이 잠겨 있다. 사당 앞에서 네 분에게 묵념을 드렸다. 그리고 문홍헌, 구희, 오방한에 대하여 생각한다.

문홍헌文弘獻 1539~1593은 능주현재 화순군 능주면출신인데, 율곡 이이의 문인으로 1582년에 진사시험에 합격했다. 임진왜란이 일어나자 문홍헌은 고향 사람인 구희, 박기혁, 노희상 등과 함께 의병 300여명을 모아 고경명 의병에 참여한다.

문홍헌이 금산에 도착하자 고경명은 그에게 양곡을 모아오라고 명한다.

화순 포충사

문홍헌은 모속관의 임무를 띠고 전라도로 내려가서 화순 동복에 이르렀는데 그 곳에서 고경명의 순절 소식을 듣는다. 한참동안 통곡하고 나서 문홍헌은 다시 의병을 일으킬 것을 결심한다.

그는 집안일 일체를 아우 문홍추에게 맡긴 후 모친 상중이던 최경회를 찾아가 의병장이 돼 달라고 간청한다. 문홍헌은 아우 문홍추가 최경회의 사위였을 뿐만 아니라 평소에 최경회를 존경했기에 최경회에게 간곡한 부탁을 한 것이다.

"지금 종묘사직이 피비린내 나는 전쟁에 휩싸였으니 사사로운 정은 이제 접어두시고 대의를 위해 공이 나서야 하겠습니다. 공을 의병장으로 모시고자 합니다."

최경회가 흔쾌히 승낙하자 문홍헌은 최경회의 참모가 되어 전라우의병을 이끈다. 그는 진주성에 들어가 왜적을 무찌르는데 혼신의 힘을 다했으나, 성이 함락되자 최경회와 함께 남강에 몸을 던졌다.

구희具喜 1552~1593는 능주 출신으로 고봉 기대승의 문하에서 수학했다. 지기가 강개했고 말 타기와 활쏘기를 잘 했다. 의병장 고경명이 의병을 모집하자 쌀 100여석을 군량미로 내놓고 자신도 의병에 가담해 금산에서 싸웠다. 고경명이 전사하자 그는 최경회 보좌관이 되어 황간 · 영동 · 금산 · 무주 등지에서 왜적을 무찔렀다. 1593년 6월에 최경회와 함께 진주성에 들어가 전투대장으로 왜적과 싸웠다. 성이 함락되자 최경회, 문홍헌과 함께 남강에 몸을 던졌다. 그는 시를 잘 지어 싸움터에서 진중시陣中詩를 많이 남겼다.

오방한 역시 능주 출신으로 무과에 급제해 개운만호를 지냈다. 임진왜란 때 그는 정병 수백 명을 데리고 선조 임금을 호종했다. 선조가 그에게 활과 화살을 하사했는데, 영남의 적을 막다가 진주성에 들어갔는데 순절했다.

삼충각, 최경회와 문홍헌 등의 신위를 모신 비각이다.

사당 앞에서 이들 외에 최경회와 함께 순절한 의병들을 생각하였다. 김예수, 최희립, 허일, 최개, 최억룡, 이영근, 송대장, 안기중, 노언경, 박혁기, 노성니, 안기남, 노희상, 김인갑과 김의갑이 바로 그 사람들이다.

김예수는 무안출신으로 임진왜란 때 정황수와 함께 창의했다. 그는 여동생의 사위인 최경회를 따라 남원에서 합류했다. 장수에서 무주 · 금산의 왜적을 격파했고 진주성에 들어가 사력을 다해 싸웠으나 남강에 몸을 던져 죽었다.

최희립은 남평 출신으로 임진왜란 때 고경명 막했으나 고경명이 순절하자 최경회의 별장이 됐다. 영남에서 많은 전공을 세워 훈련주부를 제수 받았다. 1593년에 병에 걸려 함양에 있다가 왜적이 진주성을 압박한다는 소식을 듣고 쉬지 않고 말을 달려 진주성에 도착해 "나는 최희립이다"라고 외치니 최경회가 성으로 들어오게 했다. 성이 함락된 날 문루에 올라 적을 수 없이 죽였으나 힘이 다해 적의 손에 죽었다.

허일은 순천 출신으로 임진왜란 때 웅천현감으로 이순신 막하에서 일했는데 동래·부산·남해에서 연승했다. 이후 최경회의 막하로 진주성에 들어가 순절했다.

최개는 영암 출신으로 최경회가 격문을 보내 그를 불렀으나 부모가 연로해 참여치 못하다가 아버지가 개의치 말라고 하자, 최경회 부대에 들어갔다. 최경회가 그를 요직에 앉히고 중히 여겼는데 진주성에서 순절했다. 그의 두 아들 홍효와 홍제는 아버지의 복수를 하겠다는 일념으로 정유재란 때 이순신 장군 막하에서 왜적을 많이 죽였다.

최억룡은 정읍 출신으로 최경회를 따라 군량을 옮기는 임무를 맡았다. 진주성이 함락돼 촉석루 아래에서 죽었다. 그의 아들 최논동은 계의병장 최경장과 함께 의병 활동을 했다.

남평 사람 이영근은 문홍헌의 문인인데 문홍헌과 함께 고경명 막하에서 일하다가 고경명이 죽자 통곡하고 고향으로 돌아왔다. 이윽고 문홍헌을 따라 전라우의병으로 활약하다가 진주성에 나아갔다. 성을 수비하기 위해 불화살 등을 쏘아 적을 많이 죽였으나 성이 함락되던 날 죽었다.

송대장은 여산 출신으로 경성판관을 지냈다. 최경회 막하에서 적을 참획한 바가 많았으니 진주성이 함락돼 순절했다.

안기중은 능주 출신으로 힘이 매우 셌으며 기절이 있었다. 최경회가 창의했다는 소식을 듣고 군량과 무기를 준비해 함께 진주성에 들어가 왜적과 싸우다 죽었다.

노언경은 순천 출신으로 1585년에 무과에 합격해 수문장을 지냈는데 최경회를 따라 진주성에 들어가서 왜적과 싸우다 죽었다. 그의 아버지는 아들의 사망 소식을 듣고 진주성에 달려가서 왜적과 싸웠으나 그 역시 죽었다.

박혁기는 능주 출신으로 문홍헌·오방한과 같이 거의해 병사를 모았다. 왼쪽 어깨에 사생취의捨生取義 비록 목숨을 잃을지언정 의를 취하겠다라는 네 글자를 새기고 진주에 달려가 최경회의 부하가 됐다. 성이 함락될 때 그는 몸을 던져 끝까지 싸우다가 적의 칼을 맞아 두 눈을 부릅뜬 채 죽었다. 그의 하인 운량이 그의 검을 가지고 돌아와 집에 전했다.

노성니는 흥덕사람으로 임진왜란 때 최경회를 따라 군량미 수송 책임자로 일했는데 진주성이 함락되자 최경회와 함께 죽었다.

안기남은 능주 출신으로 군량미와 무기를 준비해 최경회를 따라 진주에 들어갔으나 성이 함락됨에 순절했다.

노희상은 남평 사람으로 무과에 급제해 판관을 했다. 임진왜란 때 문홍헌과 함께 거의했고 최경회 막하에 들어갔다. 진주성이 함락될 때 온 몸에 수많은 상처를 입고 죽었다.

한편 화순 포충사를 떠나면서 발길을 화순군 이양면 쌍봉리로 옮긴다. 쌍봉리 마을 입구에는 쌍봉리 충신각이 있다. 안내판을 읽어 본다. 이 비각은 진주성 싸움에서 순절한 김인갑과 그의 아우 김의갑 그리고 병자호란 때 전사한 김시엽의 충의정신을 기리기 위해 세운 것이란다. 비각 앞에는 '김해김씨 충신각' 이라는 현판이 붙어 있고 비각 안에는 세분의 정려현판이 나란히 세워져 있다.

김인갑은 무과에 급제하고 1591년에 훈련원 판관과 철산부사를 했는데, 임진왜란 때 장사 구희, 동생 김의갑과 함께 전라우의병에 합류했다. 1593년에 순천에서 하동에 이르기까지 왜적의 목을 벤 것이 수천 명에 달했다. 진주성에 들어가 전투대장으로 활약해 많은 적을 참살했는데 성이 함락되자 남강에 몸을 던져 죽었다. 김의갑도 무과에 급제한 후 진주성에

쌍봉리 충신각. 화순군 이양면 쌍봉리에 있다.

서 싸우다가 전사했다.

어디 〈호남절의록〉에 기록된 의인義人 들 뿐이랴. 이름 없이, 흔적도 남기지 않고 쓰러진 무명의사들이 얼마나 더 많으랴. 진주성 싸움에서 목숨을 바친 의로운 호남사람들이여! 그들의 충절은 길이 길이 기억되리라.

● 답사할 곳 ●

* 화순 포충사 : 전남 화순군 한천면 모산리
* 화순 삼충각 : 전남 화순군 능주면 잠정리 산33-1
* 쌍봉리 충신각 : 전남 화순군 이양면 쌍봉리

10

진주성에서 순절한 호남 의병들(6)

- 이잠, 심우신, 민여운

제2차 진주성 싸움에서 순절한 이는 김천일, 황진, 장윤, 최경회, 고종후만 아니었다. 전라도 각지에서 진주로 몰려든 의병장들도 진주성을 끝까지 지키다가 죽었다. 남원에서 일어난 적개의병장 변사정의 부장 이잠, 영광 의병장 심우신, 그리고 태인 의병장 민여운 등도 그러하였다. 이들을 한사람 한 사람씩 자세히 알아보자.

적개의병장 변사정의 부장인 이잠李潛 1561~1593은 강진 출신으로서 30대 초반의 청년 장수였다. 그는 세종임금의 형인 효령대군의 7대손인데 용력이 출중하여 일찍 무과에 급제하였다. 임진왜란 때 그는 도체찰사 정철의 막료로 있었는데, 적개의병장 변사정이 그의 현명함을 듣고 정철에게 그를 부하로 달라고 하여 부장으로 삼았다.

이잠은 나이가 너무 어려 처음에는 부하들이 잘 따르지 않았으나, 신상필벌을 강화하고 사졸과 고락을 함께 하니 사람들이 점차 복종하였다. 그는 1593년 6월 진주성의 위급함을 듣자 주위의 만류를 뿌리치고 300명의 군사를 거느리고 진주성에 들어갔다.

어느 날 하루, 이잠은 성을 순시하며 적을 살피다가 갑자기 말을 채찍질하여 적진으로 달려가매, 사람들이 다 도망가는 것으로 의심하였다. 소금 있다가 그는 적장의 목을 베어 돌아오니 성안의 사람들이 북을 울리며 환영하였고 이를 지켜 본 명나라 장수가 '참으로 장수로다' 하였다. 진주성이 함락됨에 여러 장수들이 남강에 뛰어 들어 죽었는데, 이잠은 홀로 칼을 빼어 들고 끝까지 싸우다가 전사하였다.

이 당시에 이잠의 상관인 적개의병장 변사정邊士貞 1529~1596은 재외운량장在外運糧將에 추대되어 산음에 가서 양곡 수 백석을 구하여 진주성으로 돌아오는 도중에 성이 함락되었다.

변사정은 남원에서 2천 여 명의 의병을 모집, 정염 · 양사형 등에 의하여 의병장으로 추대되었는데 전라순찰사 권율이 수원 독산성에서 구원을 요청하자 의병장 임희진과 함께 달려가서 왜적을 무찔렀다. 이후 도체찰사 정철의 권유로 호남을 지키기 위하여 옥천으로 내려와 선산 등지에 주둔하고 창원 · 함안 · 성주 등지의 왜적을 쳤다.

진주성이 함락되자 변사정은 대성통곡하고 선조에게 상소문을 쓴다.

의병장 변사정이 상소하여 여러 장수가 진주성을 구제하지 않은 죄를 아뢰었다. 또 간곡히 아뢰기를, "변고가 있은 이후로 흩어지고 도망가는 것이 습관화되어서 군사를 후퇴시켜도 어느 한 사람 처벌을 받은 일이 없고 구원을 하지 않아도 어느 한 사람 처벌을 받은 일이 없으니, 왜적에게 유린당하는 화가 반드시 호남을 다 휩쓴 뒤에야 그만두게 될 것입니다"하였다. (중략) 이때 권율 등 여러 장수가 전공을 세워 승진한 뒤에 다시 태만했기 때문에 이 말이 있게 된 것이다. 정유년(1597년)에 이르러 왜적이 호남·호서에 마치 무인지경처럼 들어갔으니 그 말이 또한 징험되었다 하겠다. (선조수정실록 1593년 8월 1일)

표의장군彪義將軍 심우신沈友信 1544~1593도 진주성에서 순절하였다. 영광출신인 그는 임진왜란이 일어나자 향병 수백 명과 함께 영남으로 달려갔다.

심우신은 서인의 영수였던 심의겸의 6촌 형으로 1577년에 무과에 합격, 선전관을 역임하고 군기시 첨정에 이르렀다. 그는 임진왜란이 일어나자 의병을 모집 수원성에서 왜적의 진격을 막았고, 창의사 김천일을 만나 생사를 같이 하기로 맹세하고 함께 진주성으로 들어갔다. 그는 동문 파수장이 되어 동문을 지키었는데 성이 함락되자 배수진을 치고 싸우다가 화살도 다하여 북향사배하고 남강에 투신하여 죽었다.

성이 함락되기 이틀 전에 그는 집안 하인을 성 밖으로 보내고 아들에게 편지를 부치면서 '진주성이 무너지는 날을 기일로 삼아 사당에 제를 지내라'고 유언하였다. 심우신과 함께 싸우다가 진주성에서 순절한 이는 임두춘, 정충훈, 김부행, 최인, 김보원 등이다.

영광 출신 임두춘은 대범하여 세속에 얽매이지 않았고 기절이 있었으며 용력이 뛰어났다. 그는 심우신의 부장이 되어 의병을 모집하여 곧바로 호서로 향하였다. 횡간 · 청주 등지에서 왜적을 만나 모두 격파하고 수원의 독산성에 들어가 왜적을 꺾었다. 그는 진주성에서 심우신과 함께 동문을 지켰는데 워낙 왜군의 공격이 거세고 화살도 다 떨어져 북향사배하고 남강에 몸을 던져 죽었다.

정충훈은 능주 출신으로 심우신을 따라 왜적 수백 명을 죽였으나, 진주성이 함락되어 남강에 몸을 던져 죽었다.

김부행은 무안 사람으로 참봉으로 천거되어 벼슬을 하였다. 임진왜란 때 창의하여 의병을 이끌고 심우신 막하에 들어가 황간 전투에서 공을 세웠다. 진주성이 포위되었을 때 힘써 싸웠으나 성이 함락되자 심우신과 함께 촉석루 아래에서 함께 죽었다.

최인은 장성 사람으로 활쏘기와 말 타기를 잘 하였다. 임진왜란 때 심우신을 따라 수원에 이르렀고 계사년에 함께 진주성에 들어가 힘을 다해 싸웠으나 성이 함락됨에 여러 의사들과 함께 남강에 몸을 던져 죽었다.

무안 사람 박언준은 용력이 뛰어나 무과에 합격하여 사복정을 지냈다. 임진왜란 때 심우신을 따라 의병을 불러 모았고 영동 · 황간 전투에서 연승을 거두었다. 진주성에 들어가서 성문 수비 계책을 마련하여 오랫동안 진주성을 지키었다. 마침내 성이 함락되자 남강에 몸을 던져 죽었다.

영광출신 김보원도 심우신을 따라 황간, 독산성 전투에서 힘껏 싸워 연승을 거두었다. 진주성이 함락되자 여러 사람과 함께 남강에 몸을 던지었다. 부인 이씨도 그가 죽었다는 소식을 듣고 따라 죽었다.

한편 전라도 태인에서도 의병이 일어났다. 전 주부 민여운이 정윤근과 함께 향병 200여명을 모집해 의병장이 되어 스스로 비의장이라 칭하고 웅熊자로 장표를 삼았다. 민여운은 의병을 이끌고 팔량치를 넘어 함안 등지에서 적을 맞아 싸워 전과를 올렸다.

1593년 6월 왜적들이 다시 진주성을 포위하니 민여운은 휘하의 의병 300여인을 이끌고 진주성 안으로 들어갔다. 6월 22부터 시작된 전투에서 그는 10여 군데나 창검을 맞고 왼손이 잘리고 오른손이 부러졌는데도 의병들을 독려하였다. 진주성을 사수하기 7일째 되던 6월 27일에 그는 성을 순시하다가 갑자기 날아온 적의 화살에 맞아 전사했다. 그의 하인 추동도 진주성 싸움에서 적장 2인을 사살하고 민여운과 함께 전사했다.

민여운이 전사하자 같이 창의한 정윤근이 그를 대신하여 의병을 이끌었다. 정윤근은 최경회군과 합쳐 싸움을 독려하였으나 기운이 다하고 손목도 부러져 적에게 사살 당하였다. 그는 태인 사람으로서 기절이 있었으며 말타기와 활쏘기를 잘 하였다. 민여운과 같이 창의하여 민여운의 부장이 되었다. 정윤근이 죽자 아들 정창문이 그의 시신을 수습하여 돌아와 장사 지내었다.

정창문은 1597년 정유재란 때 아버지의 복수를 하고자 집안 하인 수 십 명을 이끌고 남원성 전투에 참가하여 순절하였다. 그의 어머니 홍씨와 아내 정씨는 정창문이 죽었다는 소식을 듣고 남자 복장을 하고 남원을 갔다가 함께 죽었다.

전쟁은 슬프고 참혹한 역사를 낳는다. 국가와 사회, 가정을 파탄에 이르게 한다. 그래서 인류는 평화를 갈구하나, 지금도 곳곳에서 전쟁이 일어나고 있다.

의기 논개 義妓 論介

3부

논개여! 아, 의기 논개여!(1)

- 진주성 의암

진주성 하면 가장 생각나는 것이 무엇일까. 임진왜란과 진주성 싸움일 것이다. 1593년 6월 21일부터 6월 29일까지 9일간의 치열한 공방전 끝에 진주성은 마침내 무너졌다. 조선의 7만여 민 · 관 · 군은 왜적의 총칼에 무참히 최후를 마쳤다. 이 날 논개는 촉석루 아래의 바위에서 왜장을 껴안고 남강에 뛰어들어 순절하였다. 그녀는 민족의 꽃으로 산화하여 만고에 빛날 충절을 남겼다. 지금도 논개는 시와 소설, 노래와 춤, 제사와 축제로 우리 곁에 살아있다.

의기 논개를 만나러 진주성을 간다. 매표소 입구에서 부터 논개가 있다. 변영로의 논개 시가 바위에 새겨져 있다.

논개

수주 변영로

거룩한 분노는
종교보다도 깊고
불붙는 정열은
사랑보다도 강하다.

아, 강낭콩 꽃보다도 더 푸른
그 물결 위에
양귀비꽃보다도 더 붉은
그 마음 흘러라.

아리땁던 그 아미
높게 흔들리우며
그 석류 속 같은 입술
죽음을 입 맞추었네.

아, 강낭콩 꽃보다도 더 푸른
그 물결 위에
양귀비꽃보다도 더 붉은
그 마음 흘러라.

흐르는 강물은
길이길이 푸르리니
그대의 꽃다운 혼
어이 아니 붉으랴.

아, 강낭콩 꽃보다도 더 푸른
그 물결 위에
양귀비꽃보다도 더 붉은
그 마음 흘러라.

변영로가 지은 '논개' 시비

이 시 '논개'는 1922년 '신생활' 4월호에 발표되었으며, 1923년에 시집 '조선의 마음'에 실렸다. 1919년 3월 1일에 전국 각지에서 일어난 기미독립운동도 실패하고 일본의 식민지 정책이 더욱 교활해지고 있는 1920년대 초에 변영로는 왜 논개 시를 지었을까? 그는 왜 석류 속 같은 입술로 죽음에 입 맞춘 논개를 왜 부활시키려 하였을까?

논개는 일제강점기에 좌절한 조선 사람들이 충무공 이순신, 김시민처럼 다시 불러보는 이름 중의 한 사람이었다. 시인 변영로는 왜장을 껴안고 남강의 푸른 물에 뛰어든 의로운 여인 논개의 숭고한 정신을 실의에 빠진 민중들에게 널리 알려 민족혼을 다시금 일깨우고 싶었으리라.

이윽고 촉석문을 지나 촉석루로 발길을 옮긴다. 촉석루는 영남 제1루이다. 촉석루 뒤에는 의기사가 있고, 그 옆에는 남강이 흐른다. 촉석루 왼편에 있는 좁은 쪽문을 지나 아랫길로 내려가니 의암 바위와 의암 사적비가 있다.

주말이라 그런지 사람들이 많다. 문화관광 해설사가 관광객들에게 열심히 설명을 하고 있다. 이 틈을 비집고 의암 바위를 구경한다. 의암 바위는 강 언덕과 두어 발쯤 떨어져 있다. 그곳에 가려면 강물에 빠질 수도 있어 상당히 위태롭다.

의암바위와 의암사적비

의암사적비는 〈의기논개지문義妓論介之門〉이라고 써진 현판이 걸려 있는 비각인데, 이 비에는 선조 26년1593년 6월 29일 임진왜란 제2차 진주성 전투에서 진주성이 함락되어 7만 민 · 관 · 군이 순절하자 왜장을 끌어 안고 순국한 의기 논개의 사적이 기록되어 있다.

'어우야담'에 의해 논개의 순국사실이 널리 알려지자 진주의 사민들은 정식鄭栻 1683~1746**이 지은 비문으로 비를 세웠고, 경상우병사 남덕하**1688~1742**가 비각을 세워 '의기논개지문'이라는 현판을 걸었다.**

의기논개지문, 의암사적비 현판이다.

이 비는 아래에 있는 의암 바위와 마주하고 있어 의기 논개의 순국정신을 한층 더 흠모하게 하고 있으며 비문에는 다음과 같은 시가 새겨져 있다.

그 바위 홀로 서 있고 그 여인 우뚝 서 있네.
이 바위 아닌들 그 여인 어찌 죽을 곳을 찾았겠으며
이 여인 아닌들 그 바위 어찌 의롭다는 소리 들었으리요.
남강의 높은 바위 꽃다운 그 이름 만고에 전하리.

어우야담於于野談. 이 책은 논개의 순절이 최초로 기록된 야담집이다. 어우당 유몽인柳夢寅 1559~1623이 1621년에 지은 이 책은 인륜, 종교, 학예, 사회, 만물 편 등 5권으로 되어 있는데 간결하면서도 명쾌한 문체로 임진왜란 전후의 생활상이 잘 나타나 있다.

1593년 11월에 세자 광해군은 군사를 위로하기 위하여 대신들을 이끌고 수원과 공주를 거쳐 전주까지 내려와 머물렀다. 이 때 유몽인은 시강원 문학으로 광해군을 수행하였는데 삼도순안어사가 되어 충청 · 경상 · 전라도의 민심을 살피었다.

진주에 온 유몽인은 제2차 진주성 전투의 참혹함과 논개의 순절 이야기를 진주성민들로부터 들었나 보다. 그래서 논개 이야기를 어우야담 권1 인륜 편 효열 장에 남긴다. 이 글을 읽어보자.

논개는 진주의 관기였다. 만력 계사년1593년에 김천일이 거느린 의병이 진주성에 들어가 왜적에 맞서 싸웠다. 마침내 성이 짓밟히자 군사는 패하고 백성은 모두 죽었다.

논개는 얼굴과 매무새를 아리땁게 꾸미고 촉석루 아래 우뚝한 바위 위에 서 있었으니, 바위 밑은 바로 깊은 강물 가운데로 떨어지는 곳이었다. 여러 왜병들이 바라보고 좋아했지만 모두들 감히 가까이 오지는 못했는데, 한 장수가 홀로 나서서 다가왔다.

논개가 웃으면서 맞이하니 왜장도 그를 꾀면서 끌어 당겼다. 이때 논개는 드디어 왜장을 끌어안고 물속으로 몸을 던져 함께 죽었다.

임진왜란 때에 관기로서 왜적을 만나 욕을 보지 않으려고 죽은 사람이 헤아릴 수 없이 많아 논개 한 사람 뿐이 아니었지만 그들의 이름을 거의 잃어 버렸다. 저들 관기는 음탕한 창녀들이라 '곧고 맵다貞烈'고 일컬을 수가 없다지만 죽는 것을 집에 돌아가는 것처럼 여겨 왜적에게 몸을 더럽히지 않았으니 또한 거룩한 임금의 교화 가운데서 살아가는 것의 하나가 아닌가? 차마 나라를 저버리면서 왜적을 따르지 않았으니 충성이 아니고 무엇이겠는가? 참으로 서글픈 일이로다.

여기에서 눈여겨 볼 것은 논개는 나라를 위해 몸을 바쳤으나 관기官妓라서 열녀가 될 수 없었다는 것이다. 그래서 유몽인은 참으로 서글픈 일이라고 소감을 적고 있다.

유몽인이 신분사회의 아픔을 한탄하고 있는 것은 광해군 때 만든 〈동국신속삼강행실도東國新續三綱行實圖〉와 관련이 있다. 광해군은 임진왜란 때에 목숨을 바친 사람들 가운데 충신과 효자, 열녀를 찾아 책을 만들라고 하였다. 이 책은 1612년에 시작하여 1617년에 마무리되었는데 충신 1권, 효자 8권, 열녀 8권 모두 17권이 수록되었다.

그런데 논개는 누락되었다. 이는 집권 사대부들이 관기를 정렬로 추앙할 수 없다는 편견 때문이었다. 안타깝게도, 유몽인은 어우야담 책을 지은 뒤 2년 후에 광해군의 복위를 꾀한다는 역모 죄로 처형을 당한다. 인조

의암 글씨

반정을 주도한 서인들이 광해군 사람인 그를 가만 안 둔 것이다. 유몽인이 죽자 어유야담 책도 금서가 되고 논개 이야기도 묻히게 된다.

한편 언제부터인가 진주성민들은 매년 6월 29일에 논개 제사를 지냈고 논개가 순절한 바위를 의암義巖이라 불렀다. 논개는 아직도 관기로 남아 있는데 바위가 먼저 의암으로 대접받은 것이다.

논개가 순절한 뒤 30년이 지나서 바위에 '의암'이라는 글자가 전각되었다. 글씨를 새긴 사람은 정대륭이다. 그는 임진왜란 때 함경도 의병장 정문부1565~1624의 둘째 아들인데 정문부는 인조반정 뒤 이괄의 반란에 얽혀 죽임을 당하였다.

정대륭은 '벼슬에 뜻을 두지 말고 시골에서 살아라.' 하신 아버지의 유언에 따라 형과 함께 진주로 왔다. 의암 글씨는 이들 형제가 1625년에 진주에 온지 얼마 안 있어 새긴 것으로 보인다.

● 답사할 곳 ●

* 진주성 : 경남 진주시 남성동 101-1
* 의암 바위 : 경남 진주시 진주성내

02

논개여 ! 아, 의기 논개여!(2)

- 진주성 의암사적비

진주성 촉석루 아래 언덕에 세워진 의암사적비를 본다. 의암사적비는 1722년경종2년에 세워졌다. '의기논개지문義妓論介之門' 현판과 비각을 세운 해는 1740년영조 16년인데, 이 해에 의기사 사당도 건립되었다.

의암사적비 안내문을 읽어 본다.

"의암사적비는 1593년 6월 29일 제2차 진주성 전투에서 진주성이 함락되어 7만 민·관·군이 순절하자 왜장을 끌어안고 순국한 의기 논개의 사적을 기록한 비석이다. 어우야담에 의해 논개의 순국사실이 널리 알려지자 진주의 사민들은 선비 정식이 지은 비문으로 비를 세웠고, 경상우병사 남덕하가 비각을 세워 '의기논개지문'이라는 현판을 걸었다"

의암사적비

그런데 어찌하여 논개가 순절한지 130년 후에야 이 사적비가 세워졌을까? 그 이유를 알 수가 없다. 다행히도, 김수업이 지은 〈진주문화의 뿌리를 찾아서 1, 논개〉책에서 그 사연을 찾았다.

신분차별을 고수하는 일부 사대부들의 몰이해에도 불구하고, 진주사람들은 해마다 6월 29일이면 강변에 제단을 차려 논개의 혼을 위로하였다. 김시민 장군을 모시는 충민사와 김천일, 황진, 최경회, 고종후 등 순절한 의사들을 추모하는 창렬사가 진주성 안에 만들어 졌듯이, 논개 사당도 세워지기를 열렬히 염원하였다.

마침내 1721년에 진주백성들의 노력이 결실을 맺기 시작한다. 그 해 2월에 경상우병사가 된 최진한은 진주 사람들이 이구동성으로 말하는 논개의 순절 이야기를 귀담아 들었다. 1721년 10월에 그는 진주 사람들의 요청과 건의를 빌미로 하여 비변사에 논개를 포상하여 줄 것을 건의하였다.

이 장계는 먼저 진주성 안의 충민사와 창렬사를 잘 손질하고 추모 행사를 잘 하고 있다는 보고한 다음, 뒷부분에 논개의 포상을 조심스럽게 건의하였다.

촉석루 아래 남강위에는 하늘아래 가장 가슴 아픈 곳이 있으니 곧 의암입니다. 바위를 의롭다고 부르는 것은 임진·계사년의 왜란 후부터 시작한 일이니 어찌 천만년을 두고 썩지 않을 커다란 의로움이 아니겠습니까?

무엇인가 하면, 성이 무너지던 날 대장과 수령과 여러 장수들, 이렇게 피 흘려 싸우던 서른 명의 사람들이 모두 꿋꿋이 버티다가 의롭게 죽은 다음에, 오직 한 사람, 논개라는 기생이 남아서 문득 나라를 위하고 왜적을 죽일 수 있는 계책을 떠 올렸습니다. 고운 옷을 입고 강가 우뚝한 바위 위에 홀로 앉아서 거문고를 켜기도 하고 노래를 부르기도 하였습니다. 성 위에 있던 왜적 가운데 한 장수가 보고 좋아서 곧바로 논개가 앉은 곳으로 내려왔습니다. 논개가 슬쩍 맞이하는 기색을 보이자 그 왜장이 즐거운 생각에 빠져 마음 놓고 서 있는 사이에 논개가 왜장을 와락 끌어안고 강물 속으로 떨어졌습니다. (중략)

뒷사람들이 그 바위를 의암이라 부르자 선비와 군자들이 의암이란 글자를 전서로 새겨 넣었으니 이 바위가 닳아서 없어질 때 까지는 그 절의의 이름이 어찌 홀로 세월이 쌓인다고 하여 사라질 수 있겠습니까? (중략)

그 때 순국하신 여러 의사들은 사당도 세우고 글도 내렸으니 이제 모자람이 없지만, 논개로 보면 백 여 년이 지나도록 아직도 위로 임금의 귀에까지 들어가지 못했습니다.

경상우병사의 장계는 더 이어진다. 그는 진주 사람들이 말한 사실을 밝힐 만한 옛 기록이 없어 노심초사 하던 터에 야담에서 비로소 그 뿌리를 보게 되었다고 하면서 '어우야담'에 적힌 논개 글을 그대로 인용한다. 그리고 이것은 사실이고 거짓이 아님을 다시 한 번 강조하면서 장계의 말미에 이렇게 적는다.

비록 논개는 처음에는 창기였지만 끝에는 마침내 의로움을 얻어 죽었으니, 백성들을 격려하는 바로서 헤아리더라도 영영 사라져버리게 할 수는 없는 일입니다. 마땅히 특별하게 포상하는 본보기로서 참작하시는 바가 있어야 하겠기에 사실을 들어 감히 아뢰는 바입니다.

경상우병사의 보고를 받은 비변사는 경종 임금에게 그 내용을 아뢰었다. 경종은 예조에게 검토하라고 지시한다. 1722년 2월에 비변사는 공문을 보내 경상우병사에게 확실한 인증 자료를 요구하였다. 즉 포상할 근거와 기록을 구체적으로 보내라는 것이다.

이 통지를 받은 경상우병사 최진한과 진주의 유지들은 고민에 빠졌다. 구체적 증거자료를 내어 놓으라니 정말 딱한 노릇이었다. 논개 이야기가 어우야담에 기록된 지 벌써 100년이 지났고, 이 야사 이외에 다른 자료가 없는 마당에 관련 기록을 내어 놓으라니 무슨 수로 자료를 찾을 수 있단 말인가?

이런 저런 궁리 끝에 이들은 돌에다 기록을 새겨 비석을 세우고 그 판본을 조정에 올려 보내기로 꾀를 내었다. 이리하여 경상우병영과 진주 유지들은 힘을 모아 의암 맞은 언덕에 의암사적비를 세우기에 이른다. 사적비문은 바위에 의암 글씨를 새긴 정대륭의 손자뻘 되는 정식이 지었다. 정식은 먼저 돌 머리에 유몽인의 어우야담을 그대로 옮겨놓고 말미에 명문銘文을 지었다. 명문은 의암사적비 안내판에 나오는 바로 그 시이다.

그 바위 홀로 서 있고 그 여인 우뚝 서 있네.
이 바위 아닌들 그 여인 어찌 죽을 곳을 찾았겠으며
이 여인 아닌들 그 바위 어찌 의롭다는 소리 들었으리요.
남강의 높은 바위 꽃다운 그 이름 만고에 전하리.

한편 정식은 빗돌 뒤에 의암이라는 시 두수를 새겨놓았다. 이 한시는 계사년 6월 29일에 진주성이 가을 낙엽처럼 떨어지고 그 바람을 혼자 맞던

아리따운 논개의 죽음을 잘 드러내고 있다.

아름답기가 남녘에서 가장 좋은 곳인데
의로운 여인 남긴 자취 이 물가뿐이런가.
천년의 슬픈 넋은 강 물결로 흐느끼고
만고에 꽃다운 이름, 바위 얼굴에 남았구나.

쓸쓸히 외로운 성, 구름 쌓여 가파르고
바람에 지는 잎, 달도 흐릿한 가을인데
바람맞이 바로 이곳 가슴 아픈 곳이며
푸른 눈썹 아스라이 나루에서 눈물지네.

그리고 보니 진주는 함경도 의병장 정문부 가문에 감사해야 할 일이다. 정대륭과 정식이 대를 이어 논개를 추앙하는 일에 앞장섰으니.

한편 사적비가 세워지자 경상우병사 최진한은 비문을 한 벌 찍고 그 사연을 적어 비변사에 보낸다. 그리고 백여 년 동안 품어온 영남 사람들의 한을 풀어달라고 적었다. 마침내, 1722년 5월에 경종 임금의 교지를 받들어 비변사의 통지문이 내려왔다.

관기 가운데서 이처럼 뛰어난 절의가 있었다는 것은 참으로 칭찬할 만하다. 자손을 찾아가서 별도로 부역을 면제하여 주고 이제까지 하지 못했던 나라의 특별

한 은전을 보이도록 하라.

비변사의 답서는 논개의 죽음이 빛나고 거룩함을 임금이 처음으로 인정하고 나라에서 표창하기로 결정한 통지였다.

이는 비록 진주 사람들의 숙원인 논개에 대한 봉작과 사당을 세워 사액賜額을 한꺼번에 받는 것에는 미치지 못하는 것이었지만, 나라로부터 논개의 순국 사실을 공식적으로 인정받고, 창기로 괄시 받아온 관기가 의기로 호칭되는 쾌거였다.

그런데 진주백성들은 이에 머물지 않았다. 끈질기게 논개 사당을 세워주기를 조정에 요청하여 논개가 의기가 된 지 18년 후인, 1740년에 의기사義妓祠가 세워지게 된다. 호남정신

● 답사할 곳 ●

* 의암사적비 : 경남 진주시 진주성 내

03

논개여 ! 아, 의기 논개여!(3)

- 진주성 의기사, 임진대첩 계사순의단

진주성 촉석루 동편에는 의기사義妓祠가 있다. 사당 입구에 세워진 안내판을 본다.

> 의기사는 임진왜란1593년 당시 왜장을 껴안고 남강에 투신한 논개의 영정과 신위를 모신 사당이다. 논개는 진주성이 함락되자 성민城民과 나라의 원한을 갚기 위하여 왜장을 촉석루아래 의암으로 유인한 후 함께 남강에 몸을 던져 순국하였다. 의기사는 그 의로운 충절을 기리기 위하여 영조 16년1740년에 경상우병사 남덕하가 창건한 이래 두 차례에 걸쳐 중건하였으며 지금의 건물은 1956년 의기창열회가 시민의 성금을 모아 중건한 것이다.

논개가 의기로 인정받은 해는 1722년. 그로부터 18년 지난 후에 의기사가 세워졌다. 정말 쾌거이다. 1740년에 경상우병사 남덕하는 의암사적비

논개영정

에 비각을 세우고 '의기논개지문' 이라는 현판도 달았다.

지수문을 들어가니 바로 앞에 논개의 영정이 있다. 논개 영정은 2008년에 윤여환 화백이 새로 그린 것이다. 친일파 이당 김은호가 그린 영정은 2005년에 철거되었다. 영정속의 논개는 매우 단아한 모습이다.

의기사 현판을 중심으로 사당 오른편 벽에는 다산 정약용의 의기사기가, 기둥 위에는 매천 황현의 한시가 적힌 현판이 있고, 왼편 기둥 위에는 진주기생 산홍의 한시가 적힌 편액이 있다.

먼저 정약용1762~1836이 지은 의기사기義妓祠記부터 살펴본다. 정약용은 15세에 홍화보의 딸과 혼인하였는데 1780년에 진주목사로 있는 장인을 만나러 진주에 온다. 당시 진주 목사 홍화보는 의기사를 중수 중이었는데 약관 19세의 정약용이 의기사기를 지은 것이다.

의기사기는 한문으로 되어 있어 잘 알 수가 없다. 한국고전번역원 한국고전종합DB의 〈다산시문집〉에서 의기사기 번역 글을 찾았다.

옛날에 왜구가 진주를 함락하였을 때 의로운 기생이 있었으니, 그녀는 왜장을 꾀어 강 가운데 있는 돌 위에서 마주 춤을 추다가 춤이 한창 무르익어 갈 즈음에 그를 껴안고 못에 몸을 던져 죽었는데, 이곳이 그녀의 의절을 기리는 사이다.

아, 어찌 열렬한 현부인이 아니랴. 지금 생각해 볼 때, 왜장 한 명을 죽인 것이 삼장사의 치욕을 씻기에는 부족하다고 하겠으나, 성이 함락되려고 할 때 이웃 고을에서는 병사를 풀어서 구원해 주지 아니하고, 조정에서는 공을 시기하여서 패하기만 고대하였다. 그리하여 견고한 성지를 적군의 손아귀에 떨어뜨려 충신과 지사의 분노와 한탄이 이 일보다 심한 적이 없었는데, 보잘것없는 한 여자가 적장을 죽여 보국을 하였으니 군신간의 의리가 환히 하늘과 땅 사이에 빛나서, 한 성에서의 패배가 문제되지 아니했다. 이 어찌 통쾌한 일이 아닌가.

이 글 뒤에는 칠언 율시 한시가 붙어 있다.

오랑캐의 바다를 동으로 바라보며 숱한 세월 흘러,
붉은 누각 우뚝하게 산과 언덕을 베고 있네.
그 옛날 꽃다운 물위로는 가인의 춤추는 모습 비추었고,
단청 매긴 기둥에는 길이 장사의 노래 남아있네

전쟁터에 봄바람 불어 초목을 휘어감고
황성에 밤비 내려 안개 낀 물살에 부딪히네.
지금도 영롱한 영혼이 남아 있는 듯
삼경에 촛불 밝히고 강신제를 올리네.

논개 영정 오른편 기둥에는 1910년 한일강제병합 때 순국한 조선의 마지막 선비 매천 황현1855~1910의 '의기사 감음' 시가 있다. 전남 구례군에는 황현을 모신 사당인 매천사가 있다. 매천의 칠언율시를 읽어 본다.

풍천나루 어구에는 물이 더욱 향기로워
옷 빨고 얼굴 씻어 의랑에게 절하노라
난초 같은 자질로서 왜적을 어찌 죽였을까
초가집 아낙으로 의사 대열 끼였구나.

장계 땅 늙은이들 고을 태생 자랑하고
촉석루 단청아래 나라 술잔 내렸도다.
생각건대 선조 때는 인물도 많았지만
천추에도 기적에는 이 빛 하나 찬란하다.

여기에서 풍천나루는 바로 전북 장수군 장계면에 있는 풍천 개울을 말한다. 본관이 장수인 황현은 이 시에서 논개가 장수군 장계 출신임을 은근히 자랑하고 있다.

한편 영정 왼편 기둥위에는 진주기생 산홍의 '의기사 감음' 시가 걸려 있다.

천추에 길이 남을 진주의 의로움
당집 둘과 높은 다락이로다.
일 없는 세상에 사는 것이 부끄러워
피리불고 북치며 얼빠지게 놀 뿐이네.

그런데 산홍이 어떤 기생이기에 그녀의 한시가 걸려 있는 것일까? 산홍은 논개의 의절을 본받은 진주기생이다. 1906년에 을사오적 중 한 사람인 이지용이 진주에 왔다. 1905년에 조선제국 내부대신 이지용은 외부대신 박제순, 학부대신 이완용등과 함께 을사늑약에 도장을 찍어 조선의 외

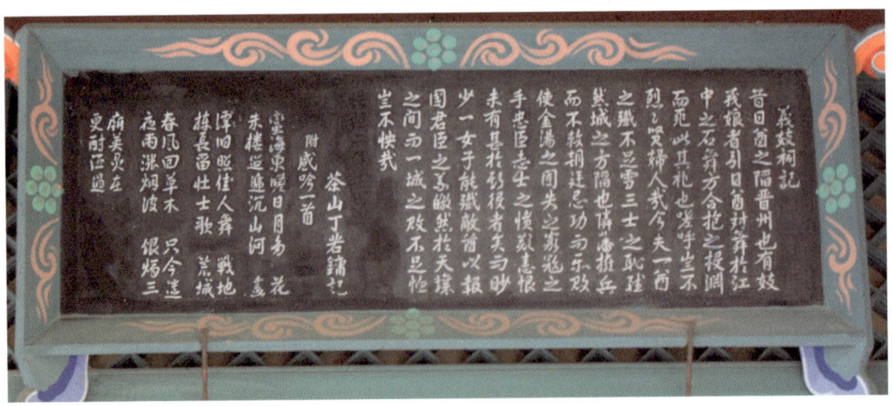

다산 정약용이 지은 의기사기

교권을 일본에 팔아넘기었다. 이지용은 술자리에서 산홍을 보고 한 눈에 반하였나 보다. 그는 산홍에게 천만금을 내놓을 테니 같이 살자고 한다. 그러자 산홍은 "역적의 첩이 될 수는 없다"고 큰 소리로 말하고 그 자리를 뛰쳐나온다. 이지용은 크게 화가 나서 산홍을 몽둥이질 했다한다.

매천 황현이 지은 책 〈매천야록〉의 1906년 10월 대목에는 산홍 이야기와 함께 시 한 수가 실려 있다.

> 온 세상 사람들이 다투어 매국노에게로 가고
> 사내종 얼굴에다 계집 종 무릎들이 나날이 분분하네.
> 자네 집 금과 옥은 지붕보다 더 높으나
> 한날 봄 같은 산홍을 사기는 어렵구나.

황현의 의기사 감음

산홍의 시

일본이 다시 조선을 짓밟자 산홍은 논개의 얼을 이었다. 진주기생들은 논개를 닮은 기품으로 살았고, 그 의절을 계승한 것이다.

의기사를 나오면서 안내판 오른편에 있는 '의랑논개의 비'를 보았다. 민족의 가슴팍에 살아 있는 이름, 의랑 논개를 기리기 위하여 1954년에 의기창열회가 세운 비이다.

이윽고 진주성 임진대첩 계사순의단을 오른다. 순의단 앞에는 제단과 향로가 놓여 있고, 둘레는 임진대첩과 계사순의의 모습이 부조로 조각되어 있다. 순의단 뒤에는 진주성 싸움의 내역이 적혀 있다.

의랑논개의 비

임진왜란은 우리가 패한 전쟁이 아니다. 우리의 후퇴는 1592년의 임진란과 1597년 정유재란에서 각각 초전 2개월 정도에 불과하였다'로 시작하는 순의단 글에는 의기 논개의 순국도 기록되어 있다.

함성 때의 처절한 항전상은 관기논개의 순국 사실에서 더욱 심도와 진가를 짐작케 한다. 함성 후 적이 들끓었는데도 논개는 촉석루 아래 남강 바위에 나가 고운 단장과 미소로써 적장을 유인해 깊은 물속에 뛰어들어 함께 죽었다. 의기 논개의 이 순국 희생이야말로 계사순의 당시 상하귀천을 가릴 것 없이 성내에 가득 찼던 충렬과 의절의 한 표상일 것이다. 인조 년간에 논개가 순국한 바위에 '의암' 두 글자가 전각되었고, 영조 16년(1740)에는 논개를 모시는 의기사가 세워졌다.

임진대첩계사순의단에 있는 논개 부조

순의단을 두르고 있는 부조를 살펴보다가 논개 부조에서 걸음을 멈추었다. 왜장을 끼고 강물로 떨어지려는 모습을 찬찬히 본다. 논개의 표정이 자못 비장하다.

의기 논개! 그녀는 아직도 우리 가슴에 남아 있다. 호남정신

● 답사할 곳 ●

* 의기사, 임진대첩 계사순의단 : 경남 진주시 진주성내

04

논개의 고향을 찾아서(1)

- 전북 장수군 의암사

논개를 만나러 전라북도 장수군을 간다. 수분령을 지나면서 '논개님 고을 장수' 라고 써진 한 가게의 간판을 보았다. 장수의 상징은 논개이다.

먼저 가는 곳은 논개사당인 의암사이다. 의암사는 장수읍 두산리에 있다. 입구에서 안내판을 읽는다. 여기에는 논개가 주논개로 표시되어 있고 태어난 해도 1574년으로 적혀 있다. 그렇다면 논개는 19세에 순절하였다.

사당으로 올라간다. 편액은 함태영이 부통령으로 재직할 때 쓴 것이다.사당 안에는 논개 영정이 놓여있다. 영정은 진주 의기사에서 본 바로 그 영정이다. 영정 앞에서 예를 갖추고 추모를 하였다.

의암사

사당을 내려오면서 오른편에 있는 '촉석의기논개 생장향수명비生長鄕竪名碑'를 보았다. 이 비는 1846년에 장수현감 정주석이 세운 비인데, 논개의 고향이 장수라는 것을 역사적 사실로 자리 잡게 한 증거가 되었다.

그런데 진주의 의기 논개가 장수 출신 주논개가 된 사연이 궁금하다. 그 사연을 알아보았다. 그랬더니 몇 번의 곡절을 거쳐 논개가 최경회의 첩이 되고, 장수출신임이 밝혀진다.

1746년영조 22년 겨울에 경상우병영의 관노 등이 남강 가에서 쑥을 캐다가 우연히 강물에서 구리 인장 하나를 발견하였다. 그것은 진주성 2차 싸

촉석의기논개 생장향수명비

움에서 남강에 몸을 던진 경상우병사 최경회의 관인이었다. 이로 말미암아 최경회의 충절이 다시 한 번 알려지게 되었고 시호를 내리자는 여론이 일어났다.

당시에 진주성에서 같이 순절한 김천일, 황진, 고종후는 시호를 받았으나 최경회는 시호를 받지 못한 상태이었다. 1750년영조 26년 3월에 영중추부사정1품 김재로는 경연에서 최경회에게 시호를 내려야 한다고 아뢰었다.

이에 의정부 좌참찬 권적은 그 해 5월에 시장諡狀, 시호를 내려달라고 임금께 올리는 행장을 올린다. 권적은 시장에서 최경회의 형 최경장과 아들 홍기와 조카 홍재도 함께 의병활동을 하였음을 이야기 하고, 잇달아 논개의 순국 사실도 덧붙였다.

> 또 그의 천첩천민 신분의 여인이 사대부의 첩이 된 사람도 공이 죽던 날 아리따운 옷에다 매무새를 꾸미고 남강 가운데 바위에서 적장을 꾀어 끌어안고 함께 떨어져 죽었다. 이제까지도 사람들이 그 바위를 의암이라 부르니 이 또한 맵다 하지 않으랴.

진주의 관기 논개는 1740년에 진주에 의기사가 세워진지 10년 후에 최경회의 천첩으로 바뀐 것이다.

한편 논개가 장수 출신임이 밝혀진 것은 1799년에 발간된 〈호남절의록〉의 '충의공최경회사실' 에 의하여서이다.

> 기생 논개는 장수사람인데 공이 보살피던 바이어서 공을 따라 진주성에 들어갔다. 성이 함락됨에 화장을 곱게 하고 적장 두 사람을 유인하여 남강의 위암위에서 춤을 추다가 두 손으로 두 왜적을 껴안고 강에 뛰어들어 죽었다. 뒷사람들이 그 바위에 의암이라 새기고 비를 세웠다.

그런데 19세기에 지어진 것으로 추정되는 규담 소설 〈임진록〉에는 최경회의 부실인 논개가 기생으로 위장하여 칠월칠석날에 순절한 것으로 나온다. 임진록은 이순신 · 곽재우 · 김덕령 · 조헌 · 논개 · 계월향 등 임진왜란 때 충절을 바친 이들의 이야기가 실려 있는 전쟁소설이다.

> 7월 7일 칠석날 왜군의 승전 잔치에 최경회의 부실인 논개는 위장하고 기생으로 참석한다. 왜장 한 사람이 칼을 빼어들고 논개와 함께 강 위에서 춤을 추었다. 논개는 노래 부르기를, "바람 살랑대는 데 눈 들어 보니 예와 다르도다. 슬프다. 저 교활한 놈이여, 나와 좋아할 할 수 없네. 아! 하늘이여 이 무슨 일인가. 날은 저물고 길은 먼데 세상일 슬프기만 하네" 하고는 마침내 왜장을 끌어안고 물에 빠져 함께 죽었다.

논개에 대해 알아보면 알아볼수록 논개 이야기는 역사적 사실보다는 픽션이 더 많이 섞여 있는 한편의 드라마이다.

의암사를 나오면서 다시 한 번 논개 사당 안내판을 유심히 살펴본다.

> 논개사당은 임진왜란 때 진주 촉석루에서 일본군 장수 게야무라 로쿠스케毛谷村六助를 껴안고 의롭게 죽은 주논개1574-1593의 영정을 모신 사당이다.

아니, 안내판에 논개와 함께 죽은 왜장의 이름이 적혀 있다니. 420년 전에 죽은 왜장 이름이 정확히 기록되어 있다니. 참 의아스럽다.

예전부터 민간에서 구전되어 온 노래에는 논개와 함께 죽은 왜장은 가등청정으로 알려져 있었다. 가등청정은 진주성 싸움의 수장이어서 그런 것이리라. 그러나 가등청정은 진주성 2차 싸움에서 죽지 않고 정유재란 때도 활약을 하여 사실과 다르다.

한편 월탄 박종화는 1962년에 쓴 소설 '논개와 계월향'에서 논개가 껴안고 죽은 왜장은 '가등청정의 부하로서 진주성 공격의 선봉장이었던 게야무라' 라고 밝히었다. 이후 여러 문인들은 물론이고 진단학회와 진주시에서도 그것을 받아들여 정설로 자리 잡게 되었다.

그런데 1970년대에 게야무라와 논개 사이에 어이없는 해프닝이 일어난

다. 영혼결혼식 사건이 그것이다. 김수업이 지은 책 〈논개〉 106~113쪽과 인터넷의 '논개와 게야무라' 검색창에는 이 망칙한 사건이 실려 있다.

일본인 우에쓰카 하큐유는 후쿠오카 현의 다가와 시에 사는 은퇴한 건축 설계사인데, 임진왜란 때 진주성 아래 의암에서 논개에게 죽임을 당한 왜장 게야무라 로쿠스케를 흠모하는 사람이다.

게야무라 로쿠스케는 임진왜란 때 가장 용맹하고 지혜로운 장군으로 혹독한 고행을 극복하고 신검이란 명성을 휘날린 검술 사범으로 입지전적인 사무라이였다. 그는 가토군의 선봉장으로 전쟁에 나선다.

그런데 그런 게야무라가 장렬하게 전사한 것도 아니고 진주성 전승기념 연회에서 조선의 여성에 의해 살해당했다는 사실은 일본군 전체에 대한 모욕이자 씻을 수 없는 수치였다. 이런 치욕을 씻기 위하여 우에쓰카는 한 가지 은밀한 일을 추진한다. 게야무라와 논개를 부부로 만들어주자는 기괴한 발상이었다.

1973년에 우에스카는 진주에 사는 몇몇 인사들의 마음을 사는데 성공했다. 그리하여 한국과 일본과의 역사적 화해를 도모한다는 명목으로 원혼들의 넋을 위로해주는 행사를 추진한다. 즉 논개와 게야무라의 넋을 건지는 의식과 건져낸 넋을 일본으로 가져가는 의식을 행한다. 어이없게도, 일부 몰지각한 진주사람들은 논개의 영혼을 일본으로 보내는 환송의식도 베풀어 주었다.

마침내 우에스카는 일본의 3대 명산중 하나인 히코산에다 보수원을 짓고 진주와 장수에서 가져온 모래와 흙, 나무와 돌로서 논개의 묘를 만들고 묘비까지 세웠다. 보수원안에는 논개의 영정을 걸었고 게야무라의 위패 옆에는 논개의 위패도 세웠다. 또한 그 곁에는 게야무라의 아내와 처제의 위패까지 놓여 있다. 누가 보아도 논개는 영락없이 게야무라의 여자가 된 것이다. 더구나, 1976년 음력 6월 29일 보수원 준공식 때는 그를 도운 진주의 몇몇 사람들이 부부동반으로 준공식에 참석했고, 당시 진주시장은 우에쓰카에게 감사장까지 수여하였다 한다.

이 얼마나 황당한 사건인가? 너무 어처구니가 없다. 의로운 논개의 영혼을 일본에게 팔다니. 뒤늦게야 진주시민들이 이를 바로 잡았지만, 일본에 건너간 논개의 영혼은 게야무라 옆에 지금도 있을 것이니 조상들 볼 면목이 없다. 지켜야할 '역사란 무엇인가?' 우리는 지금 무슨 일을 하고 있는가?

● 답사할 곳 ●

* 의암사 : 전북 장수군 장수읍 두산리

05

논개의 고향을 찾아서(2)

- 의암 주논개 생가지

의암 주논개 생가지를 간다. 생가지는 전북 장수군 장계면 대곡리 주촌마을이다. 입구에서 안내판을 읽는다.

의암 주논개 생가지

이곳은 1593년 6월 남편 최경회 현감을 따라 2차 진주성 전투에 참전했다가 중과부적으로 성이 무너지고 패하자, 스스로 목숨을 버린 남편과 나라의 원수를 갚기 위해 기생으로 가장하여 왜군 승전연에 참석 왜장 모곡촌육조를 진주 남강면 현재 의암이라고 불리는 바위로 유인하여 함께 투신 순국한 겨레의 여인 주논개朱論介의 생가가 있는 곳이다. 논개는 1574년 9월 3일 이곳 주촌마을에서 아버지 주달문과 어머니 밀양박씨 사이에서 태어났다. (중략) 이곳에는 주논개 생가를 들어가는 관문인 의랑루가 있고 연못과 정자, 주논개의 석상, 의암 주논개의 사료를 정리한 전시관 및 생가가 있다.

의랑루

의랑루를 지나 걸이가니 논개의 식상이 있는 원형 광상이 나온다. 논개 석상은 단아하다. 광장은 매우 넓고 주변에는 논개의 일생이 그려진 조각들이 여러 개 있다. 왜장을 끌어안고 남강에 몸을 던진 모습을 새긴 조각도 있다

조금 더 가니 '주논개 의암사적비' 가 있고 그 앞에 쌍가락지 모양의 조각상이 하나 있다. 여기에 '님의 침묵' 으로 우리에게 잘 알려진 시인, 기미독립선언문에 서명하고 끝까지 절의를 굽히지 않은 독립운동가, 불교에 새로운 바람을 불러일으키면 청년을 분발시킬 수 있다고 주장한 불제자 만해 한용운1879~1944이 지은 '논개의 애인이 되어서 그의 묘에' 란 시가 적혀 있다. 몇 걸음 더 가면 '의암 주 논개 유허비' 가 있다. 1982년에 세워

주논개 석상

진 이 비는 이곳이 주논개 출생지임을 밝히고 있다.

이어서 논개기념관으로 들어간다. 입구에는 진주 의기사와 장수 의암사에서 본 논개 영정이 전시되어 있다. 안내 표시판을 따라 왼쪽에서부터 오른 쪽으로 기념관을 구경 한다.

먼저 보이는 것은 논개의 일생에 관한 여러 개의 안내판이다. '논개의 탄생' 안내판에는 논개의 특이한 탄생 기록이 적혀 있다.

1574년 9월 3일 술시오후7~9시에 장수군 장계면 대곡리 주촌에서 특이한 사주를 지닌 여자 아이가 태어났다. 사갑술십이지간 중 술戌, 즉 개띠가 생년 · 월 · 일 · 시, 네 군데에 모두 있음이 겹치는 이 아이는 '논개' 라 이름 지어졌다. '낳은 개' 를 전라도 사투리로는 '놓은 개' 라 하는데 이 말이 '논개' 가 된다. 참, 재미있는 스토리이다. 사실인지 지어낸 것인지는 알 수가 없지만 아무튼 흥미롭다

'최경회와 논개의 만남' 안내판에는 1577~1579년까지 장수현감을 한 최경회가 논개와 운명적인 만남을 한 사실이 적혀 있다.

최경회가 장수현감으로 재직 시 논개 모녀는 혼인을 빙자한 민며느리 사건으로 금품횡령의 파렴치범에 몰려 재판을 받게 되었다. 이때 최경회와 논개의 만남이 이루어진다. 재판을 주재한 최경회는 논개 모녀에게 무죄판결을 내린다. 또한 갈 곳 없는 논개 모녀를 거두어 논개는 최경회의 집안에서 성장하게 된다..

이것이 바로 김풍헌 송사이다. 논개의 아버지 주달문이 죽자 작은 아버지 주달무는 논개를 정신장애 아들을 둔 김풍헌에게 돈을 받고 민며느리로 팔았다. 그리고 주달무는 도망을 간다. 논개의 어머니 박씨도 논개를 데리고 친정으로 달아났다가 현감 최경회 앞에 붙잡혀 왔다.

논개기념관

장수현감 최경회는 논개 모녀에게 무죄 판결을 내린다. 그런데 오갈 데 없는 논개 모녀는 장수관기로 전락한다. 최경회 부인 김씨는 논개를 딸처럼 잘 보살펴 주었고, 논개 모녀는 최경회 내외를 몸종처럼 따라다닌다. 마침내 최경회는 1590년 담양부사로 있으면서 논개를 첩으로 맞는다.

이 이야기에 의하면 논개는 4~5세 때부터 최경회와 같이 살았고 17살에 그의 부실副室이 된 것이다.

이야기는 매우 통속적이지만 상당히 짜임새가 있다. 종래의 소설들과 달리 최경회의 벼슬과도 일치한다. 그렇지만 필자가 보기에는 상상력이 만들어 낸 이야기 같다. 제대로 고증이 안 된 스토리이다. 그런데도 이 이야기는 진실처럼 받아들여지고 있고, 일반 대중들은 이런 이야기를 즐긴다. 앞으로 100년 후에는 이 이야기는 진실로 자리 잡을 수도 있다.

이어서 비디오를 본다. 제목은 '조선의 사랑, 아! 그리운 논개'이다. 잘 알려진 스토리이지만 비디오로 보니 재미있다. 조금 더 가니, '그리운 논개' 오디오 코너가 있다. 한용운, 정약용, 정식, 김택영, 황현, 변영로 등이 지은 논개의 시를 들을 수 있다. 만해 한용운의 시를 이어폰으로 들으면서 상념에 잠긴다.

낮과 밤으로 흐르고 흐르는 남강은 가지 않습니다.
바람과 비에 우두커니 섰는 촉석루는 살 같은 광음을 따라서 달음질칩니다.
논개여, 나에게 울음과 웃음을 동시에 주는 사랑하는 논개여.
그대는 조선의 무덤 가운데 피였든 좋은 꽃의 하나이다.
그래서 그 향기는 썩지 않는다.
나는 시인으로서 그대의 애인이 되었노라.
그대는 어데 있느뇨. 죽지 않은 그대가 이 세상에는 없고나.

(중략)

용서하여요 논개여, 금석 같은 굳은 언약을 저버린 것은
그대가 아니오 나입니다.

용서하여요 논개여
쓸쓸하고 호젓한 잠자리에 외로이 누어서 끼친 한에 울고 있는 것은 내가 아니오 그대입니다.
나의 가슴에 '사랑'의 글자를 황금으로 새겨서 그대의 사당에 기념비를 세운들 그대에게 무슨 위로가 되오리까.

나의 노래에 '눈물'의 곡조를 낙인으로 찍어서 그대의 사당에 제종을 울린대도 나에게 무슨 속죄가 되오리까.
나는 다만 그대의 유언대로 그대에게 다하지 못한 사랑을 영원히 다른 여자에게 주지 아니할 뿐입니다. 그것은 그대의 얼굴과 같이 잊을 수가 없는 맹서입니다.

용서하여요, 논개여.
그대가 용서하면 나의 죄는 신에게 참회를 아니 한대도 사라지겠습니다.
천추에 죽지 않는 논개여.
하루도 살 수 없는 논개여.
그대를 사랑하는 나의 마음이 얼마나 즐거우며 얼마나 슬프겠는가.
나의 웃음이 겨워서 눈물이 되고 눈물이 겨워서 웃음이 됩니다.
용서하여요. 사랑하는 오오 논개여.

천추에 죽지 않는 논개의 사당에서 엎드려 빌며 바치는 한용운의 이 시를 듣고 있노라면 이 땅에 사는 오늘 우리의 삶이 새삼 부끄러워진다.

'문학속의 논개' 코너에는 한용운의 '님의 침묵'과 고은의 '만인보 3' 책이 전시되어 있다. 고은 시인도 논개에 대한 시를 지었다.

살보살에게도 나라 있나니
나라 앞에서 나라 보살이 되었나니
의병 3천의 일 해내었나니
남강 흘러

쌍가락지 비. 한용운 시가 적혀 있다.

논개를 소재로 한 소설, 극작품, 시와 한시도 소개되어 있다. '논개 연구사' 코너에는 논개에 관한 연구 논문과 책 목록이 적혀 있다. 논개를 알려면 반드시 이곳을 들려야 할 것 같다는 생각이 든다.

기념관을 나오면서 논개 유적 지도를 보았다. 거기에는 논개와 최경회의 묘소가 함양군 서상면 금당리 방지마을에 있다고 표시되어 있다. 1989년에 함양군에서 만들었다는 두 묘소는 여기에서 그리 멀지 않은 곳이다. 덧붙이면 화순군 한천면 금전리에도 최경회의 초혼묘가 있다.

이어서 주논개 생가로 발길을 옮긴다. 가는 길목에 '의암주논개랑 생장지 사적불망비'가 있다. 생가는 초가집으로 지어져 있다. 그저 그런 시골집이어서 그런지 감흥이 크게 일어나지는 않는다.

이제 논개 답사를 모두 마친다. 의랑 논개! 그녀는 우리에게 영원히 그리운 논개로 남으리라. 호남정신

● 답사할 곳 ●

* 의암 주논개 생가지 : 전북 장수군 장계면 대곡리 주촌 마을

06

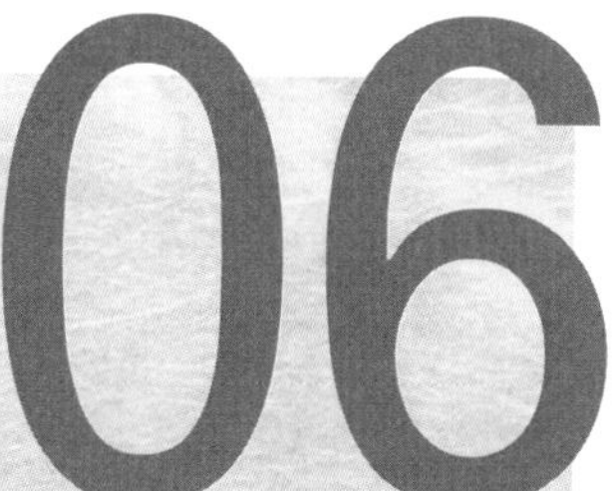

왜군은 제2차 진주성 싸움 후 호남을 점령했는가?

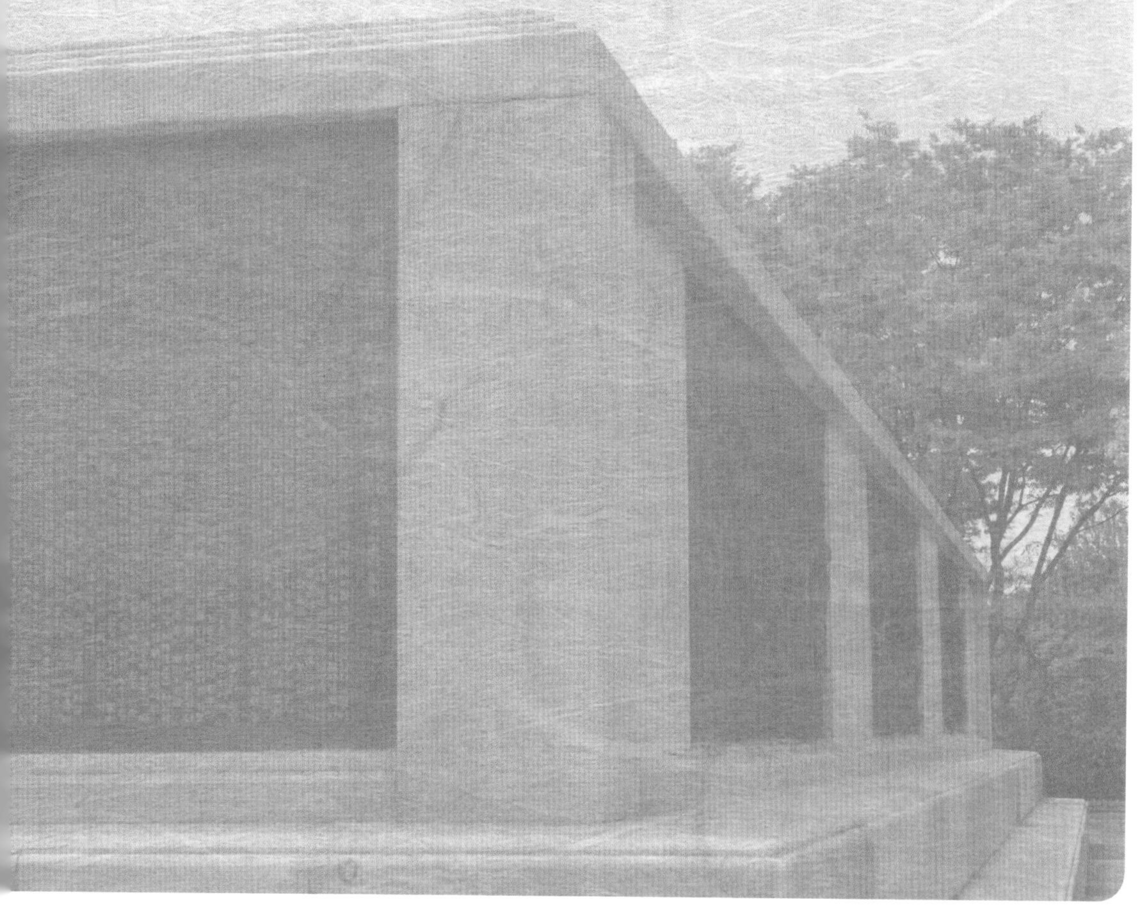

진주성은 1593년 6월 21일부터 6월 29일까지 9일간에 걸친 치열한 공방전 끝에 결국 함락되었다. 창의사 김천일, 경상우병사 최경회, 복수의병장 고종후, 충청병사 황진, 사천현감 장윤 등 진주성을 지키던 관군과 의병은 모두 장렬하게 순국하였고 왜군들은 7만 명의 군관민을 도륙하였다. 왜군은 1차 진주성 싸움에서 패배한 보복을 가장 처참하게 자행하였다.

그러면 진주와 호남은 입술과 이빨관계라고 했는데 진주성이 함락되었으니 전라도 또한 초토화되었을까? 왜군은 호남을 점령하였을까?

이 사실을 알아보기 위하여 진주성을 다시 간다. 진주성에 세워진 여러 비문을 살펴보고 임진왜란 박물관도 둘러본다.

먼저 가는 곳은 '진주촉석정충단비' 앞이다. 이 비는 장렬하게 순국한 삼장사三壯士 김천일, 황진, 최경회 및 군관민의 영령을 제사하기 위하여 1686년숙종 12년에 촉석루 동쪽에 세운 정충단의 비석이다. 비문은 홍문관 대제학을 한 이민서가 지었다. 비문에는 '진주성이 함락된 뒤로 적도 예봉이 꺾이어 호남이 온전할 수 있었다' 라고 적혀 있다.

다음으로 가는 곳은 '진주성 임진대첩 계사순의단' 이다. 1987년에 세워진 '계사순의단' 뒷면에 있는 글에는 "우리의 항전에 적도 기세가 꺾이어 다만 한 동안 남원, 구례 등지로 흩어져 노략질하다가 주둔지로 돌아갔다"고 적혀 있다.

한편 '계사순의단' 으로 올라가는 계단 주위를 둘러싸고 있는 대리석에는 계사순의에 관한 선조실록, 즉 6월 29일 함락된 진주성 싸움의 자세한 경과가 한글과 한문으로 새기어져 있다. 선조실록 중에서 왜군의 호남 침략 관련 글을 읽어 보자.

> (전략) 진주성이 함락되자 적이 몇 개 진으로 나뉘어 1진은 단성 · 산음으로 향하여 지리산으로 돌아 들어가고, 1진은 바로 진주의 서쪽으로 나가서 지리산의 적과 합세하여 전라도의 구례 · 광양 · 남원 · 순천으로 흩어져 들어가 민가를 약탈하였다.
>
> 이 때 명의 낙참장駱參將이 남원에 주둔하여 성지城池를 수리하고 사수할 계획

을 세웠다. 포수 3백 명을 파견하여 취성재 위에 진 치고 깃발을 많이 휘날리며 횃불을 올려 대응하게 하였다. 홍계남이 군사를 거느리고 재에서 내려와 적의 선봉을 중로에서 기다리고 있다가 맞아서 쳤다. 수십 리를 전전하며 더 싸우다가 구례와 광양에 이르러 한참동안 크게 싸우니 적이 이로 인해 물러갔다.

1진은 사천과 고성 쪽으로 나가 분탕질하고 1진은 삼가와 의령으로 나가 관청과 여염집을 불태우고는 다시 돌아와 함안과 창원 등지에 주둔하고 1진은 포로로 된 우리의 남녀와 짐들을 챙겨 싣고 김해로 향하여 되돌아갔다.

또한 보성출신 안방준의 〈진주서사〉와 남원출신 조경남의 〈난중잡록〉에도 왜군의 호남 공략이 기록되어 있다.

먼저 안방준의 〈진주서사〉부터 읽어 보자.

7월 2일에 왜적은 호남을 향하여 출발했다. 한 부대는 하동에 이르렀고, 한 부대는 구례 석주에 이르렀다. 한 왜적의 우두머리가 가등청정에게 말하기를 "성을 공격한 10여 일 동안에 정예군이 심히 손상을 입었으니, 이들로 호남에 대한 뜻을 이룰 수는 없을 것입니다. 병졸들을 쉬게 하는 것이 좋겠습니다"라고 하였다. 가등청정이 이를 옳게 여겨 즉시 철수하도록 명령을 내렸다.

다음은 조경남의 〈난중잡록〉이다. 여기에는 1593년 7월 3일부터 7월 9일까지의 상황이 날자 별로 상세히 기록되어 있다.

7월 3일 명나라 장수 낙상지·송대빈이 남원으로부터 군사를 거느리고 구례에 와서 진을 쳤다.

4일 왜적 수천 명이 악양의 촌락을 분탕질하니 연기와 불길이 하늘에 가득하고 포 소리가 땅을 뒤흔들었다. 뒤의 적이 잇달아 이르러서 산을 수색하여 죽이며 약탈하고 산음의 적이 그 수효가 심히 많았는데 함양으로 가서 사근역 마을을 분탕질하고 돌아왔다.

악양에 주둔한 적이 거의 5~6천이 되는데 선봉이 이미 화개·연곡에 들어가서 분탕질하며 살육하고 약탈하였다. 낙상지 등이 이날 아침에 용두에 나가 진을 치고 포를 쏘고 고함질러 위풍을 보이다가 저녁이 되어서야 돌아왔다.

5일 적병이 별안간에 구례 석주에 이르자 고부군수 왕경조와 전 판관 노종령 등이 흩어져 달아나고 송대빈 등은 남원으로 퇴각하였다. 적이 구례현에 들어가서 모두 분탕질하고 성을 헐어 뜯어 뭉개었다. 본도의 사람들이 일찍이 왜적을 겪어보지 못한 까닭에 낮은 산 얕은 골짜기에서도 왜적을 피할 줄 알았다가 이에 이르러 왜적이 산을 수색하여 도륙하니 영남보다 더하였다.

6일 이빈·홍계남이 운봉으로부터 군사를 거느리고 남원으로 향하여 원천원에 진을 치고 선거이는 호산원 산성에 진을 치고, 송대빈이 성에서부터 도로 나와서 역시 원천원 들판에 진을 치고, 사대수는 금안 영사정에 진을 치고 낙상지는 머물러 성을 지켰다.

적병이 구례로부터 군사를 나누어 흩어져 나와서 혹은 적기·화암·천언 등 골짜기에 들어가서 사찰을 분탕질하며 산을 수색하여 죽이고 약탈하고 혹은 남원으로 향하여 산 밖의 각 촌락을 분탕질하였다.

7일 적병 수천 명이 구례 산동촌을 분탕질하고 숙성령으로 향하니 이빈·홍계남의 군사가 일시에 무너져 흩어지다가 장교들이 먼저 달아난 자를 좇아 잡으니, 무너졌던 군사가 도로 진정되었다.

송대빈이 마병馬兵 3백여 명을 두골봉 안과 방축림 숲에 매복시켰다가 스스로 천 여 명을 거느리고 숙성령위에서 막으니 적병이 물러가 마침내 둔산령을 넘어 수지 등 촌락을 분탕질하였다. 낙상지가 정예한 군사를 보내어 길을 나누어 추격하고 사대수가 또한 기마로 돌격하여 따라가 죽이니 적병이 드디어 순자강을 건너서 곡성의 촌락들을 분탕하고 횡행하며 살육하고 약탈하였다.

8일 유격 송대빈과 이빈·홍계남·선거이가 군사를 거느리고 남원성중으로 들어왔다. 이때에 유정이 대구에 있었는데 군사 수천 명을 보내어 남원을 구원하러 달려오다가 적이 물러갔다는 말을 듣고 중지하였다. 곡성에서 분탕질하던 적이 모두 구례로 돌아갔다.

9일 구례에 진을 쳤던 적이 모두 진주로 돌아갔다.

위 기록들을 종합하여 보면 진주성이 함락된 이후에도 호남은 온전할 수 있었다. 왜군들은 섬진강을 따라서 곡성과 구례까지 침략하다가 명나라와 조선군의 반격에 밀려서 진주로 돌아오고 말았다.

여기에서 기억하여야 할 중요한 사항이 하나 있다. 왜적이 호남을 적극적으로 공략하지 못한 이유는 진주성 싸움에서 힘을 너무 소모하였기 때문이라는 사실이다. '진주서사'에도 나와 있듯이 창의사 김천일을 중심으로 한 9일간의 결사 항전은 10만 왜군에게 상당한 타격을 주었다.

제2차 진주성 싸움은 비록 조선이 패한 전투이기는 하나, 호남을 지킨 값진 패전이었다. 어떤 역사학자는 제2차 진주성 전투를 이스라엘 민족주의자 1천명이 로마 군대와 맞싸워 모두 순절한 마사다 전투에 비유하기도 한다. 호남정신

임진대첩 계사순의단의 2차 진주성 싸움 부조

07

진주성은 왜 함락되었나?

- 제2차 진주성싸움의 패인은?

진주성은 왜 함락되었나? 1592년 10월의 제1차 진주성 싸움에서는 큰 승리를 하였는데 1593년 6월의 제2차 진주성 싸움에서는 왜 패전하였나? 그 원인은 다음 세 가지로 요약될 수 있다. 중과부적衆寡不敵, 고립무원孤立無援, 단결부족이 그것이다.

첫 번째 패전 원인은 중과부적이다. 왜군은 1차 싸움 때는 2만 명 이었는데 2차 싸움에는 10만 명이 쳐들어왔다. 조선군은 1차 전투 때는 3,800명 2차 전투에는 6천명 정도였다. 이러한 현저한 병력차이는 처음부터 다윗과 골리앗의 싸움이었다.

두 번째 요인은 고립무원이다. 1차 싸움 때는 진주성 안의 병력뿐만 아니라 성 밖에도 지원군이 많았다. 최경회, 임계영등 호남의병도 경상우도 관찰사 김성일의 요청으로 진주로 달려왔고 김면, 정인홍, 곽재우 등 경상의병장도 상당한 역할을 하였다. 그런데 2차 싸움 때는 진주성 근처까지 온 조선 관군과 의병은 왜군의 위세에 눌리어 아예 후퇴했고, 명나라 군사도 관망으로 일관하였다. 용맹스럽다던 경상의병장 곽재우마저 사지에서 부하를 죽일 수 없다고 물러났다. 전투 중에 김천일등이 조선군과 명군에 군사 지원을 요청하였어도 이들은 냉담하였다.

세 번째는 단결부족이다. 창의사 김천일과 진주목사 서예원은 수시 마찰하였고, 여러 부대가 모여 있어 통솔이 잘 이루어지지 않았다. 또한 1차 싸움 때는 진주목사 김시민과 경상우도 관찰사 김성일이 긴밀한 관계를 유지하고 단결하였는데 2차 싸움에는 경상우도 관찰사 김늑은 전혀 역할을 하지 못하고 관망만 하였다.

임진왜란을 총지휘한 서애 유성룡1542~1607도 진주성 함락의 원인은 1차적으로 왜군 병력이 많은 것에 있다 하면서, 우리 쪽 대응에도 문제가 있음을 지적하고 있다. 1593년 7월 21일자 선조실록을 읽어보자.

풍원부원군 유성룡이 치계하였다.

"진주의 함락이 비록 강대한 적병 때문이기는 하지만 우리 쪽 대응의 잘못도 개탄스럽습니다. 신이 서울에 있을 적에 목사 서예원이 명군 지대 차사원明軍支待差使員**으로 함창**咸昌, 현 상주시 함창읍**에 와서 있기에 즉시 글을 보내 '진주가 곧 왜적의 공격을 받게 되었는데 성을 지키는 관원이 어찌 멀리 나와 있어서야 되겠는**

가.' 하고, 속히 돌아가게 하였습니다. 그러나 지체하고 돌아가지 않다가 적이 가까이 왔다는 것을 들은 뒤에 겨우 입성하여 방비 등의 일을 미리 조처하지 못한 것이 잘못의 첫째이고, 또 제장諸將들이 객병客兵을 거느리고 한 성 안에 많이 모였는데 통제하는 사람이 없어 각각 제 주장만 고집하여 분란을 면치 못했던 것이 잘못의 둘째이며, 제장들이 당초에 사세를 헤아리지 못하고 경솔히 함안으로 나아가서 진을 치고 있다가 적병이 크게 이르자 낭패하고 도망해 돌아와서 적으로 하여금 승세를 타게 한 것이 잘못의 셋째이며, 정진鼎津에 군사를 진열시키고 굳게 지켰다면 적이 사면에서 함께 진격하여 오지는 못했을 것인데, 모두 버리고 떠났으므로 적병이 수륙으로 함께 진격하였고 진주가 함락되기 전에 의령·삼가·단성·진해·고성·사천 등지에 적이 구름처럼 모여 원병의 길이 막힌 것이 잘못의 넷째 입니다.

최원·선거이 이하 장수가 거느린 군사가 모두 도피하고서 한 사람도 나오지 않았으므로 진주 사람들이 밤낮으로 구원병을 갈망하며 하늘에 호소하고 빌었으나 끝내 한 명의 구원병도 오는 자가 없어 드디어 함몰되었고, 온 성안이 도륙된 참상은 차마 말할 수 없습니다.

유성룡은 진주성 패전의 내부 요인으로 (1) 진주 목사 서예원의 대응 미흡 (2) 지도력 부재 (3) 조선군의 후퇴 (4) 지원군의 전무全無를 들고 있다.

한편 유성룡은 1598년 11월에 정유재란이 끝나자마자 파직되어 안동으로 낙향한다. 1604년에 그는 7년간의 전쟁을 반성하면서 다시는 이런 전쟁이 일어나지 않도록 징계懲戒하려는 의도로 〈징비록〉을 쓴다. 그런데 유성룡은 〈징비록〉에서 진주성 전투의 패인으로 창의사 김천일의 잘못을 상당부분 거론하고 있다. 〈징비록〉의 관련 부분을 살펴보자.

김천일이 거느린 군사들은 모두가 한양 백성들 중에서 모집한 자들이었다. 게다가 김천일 자신도 전쟁에 대해 아는 게 없으면서도 자기 고집대로 하는 인물이었다. 또 그는 평소부터 서예원과 사이가 좋지 않아 서로 의견이 어긋나기 일쑤여서 명령이 통일될 수도 없었다. ... 북문을 지키던 김천일의 군사는 성이 함락되었다고 지레 짐작하고는 싸움을 포기하고 뿔뿔이 흩어졌다. ...

이때 촉석루에 가 있던 김천일과 최경회는 서로 손을 잡고 통곡하던 끝에 남강에 투신하여 죽고 말았다.

이러한 유성룡의 비판에 대하여 보성출신 우산 안방준1573~1654은 〈진주서사〉에서 창의사 김천일을 변호한다. 먼저 그는 〈진주서사〉가 당시에 병조판서를 한 백사 이항복이 지은 〈오성일기〉와 부합됨을 밝힌다.

김천일이 진주성에서 죽은 것을 두고 헛되이 사람 목숨을 죽였다 하니 아! 슬프다. ... 더구나 공이 진주를 지키지 않아 적의 예봉을 꺾지 못했다면 호남의 50여성이 어육을 당함은 진주성 보다 훨씬 심하였을 것이다. ... 또 이 싸움에서 왜적은 너무나 많이 죽었기 때문에 강을 건너서 서쪽으로 진격할 수 없었으니 왜적이 호남으로 가지 못하도록 차단한 공公은 어찌 당나라의 장순과 허원의 짝이 아니겠는가?

장순과 허원은 당나라 현종 시절 안녹산의 난 때 외부의 지원도 끊긴 상태에서 여러 달 동안 수양성을 홀로 지키다가 순절한 당나라 장수이다.

아무튼 임진왜란이 끝난 후에도 진주성 싸움 패인에 대한 책임 논란은 끊이지 않았다. 효종 때 다시 작성된 선조수정실록에도 이 논의가 실려 있다. 선조수정실록은 북인 위주로 써진 선조실록을 바로잡기 위한 것인 만큼 임진왜란 기록도 재평가되었다. 1593년 6월 1일자 기록을 보자.

> 김천일 등이 충의만을 가지고도 사중士衆을 격려하였던 것인데 황진 · 이종인 · 장윤 · 김준민 등이 모두 군사 중에 으뜸가는 용무勇武를 가졌던 관계로 왜적을 꺾어 상당수를 살상하면서 9일이 지나서야 힘이 다하였으니, 전투 방어를 잘못한 것이 아님은 분명하다.
>
> 서예원은 처음부터 성을 버리려고 하였으나 원수元帥에게 눌려 감히 움직이지 못하였고, 밖의 장수들도 모두 군문軍門의 명을 받고 반드시 패할 땅에 들어가 있는 상황이었다. 따라서 이때 나가서 피해야 한다는 의논이 갑자기 일어났던 것인데, 김천일이 항언하여 그 의논을 중지시켰다. (중략) 그때에 김천일 등이 아니었더라면 겁 많고 미련한 서예원으로서는 필시 하루 이틀도 막아내지 못하였을 것이니, 따라서 성안의 사민 남녀 6, 7만 명이 모두 죽게 되고 허다한 식량과 기계가 죄다 적에게 넘겨졌을 것인데, 무슨 이익이 있었겠는가. 서예원의 형 서인원은 의논을 좋아하는 것으로 명사가 되었으나 간사스럽고 거슬렸다.

일찍이 김천일을 교묘하게 비방하면서 서예원을 신원하려고 하였던 까닭에 사대부들 사이에 간혹 이론異論이 있게 되었고, 심지어는 임금 앞에서 폄하하여 '김천일의 뜻은 숭상할 만하나, 재주가 졸렬하여 일을 그르쳤다.'고까지 하였다. 그러나 김천일이 국사를 그르친 것이 뭐가 있는지 모르겠다. 과연 사람들의 말과 같다면, 진주의 유민遺民들은 김천일과 서로 친한 경우가 아닌데도 그를 숭앙하여 제사까지 지내면서 오래갈수록 더욱 독실하게 하는 데 반해, 서예원에 대해서는 몹시 업신여기면서 심지어는 '서예원은 온 집안이 적에게 투항했다.'고 하여 한마디도 애석해 하는 말이 없었으니, 인심을 속일 수 없는 것이 이와 같다.

역사적 평가는 한두 가지 기록에만 의존할 일이 아니다. 여러 사료史料를 두루 살필 일이다. 그래야만 형평감각을 가질 수 있다. 역사는 누가 어떤 역사관에 따라 평가하느냐에 따라 얼마든지 다를 수 있으니까.

08

진주성 함락 이후의 전라도 의병들

- 최경장, 임계영, 변사정

제2차 진주성싸움이 끝난 1593년 6월말 이후 호남의병들의 활동은 어떠하였을까? 전라우의병은 최경회의 형 최경장이 이끄는 계의병에 편입되었고, 전라좌의병은 임계영이 이끌었다. 남원에서는 변사정이 의병 활동을 하였다.

먼저 최경장이 이끄는 계의병에 대하여 알아보자. 전라우도 의병 및 선비들이 남은 군사 수백 명을 수습하여 전 제독 최경장을 추대하여 장수로 삼았는데 최경장은 최경회의 형이었다. 그는 계의繼義라는 두 글자로써 장표를 삼았다. 계의는 진주성에서 순절한 최경회 등 전라우의병의 충의를 이어가자는 의미에서 지어진 이름이다.

진주성이 함락될 즈음에 최경회는 조카 최홍우를 몰래 불렀다. 그는 왜군 장수에게 빼앗은 그림과 언월도 칼을 최홍우에게 주면서 "두 형님들이 비록 상중이나 뜻이 강개하므로 내가 죽었다는 소식을 들으면 반드시 의병을 일으킬 것이다. 나의 말을 꼭 전하라"고 하였다. 최홍우는 몰래 성을 빠져 나와 전라도로 달려간다.

최경장은 아들 최홍우로 부터 최경회의 소식을 듣는다. 그는 최경회가 남긴 칼을 어루만지면서 동생의 충절이 이 칼에 서려 있다 하면서 복수를 다짐한다. 최경장은 어려서 고봉 기대승과 송천 양응정 문하에서 공부하였는데 명종 19년1564년에 문과에 급제하여 1573년에 해남현감을 하는 등 여러 요직을 역임하였다.

임진왜란 때 최경운, 최경장, 최경회 삼 형제는 어머니 상을 당하였는데 나라가 위급하자 화순에 의병청을 설치하고 최경회를 의병장으로 추대한다. 그런데 최경회가 진주성에서 순절하자 1593년 8월에 최경장은 다시 의병을 일으킨다. 최경장은 아들 최홍우, 조카 최홍재, 최홍기와 함께 의병을 모집하고 의주의 행재소에 사람을 보내 의병을 일으킨 사실을 선조에게 아뢴다. 도원수 권율도 선조에게 글을 올려 "최경장이 죽은 최경회의 뒤를 이어 의병을 일으키어 민심이 안정되었다"고 보고한다.

선조는 이를 기특하게 여기고 최경장에게 계의병장이라는 칭호와 관인을 하사한다. 최경장은 임금의 명을 받들고 훈련부정 선의문을 부장으로, 전 서천군수 김윤명을 종사관으로 삼는다. 장사 백이신, 변공의, 고언장도 함께 참여하였고, 영광출신 참봉 이굉중과 진사 강항 등이 고기와 소금을 팔아 쌀 백 석을 사서 군량에 보태었다.

마침내 계의병은 옥과에 진을 치고 군사훈련을 한 뒤에 남원으로 향하다가 금산에서 오는 적을 쳐부수었다. 10월에는 경상도 함양으로 진출하여 곤양과 사천에 주둔한 적을 연파하여 참획한 자가 많았다.

명나라 장수 오종도가 탄복하여 말하길, "동생이 죽은 후 형이 일어나니 충의가 격렬하도다. 군사를 펼치고 움직임에 왜노들이 두려워하고 겁내니 이는 참으로 고금에 한 사람 뿐이다"하였다.

이어서 계의병은 경상도 고성으로 전진하여 견내량에 있는 왜적의 소굴을 뿌리 뽑으며 전후 10여 차례의 싸움에 왜군 1천여 명의 목을 베었고, 군사를 구례 석주관으로 옮겨 적을 방어할 계책을 세웠다.

한편 임계영이 이끄는 전라좌의병의 활동은 어떠하였을까? 진주성이 위험하게 되자 전라좌의병장 임계영은 부장 장윤에게 진주성에 들어가게 하였다. 임계영 자신은 식량과 병기를 마련한 후에 뒤따라 들어가려 했는데 성이 이미 포위되어 전투가 벌어진 지라 주변에 머물렀다. 그런데 진주성이 함락되어 장윤 이하 전라 좌의병들이 모두 순절하고 말았다. 임계영은 남은 군사를 수습하여 훈련원 봉사 최억남을 부장으로 삼고 요해처를 지키었다

1593년 10월에 선조 임금은 의주에서 다시 서울로 돌아온다. 경복궁은 이미 불타고 없어서 선조는 성종의 형인 월산대군 집에서 지낸다. 월산대군의 사저는 오늘날 덕수궁인데 선조는 석어당에서 거처하였다.

선조가 환도하자 전라좌의병장 임계영은 상소를 올린다.

> 진주성 싸움에서 신이 부장 장윤으로 하여금 군사 3백 명을 이끌고 진주성에 들어가 방어토록 하였고 신은 밖에 있으면서 병력과 식량을 마련하여 응원하도록 하였습니다. 그러나 불행히도 진주성이 함락되고 군사들이 모두 전사하여 왜적의 기세가 등등하니 통분스럽기 짝이 없습니다. 신은 함께 죽지 못한 것을 한으로 여깁니다. 생각건대 한 줌에 지나지 않은 힘입니다마는 물러나 하동을 지킴으로서 호남을 방어 할까 합니다.

임계영의 상소문대로 전라좌의병은 경상도 하동에 머물면서 왜적과 대치한다.

한편 남원에서 의병을 일으킨 변사정 또한 진주성 싸움에 참여한다. 그는 부장 이잠에게 군사를 주어 진주성을 지키게 하고 자신은 재외운량장이 되어 산음에 가서 양곡 수 백석을 구하였다. 그는 겨우 한 차례 양곡을 진주성에 운반하였는데 성이 함락되고 말았다. 변사정은 함께 순절하지 못함을 한스럽게 여기었다.

1593년 8월에 변사정은 선조에게 상소하여 여러 장수가 진주성을 구제하지 않은 죄를 아뢰었다. 이는 '선조수정실록'과 '난중잡록'에 기록되어 있다. 1593년 8월 1일자 선조수정실록을 읽어 보자.

의병장 변사정이 상소하여 여러 장수가 진주성을 구제하지 않은 죄를 아뢰기를, "변고가 있은 이후로 도망가고 흩어짐이 습관이 되어서 군사를 후퇴시켜도 어느 한 사람 처벌을 받은 자가 없고 구원을 하지 않아도 어느 한 사람 벌을 받지 않으니, 왜적에게 유린당하는 화가 호남을 다 휩쓴 뒤에야 그만두게 될 것입니다" 하였다.

또 아뢰기를, "전하께서 전일에는 한갓 맹위를 부리는 사람들만을 써서 군사를 어루만지며 훈련시키는 것을 먼저 하지 않았으며, 전비만 엄하게 단속하여 군사와 백성의 마음을 잃었고, 당장 난이 일어날 줄 알면서도 말단의 일에만 관심을 두고 도무지 싸우는 정신력이 무엇인지를 알지 못하였으니, 이러고서 적과 싸워 어찌 이길 수 있겠습니까? 혹 부득이하여 겉이 그럴듯한 사람 중에서 발탁하여 장수의 책임을 맡기면 비록 요행으로 일시의 공로가 있다 하더라도 무딘 칼로 두 번 베기는 어려워서 오직 머뭇거리며 자신이나 보전할 계책만 세우니, 군사는 피곤하고 적은 강한 상황에서 나라가 어찌 도리지 걱정입니다. 왜적은 필시 재침하여 마치 무인지경으로 밀려 올 것인데, 전하께서는 어떻게 막으실지 모르겠습니다.

신은 늙고 쇠잔한 유생으로 한갓 의병장이라는 이름만을 훔치고 목숨을 버릴 각오로 달려가 군사를 구제하지 못한 채, 도리어 다른 장수를 책망하고 있으니 그 죄 또한 큽니다. 먼저 신을 베어 그 나머지 사람들에게 징계가 되도록 하소서"

하였다. 또 아뢰기를

"신의 이 말씀이 비록 과격한 듯하오나 아뢰지 아니할 수 없는 것은 신이 친히 이곳에 이르러 여러 장수들의 물러나고 비겁한 짓을 눈으로 직접 보았고, 여러 장수들의 잘못을 귀로 들었기 때문에 국가를 위해 통분하고 애석한 심정이 가슴속에 가로막혀 터뜨릴 길이 없으므로 감히 외람되게 할 말을 다함이 이에 이르렀사오니, 엎드려 생각하옵건대, 밝으신 전하께서는 유의하여 살피십시오. 아! 진주성의 함락에 의로운 장수와 정예한 군사들이 다 죽어 슬프고 원통함이 천지에 사무칩니다."

이어서 변사정의 상소 글 말미에는 사관史官의 글이 기록되어 있다.

이때 권율 등 여러 장수가 전공으로 승진한 뒤에 다시 태만했기 때문에 이 말이 있게 된 것이다. 1597년 정유년에 이르러 왜적이 호남과 호서에 마치 무인지경처럼 들어갔으니 그 말이 또한 징험되었다 하겠다.

한편 변사정은 유성룡에게도 글을 보내었는데 "퇴각한 장수에게는 연좌제를 적용하고 도망친 병졸에게는 잡아들이는 법을 써서 장졸들에게 이 사실을 알리면 반드시 죽음을 무릅쓰고 싸울 것이니 그리되면 군세가 크게 떨칠 것이고 나라의 원수도 갚을 것입니다"라는 내용이었다. 유성룡이 답하길, "오늘날 회복에 대한 희망은 오직 전라의병에 달려있다" 하였다.

한편 1593년 12월의 조선 군대들의 상황을 보면 지휘계통이 엉망이고 각처에서 일어난 의병들이 오히려 백성들에게 민폐를 끼치는 일도 있었다. 따라서 비변사는 임금에게 전라도와 충청도의 누락된 정병을 수습하고 지휘계통을 세울 것 등을 청하였다.

09

국난 중에도 민생안정이 먼저입니다.

- 박광전, 광해군에게 시무책을 올리다.

1593년 윤11월, 전쟁은 소강상태에 있었다. 일본과 명나라의 외교협상도 별 진전이 없었다. 조선에서 철수를 준비 중인 명나라는 왕세자가 중심이 되어 전쟁을 치를 것을 조정에 명령한다. 이리하여 세자 광해군 1575~1641의 행영行營인 무군사撫軍司가 설치된다.

광해군은 민심을 위무하고 군사들을 선발하기 위하여 남쪽으로 내려온다. 좌의정 윤두수, 병조판서 이항복이 수행한 광해군의 행렬은 윤11월 19일에 서울을 출발하여 12월 1일에는 공주에, 12월 25일에 전주에 도착하였다. 광해군은 12월 27일에 전주에서 과거시험을 실시하여 문신11인과 무신 1천 6백 인을 뽑았다.

이 때 보성출신 죽천 박광전1526~1597이 병든 몸으로 전주로 달려갔다.

1592년 7월에 전라좌의병을 일으킨 바 있는 그는 1581년부터 1583년까지 2년 반 동안 어린 광해군을 가르쳤다. 오랜 만에 스승을 만난 광해군은 박광전을 따뜻하게 맞아주었다.

이 자리에서 박광전은 광해군에게 시무책을 올린다. 시무책의 핵심은 국난을 극복하려면 먼저 민생을 안정시키고 백성을 어루만지며 농사를 장려하여야 한다는 것이다.

그러면 시무책을 읽어 보자. 이 글은 조경남의 〈난중잡록〉 1594년 1월 2일자 일기에 나온다.

박광전이 왕세자 광해군에게 올린 편지上 王世子 撫軍時 書

1593년 12월 모일에 전 회덕 현감 박광전은 몸을 깨끗이 하고 백번 절하면서 왕세자 저하에게 말씀을 올립니다.

국운이 중도에 불행하여 흉한 왜적들이 함부로 날뛰어 삼경三京이 함몰되고 임금께서 서쪽으로 피난하였으니 이것은 실로 천고에 없던 변란입니다. 다행히 하늘과 같은 명나라 황제의 은혜를 입어 신의 위엄으로 왜적을 막아 추악한 전쟁은 잠시 그치고 왜적이 한 모퉁이로 물러갔으니, 이 또한 천고에 다시없던 경사입니다.

지금은 선조임금께서 다시 서울로 돌아오고 왕세자의 행차가 남쪽으로 내려오시어 우리 군사의 위풍을 드높이고 우리 백성의 마음을 진정시켜 살아남은 백성들이 한양 관원의 위엄 있는 거동을 다시 보게 되니, 무릇 혈기가 있는 사람이라면 누군들 "우리 임금의 아들답다."라고 칭송하며 추대하지 않겠습니까?

사람들의 마음이 분기奮起할 것을 생각하고 장수와 군사들은 기운이 솟아, 뒤엎어진 형세가 이미 반전되어 회복될 터전이 장차 이루어졌으니, 모든 사람의 기쁨과 경사를 어찌 말로 다 할 수 있겠습니까?

신臣은 일찍이 시독관侍讀官 : 왕자에게 글을 가르치는 관직이 되어 특별히 자애로운 은총을 입었으니 비록 말직에 있었으나 정情은 심상치 않았습니다. 당초에 변란이 일어날 때에는 길이 막혔고 흉악한 왜적이 이미 물러간 뒤에는 질병에 시달리느라, 미처 남궁南宮에서 땔나무로 불을 지피는 소원抱薪之願을 이루지 못하고, 속절없이 두릉杜陵, 당나라 시인 두보처럼 시절을 슬퍼하는 비감한 눈물만 흘리다가, 오늘에서야 비로소 찾아와 아뢰니 뒤늦게 찾아온 죄는 만 번 죽어도 용서받기 어려울 것입니다.

삼가 생각하건대, 시국의 일이 예측하기 어려워지니 지혜 있는 선비도 계책이 없고, 흉한 칼날이 스치는데도 용사는 손을 묶고 있으니, 성패가 호흡하는 사이에 달려있고 존망이 순식간에 결판 날 상황입니다. 생각이 여기에 미치니 진실로 한심하기 그지없습니다. 항간에서는 사람들이 사사로이 논의하기를, "적병이 좌도에서 철군하여 우도로 옮겨서 모두 거제도로 들어갔으니, 그들의 마음은 하루도 호남에 있지 않는 적이 없는데, 명나라 군사와 우리나라의 여러 장수는 모두 팔거八莒 : 칠곡군 · 정암나루 등 상류에 웅거하였으니 적진과의 거리가 하룻길도 안 되는 곳입니다.

만약 적병이 진해 · 고성을 경유하여 바로 섬진강쪽으로 향한다면 의령에 있는 군사는 이미 믿을 것이 못 됩니다. 섬진강 위아래 60리에 걸친 수비병도 모두 피로하고 굶주린 군사들이어서, 흉한 왜적의 기침 소리만 들어도 이미 어찌 할 바를 모를 것이니 팔거 · 정암나루의 구원도 벌써 미치지 못할 것입니다.

전날의 진주성 함락이 명확한 증거입니다. 구례를 분탕질 친 왜적이 철수하여 자기의 진영으로 돌아간 것은 하늘이 도운 것이지 사람의 힘으로 된 것은 아닙니다.

명나라 군사에게 청하고 원수에게 명을 내려 "병력을 나누어서 진주 · 순천 등지에 진을 치고 방비하면 섬진강의 군사가 급할 때에 구원병을 얻어서 진주의 실패를 면하여 호남도 무사히 보전될 수 있을 것이다." 하였습니다. 이 말이 또한 이치가 있는 듯합니다. 다만 장막 속에서 승전할 계책을 짜는 것과 병사를 통솔하는 일은 그 주도면밀함이 어찌 항간의 논의보다 못하겠습니까? 이것은 필시 그러한 이유가 있을 것이니, 신이 항간의 논의를 감히 좇아야 한다고 말하는 것은 아니나, 우선 조정의 논의를 보류하고 옳은지 그른지를 시험해 보자는 것입니다.

민심을 두고 말하면 그것은 국맥國脈이 관계되는 것입니다. 전일에 고을의 수령과 변방의 장수들이 세금을 무겁게 매겨 백성에게 재물을 긁어 들였는데 그 이익은 아래로 돌아가고 원망만 위로 돌아갔으니, 증자曾子의 이른바 "민심이 흩어지는" 상황이 오래되었습니다.

근래 경인년1590년에 일본에 잡혀갔다가 돌아온 사람들이 말하기를, "그 나라에는 귀천도 없고 요역徭役 : 무상으로 노역을 하는 일도 없으며 집집마다 곡식이 쌓여서 쓰기를 물을 마시거나 불을 때듯이 사용한다."하니, 변방 백성들이 이 말을 듣고 매우 부러워하였습니다. 임진년1592년의 변이 마침 그 시절에 일어나자 뭇 사람이 수군거림에 차마 들을 수 없는 이야기도 있었습니다. 그 뒤에 왜적은 칼날이 미치는 곳마다 사람을 죽이고 집을 불사르고 처자까지 빼앗아 가자 백성들의 마음이 비로소 원망하고 나라를 생각하는 마음이 있게 되었으니, 이는 실로 조선으로서는 정말 다행입니다.

만약 왜적이 변방 백성을 어루만지고, 한 때라도 인정을 베풀어 사탕발림을 하였더라면 민심이 어떻게 되었을지 장차 예측할 수 없었을 것입니다. 변란이 일어난 뒤에 미천한 백성들은 찾아가 호소할 곳이 없고 탐욕스런 관리들은 만족 할 줄 모르는 욕심을 멋대로 부리니, 이야기를 하자면 너무 말이 길어집니다. 아! 지난날 민심은 이미 무너지고 찢겼지만 장래의 민심을 수습하지 않을 수 없습니다.

바야흐로 지금 해야 할 일은 군사를 뽑는다든지 군량을 운반하는 것인데, 무릇 군무에 관한 일은 비록 심히 고통스러우나 국가를 수호하고 백성을 살리는 길을 위해 백성을 전쟁터에 보내는 것이니 이는 형편상 부득이한 일입니다.

그러나 긴요하지 않은 공물이나 명분 없는 세금에 대해서는 감면할 만한 것은 감면해 주어, 백성들로 하여금 국가가 부득이한 가운데서도 은혜를 베푼다는 것을 알게 한다면, 백성이란 지극히 어리석으면서도 정말 영민하니 어찌 감동되어 움직이지 않겠습니까?

오늘날의 민생은 마치 말라죽은 풀과 같아서 살고자 하는 뜻이 전혀 없고, 오늘날의 민심은 썩은 새끼로 여섯 마리의 말을 모는 것과 같이 심히 두려우니 관리들이 도적이 되어 백성을 내 모는 것이 누구의 허물이겠습니까?

왕세자 저하께서 남쪽으로 오시니, 만백성이 우러러 쳐다보며 일분一分의 은혜라도 받기를 크게 원하고 있습니다. 원컨대 마땅히 자주자주 글을 내려 보내 수령들을 타이르고 변방 장수를 바로 다스리어 자기의 이익을 위하여 사람을 상하게 하지 말도록 하고, 부로父老들을 불러 모아 궁휼히 어루만지는 뜻을 보이고, 때로는 암행어사를 파견하여 여염집을 드나들면서 백성의 고통을 묻되, 만약 이전의 나쁜 행적을 되풀이하는 자가 있을 때에는 엄중 문책하면 민생이 안정될 것이고 민심도 수습될 수 있을 것입니다.

사소한 일 때문에 간성이 되는 대장의 재목을 버리는 것은 사람을 쓰는 도량이 아니며, 백성의 기름과 피를 짜내는 것이 어찌 국가를 지키는 도리이겠습니까?

민심을 수습하여 힘을 모으는 것이 바로 오늘날의 급선무입니다. 대저 물고기는 물에 의지하고 나무는 흙에 의지하며 사람은 식량에 의지하는 것은 그 이치가 하나입니다. 물고기는 물이 없으면 살 수 없고, 나무는 흙이 없으면 말라 죽고, 사람은 먹을 것이 없으면 못 삽니다.

식량은 전답에서 나오므로 그 전답을 경작하지 못하면 먹을 것이 어디로부터 나오겠습니까? 지난 해에 흉년이 들어 모든 곡식의 수확이 전보다 반이나 줄어들었는데, 요역徭役의 무거움은 이전보다 10배나 되어, 한 해가 아직 다하지 않았는데 집들이 이미 가난하여 곳간이 텅텅 비었습니다.

요사이 살펴 본 바에 의하면, 집집마다 아침저녁으로 먹을 것이 부족한 자가 절반이 넘는데, 영남에 양식 운반하는 비용과 주사격군舟師格軍의 식량은 달마다 쌀이 7·8석이나 되어 그것을 내고 나면 목숨이 살아날 수가 없습니다. 이런 연유로 도망하고 유리流離하는 자가 잇달아서 촌락은 텅텅 비고, 안거나 붙들고 가는 사람이 길가에 가득차고, 굶어 죽은 시체가 길에 즐비하여 그 참혹함은 차마 눈뜨고 볼 수 없습니다.

조금 잘 사는 집도 이미 곳간이 텅 비어버려, 관리를 보충하는 데 응모하여 지난해 관곡官穀을 받은 것이 겨우 3분의 1 정도 되었습니다. 공사公私가 모두 곤궁하니, 가족 먹여 살릴 일은 어떻게 할 것이며 군량은 어떻게 확보할 것이며 종자벼種租는 어찌할 것입니까?

이것으로 말하면 왜적이 오기도 전에 나라의 근본이 먼저 뽑혀진 격이니, 오늘날의 사태를 가생賈生이 보았더라면 어찌 통곡만 하였겠습니까?

여기에서 가생賈生은 중국 한나라의 정치개혁가 가의賈誼를 말한다. 가생은 한나라 황제 문제文帝에게 상소하여, "지금의 사태를 보면 통곡할 만한 것이 한 가지요, 눈물을 흘릴 것이 두 가지요, 긴 한숨 쉴 것이 여섯 가지입니다." 하였다. 죽천 박광전의 상소는 계속된다.

백성이 농사지을 시절이 이미 닥쳤는데도, 어떤 이는 군대에 들어가 싸우러 멀리 가고 어떤 사람은 군인 되기를 기피하여 도망가고 어떤 이는 가족을 멀리하고 돌아오지 않으니, 전답이 있는 자는 쟁기질 하거나 김을 맬 수가 없고 전답이 없는 자도 소작하기를 원하지 않으니, 이 형편으로는 좋은 전답과 기름진 토양이 장차 모두 다 쑥대밭이 될 것입니다. 이럴 때 왜적이 거세게 짓밟아 버린다면 끝장입니다.

만약 적과 아군이 서로 버티어 한해가 가고 또 한해가 거듭된다면, 고단하게 버려진 살아남은 백성은 무엇을 먹을 것이며 방어하는 군사들은 무엇으로 군량을 하겠습니까? 백성이 어떻게 백성이 되며 나라가 어떻게 나라가 되겠습니까?

신臣의 생각을 말하자면, 전답을 갈아 먹고 우물을 파는 것은 비록 백성 스스로 생활하는 방법이나, 농사철을 어기지 않게 하는 것이 실로 왕도의 시작입니다.

마땅히 별도로 권농사勸農使를 두어 유민流民을 불러 모으되, 건장한 젊은이로서 군사에 뽑힌 자를 제외하고, 노약자나 부랑자 중에서 먹을 양식이 없는 자들을 위무慰撫하고 보호하여 안심하고 농사를 짓도록 하십시오. 관청에서 종자벼를 주어 전답의 다소에 따라 고루 나누어주고 혹은 부잣집에서 모집하여 부족한 부분을 보충해 주고, 또 백성들을 포악하게 침탈하는 폐해를 금지하여 밭 갈고 씨뿌리고 김매는 데 때를 놓치지 않게 하면 이것이 훗날을 위한 현명한 대책이 될 것입니다.

요즘 군사를 모으는 초군사招軍使나 군량을 모으는 모속사募粟使는 서로 빈번하게 왕래하는 데, 유독 농사를 권장하는 권농사勸農使에 대하여는 주장하는 자가 없어 거의 방치상태에 있습니다. 망종의 절기가 4월 중순에 있는데 만약 헛되이 40-50일을 보내 버리면 이미 어찌할 도리가 없게 될 것입니다. 수령 중에 백성의 일에 마음을 쓰는 이가 몇 사람이나 됩니까? 혹은 수군으로 달려가기도 하고 혹은 육전에 참여하기도 하고 혹은 조정에 심부름하러 출입하기도 하니, 비록 백성의 일에 마음을 다하려는 이가 있어도 역시 어찌할 수가 없습니다.

마땅히 각 읍에서 충실하고 부지런하고 일 잘 보는 한 사람씩을 뽑아 그 일을 맡게 하고, 또 권농사를 두어 돌아다니면서 점검하고 감독하여, 인력이 넉넉하지 못한 자나 종자벼가 부족한 자는 각별히 조처하여 부족한 것을 보충하여 주면 오늘날 세상 물정에 어두운 듯한 계책이 후일에 훌륭한 계책이 될 것입니다.

아! 왜적이 득실득실하여 날뛰고 국토가 먼지로 혼란한 이 때를 당하여 한 가지 계책을 세워 윗분을 구하는데 응하지도 못하고, 단지 민심을 수습하고 권농하는 것으로 계책을 올리니, 사정에 어둡다는 조롱을 면할 길이 없습니다.

그러나 50리 땅을 지닌 등滕나라가 대국인 제나라와 초나라 사이에 끼어 있었기에, 비록 맹자의 재주로서도 계책을 낼 수가 없어, "이 계책은 나의 미칠 바가 아니다." 하였고, 또, "힘껏 착한 일을 할 뿐이다." 하였습니다. 어리석은 신의 소견은 다만 이와 같은 데 불과하며, 방어하고 공격하는 계책과 군량을 운반하는 일에 이르러서는 각기 주장할 사람이 있으니, 이것은 칠실漆室의 걱정이 될 수 없습니다.

여기에서 '칠실漆室의 걱정'이란 중국 노나라 어느 고을의 미천한 처녀가 깜깜한 방칠실안에서 걱정하기를, "우리나라 임금이 늙었고 태자가 아직 어리니 만약 국난이 생기면 임금이나 백성이 모두 욕을 당할 것이니 여자들은 어디로 피할꼬?" 하였다. 그래서 자신의 격에 맞지 않게 괜한 걱정을 하는 것을 칠실의 걱정이라고 한다.

또 한 가지 아뢰올 말씀이 있으니 번거롭게 하여 죄송합니다. 지난 임진년 변란이 일어난 초기에 전라순찰사의 군사가 용인에서 궤멸되고, 절도사의 군사는 근왕하러 멀리 가서, 도내는 텅텅 비어서 지킬 사람이 없었는데, 고경명 · 조헌마저 잇달아 패하였습니다.

신臣은 전 현감 임계영 · 진사 문위세 등과 더불어 의논하기를, "만약 불행하여 적에게 포로가 된다면 살아도 죽는 것보다 못하니 기왕 죽을 바에는 차라리 의에 죽자."하고, 이에 버마재비가 앞발로 수레바퀴에 항거함과 같은 무모한 계책으로 향병을 일으켰는데, 보성이 실로 처음 일어난 땅이요, 장흥 · 남원 · 옥과 · 곡성 등 몇 고을이 서로 함께 호응하였습니다.

그런데 임진년 6월부터 지금까지 20여 개월 동안에 선비들의 집에는 재물이 이미 바닥이 나서, 현재 있는 재고를 파악하여 보니 겨우 한 달 정도 지탱할 식량만 남았습니다. 군량이 없는 군사는 머지않아 스스로 궤멸될 것입니다.

그러나 이미 상부에 보고하고 의병을 움직이기 때문에 저희들 마음대로 스스로 해산할 수 없으니 실로 낭패입니다. 군사와 양식을 익호군翼虎軍에 합치는 것이 시의적절 할 것 같습니다.

익호군은 충장공 김덕령의 군대이다. 김덕령은 1593년 윤11월에 담양에서 거병하였다. 12월에 세자 광해군은 김덕령에게 익호장군이라는 호칭을 내린다.

만일 그렇게 할 수 없다면 좌의병을 계속 지원하는 것은 다섯 고을에 불과하고, 계의병繼義兵을 계속 지원하는 것은 한 도가 힘을 합해야 하는데 계의병은 이미 해체되었으니, 보성·장흥에서 계의병을 계속 지원하는 자를 좌의병에 속하기를 허락하여 보리가 익기 전의 군량을 보충한다면 아마도 스스로 궤멸되는 군사를 구할 수 있을 것입니다. 청컨대, 무군사撫軍司에 명하여 논의하여 처리하게 하여 주십시오. 삼가 죽음을 무릅쓰고 아룁니다.

박광전의 시무책을 받아 본 세자 광해군은 글을 자세히 살피었다. 그리고 전라감사에게 명하기를 "박광전은 나에게 스승이니 특별히 우대하여 음식을 잘 대접하라."하였다. 박광전은 사흘을 더 머물고 보성으로 돌아왔다.

10

국난에 흉년까지 들어 백성들이 굶어 죽다.

죽천 박광전은 세자 광해군에게 올리는 시무책에서 임금에게 충성하는 것도 중요하지만, 백성들의 생활이 안정되어야 전쟁도 이길 수 있음을 호소하고 있다. 그리하여 박광전은 임진왜란이라는 초유의 국가비상 사태에 가장 중요한 것은 백성들이 먹을 식량 마련임을 강조한다. 권농사를 임명하여 농사를 장려하고, 세금 감면과 탐관오리들의 수탈을 단속하여야 한다는 등 구체적인 건의를 하고 있다.

실제로 임진왜란 당시 백성들의 생활은 그야말로 죽기 일보一步 직전이었다. 이긍익의 〈연려실 기술〉에는 백성들의 비참한 생활이 기록되어 있다.

> 계사년(1593년) 봄에 큰 흉년이 들어서 각 도의 백성들이 떠돌아다니니 집을 잃고 굶주려서 죽은 시체가 서로 이어졌으며, 사람이 서로 잡아먹는 지경에 이르

> 렸고, 산중의 풀잎과 소나무·느릅나무의 껍질과 뿌리도 먹어 모두 다 없어졌다.

1593년 12월 25일의 〈난중잡록〉에는 국가재정도 바닥났음을 토로하고 있다.

> 전란이 난 지 2년에 군사와 백성이 생업을 잃고, 적의 분탕질이 극히 심하여 저장한 물자가 잿더미가 되니 국가의 경비를 조달할 길이 없으므로 이에 모속사募粟使·조도사調度使 등을 각 도에 보내어 온갖 방법으로 곡식을 모집하는데, 공명첩空名帖을 많이 만들어 유사有司에게 나누어 주며 그것을 살 사람을 모집하였다.

죽천정. 죽천 박광전을 기리기 위한 정자이다. 보성군 조성면에 있다.

한편 박광전이 시무책을 올린 4개월 후인 1594년 4월의 상황은 더욱 심각하다. 〈난중잡록〉과 〈연려실기술〉의 기록을 읽어 보자

민간이 곤궁하여 큰 소 값이 쌀 세말에 불과하고 세목細木값이 좁쌀 두어 되 미만이었으며, 의복과 진귀한 물건도 팔리지 않고, 사람이 서로 잡아먹는 지경에 이르러 여자와 어린 아이들은 감히 마음놓고 다니지도 못하였다. 굶주려서 죽은 시체가 길에 깔렸는데 굶주린 백성들이 다투어 그 고기를 먹고, 심지어는 죽은 사람의 뼈를 발라서 즙을 내어 마시기도 하였는데 사람의 고기를 먹은 자는 발길을 돌리기 전에 모두 죽었다. 슬프도다! 처음에는 왜적의 분탕질을 당하고 나중에는 탐관오리가 긁어먹고 이제는 흉년마저 겹치고 부역은 중하여 이 지경에 이르렀구나.

이런 극도의 피폐한 상황에서 박광전의 건의가 선조임금에게 까지 전달되었던 것일까. 마침내 선조임금은 애통교서哀痛敎書를 선포한다. 이 글은 난중잡록 1594년 4월의 일기에 나와 있다.

왕은 이렇듯 이르노라. 무릇 백성들은 나의 애통한 말을 들으라. 덕이 없는 내가 백성의 부모가 되어 오랜 동안의 편안함에 마음을 놓고 잘 다스려진 줄 알고, 백성이 아래에서 원망하여도 내가 듣지 못하고 하늘이 위에서 성내어도 내가 알지 못하여, 화란禍亂이 일어난 지 3년이 되었으니 내가 이제 와서 후회한들 어찌 돌리리.

아! 흉한 칼날이 지나는 곳에 백골이 산과 같고 천리가 텅 비어 민가의 연기가 끊어졌으니 칼날 아래 죽은 불쌍한 우리 백성이 몇 만 명이며, 유리流離하는 사람이 눈앞에 가득 찼으나 구휼할 방책이 없어 구덩이에 자빠지고 개울에 엎어져 서로 깔고 베개하였으니 굶어서 죽은 불쌍한 우리 백성이 몇 만 명인가?

살아 있는 자도 찔리고 상한 목숨은 굶주리지 않은 이가 없어 쓸은듯한 땅에 맨몸으로 서서 살아갈 수가 없는데도 토색질과 학대는 평소보다 배나 되고, 재물이 다 되었는데도 세금은 더 많으며, 힘은 점점 다해가는데 부역은 더 과중하니 불쌍한 우리 백성이 어찌 조정에서 부득이 한 조치임을 생각할 겨를이 있으리오.

아! 사내아이를 가지고 곡식과 바꾼다는 것을 옛말로만 들었는데 오늘날에 있어서는 사람들이 스스로 자식을 버리니 어찌하여 백성이 도적이 되지 않겠는가? 풀뿌리로 연명한다는 것을 옛말로만 들었는데 오늘에 있어서는 사람들이 서로 잡아먹으니 어찌하여 백성이 도적이 되지 않겠는가? 모두 나의 은택이 내려가지 아니하고 나의 어루만짐이 잘못되어 우리 백성으로 하여금 이 지경에 이르게 한 것이다. 말이 이에 미치니 하늘을 이고 땅을 밟을 면목이 없다. 내가 깊이 불쌍히 여기니, 그 아픔이 내 몸에 있는 것 같구나.

아마도 나의 명을 받든 사신이 교만하고 횡포하거나 지방을 지키는 수령들이 토색하여 우리 백성들이 이런 지경에 이르게 되었으니, 관원을 잘못 쓴 것도 역시 나의 죄이다. 백성은 나를 허물함이 마땅하니, 내가 어찌 사양하랴.

아! 우리 생민生民은 모두 나의 아들이니, 내가 비록 임금답지 못하나 어찌 차마 앉아서 보고 안정시킬 방책을 생각하지 아니하랴. 각 도의 민력民力이 이미 다

되었으니 일에 따라 진상進上, 지방의 특산물을 궁중에 바치는 것) 감면하고, 군사의 곤궁하기가 이미 극도에 달하였으니 과번過番한 자는 영원히 그 가포價布를 면제하겠으며, 지방의 수령이 이 어려운 때를 당하여 탐욕과 혹독함이 더욱 심하니 적발하여 엄중히 다스리겠으며, 군량과 쇄마刷馬의 일은 모두 색리色吏에 맡겼더니 원망이 길에 가득하였으니 재량해 변통하여 균일하게 하기를 힘쓰겠으며, 군사를 정예하기를 힘써야 하고 군사가 많기를 힘쓸 필요가 없으니 뽑혀 온 군사 중에서 정예하지 못한 자는 모두 제대시키고 소요스런 폐단이 없도록 하겠으며, 공에 대하여 상을 주는 것은 마땅히 때를 넘기지 않아야 할 것인데도 문서가 날로 쌓여 심사하기가 더디어 공을 세운 사람이 조정으로부터 상을 받지 못하게 되니, 감사가 즉시 보고하도록 하여 포상이 지체됨이 없도록 하겠노라.

백성의 곤궁함이 이때와 같음이 없어서 이미 거꾸로 매달린 듯한 원망이 극에 달하였으니 어찌 제거해야 할 폐단이 없겠느냐? 조속히 강구하여 백성이 평안하도록 힘쓰겠노라. 아! 무릇 우리 백성들은 나의 지난 허물을 용서하고 내가 장래에 새로워질 것을 허락하여 지금은 우선 참고 견디어 장차 태평할 때에 각기 생업을 편안히 하면 즐겁지 않겠는가? 이에 교시하노니 잘 알 것으로 믿노라.

그런데 선조의 〈애통교서〉 발표에도 불구하고 민생은 조금도 나아지지 않고 지방 관리들의 횡포와 수탈은 여전한 듯하다. 임금의 교서가 발표된 지 두 달 정도 된 1594년 5월 27일의 〈난중잡록〉을 살펴보자.

사람들이 서로 잡아먹는 것이 더욱 심하여 골육骨肉, 부모형제이 각기 힘들어서 길가는 사람 보듯 하였다. 내가 마침 성안에 이르렀을 때에 명나라 병사 한 사람이 술에 취하고 배가 불러 지나가다가 길 가운데서 구토를 하자, 굶주린 백성들이 일시에 달려가서 머리를 맞대고 주워 먹었는데 약한 자는 달려들지 못하고 물러서서 울기만 하였다. 명나라 도독 유정劉綎이 굶어 죽은 송장이 길에 쌓인 것을 보고 참혹히 여겨 구휼소를 동문 밖에 설치하니, 굶주린 백성이 구름처럼 모여들어 천백 명의 무리가 거기에 힘입어 조금 연명하다가 그 뒤에 모두 그 옆에서 죽었다.

1594년 6월 3일의 〈난중잡록〉일기도 참담하다.

전일에는 민간이 비록 궁색하였으나 혹 곡식을 저장한 사람이 있었으므로 소·말·잡물을 팔고 바꿀 곳이 있었고 또 관곡官穀을 내어 놓아 여러 곳에서 팔기도 하더니, 지금은 공사公私가 함께 고갈되어 시장에 한 되의 쌀도 없었다.

이때에 소와 말이 있는 자는 명나라 병사에게 팔았다. 이 때 명나라 병사가 하루에 수백 마리의 소를 도살하였으므로 사방 경내에 소·말·닭·개가 거의 다 없어졌다.

4부

팔도 의병장 김덕령

01

김덕령, 의병으로 나서다.

- 광주 충장사

광주광역시에 있는 충장로를 간다. 충장로는 임진왜란 의병장 김덕령 장군을 기리기 위하여 이름 지어진 거리이다. 금남로가 1980년 5월 광주 민주화운동을 상징하는 거리라면, 충장로는 원통하게 옥사한 김덕령의 한이 서린 곳이다.

1187번 시내버스를 타고 무등산 중턱에 있는 충장사를 간다. 홍살문을 지나 충장사를 들어가면서 안내판을 본다. 안내판에는 "이곳은 임진왜란 때 의병을 일으켜 국난을 극복한 의병장 충장공 김덕령 장군의 사우 및 묘역이다"라고 적혀 있다. 외삼문인 충용문을 지나니 익호문이다.

충용문은 선조가 김덕령 부대에게 내린 군호 충용군에서 유래한 이름이고, 내삼문인 익호문의 익호翼虎는 범에 날개가 났다는 뜻인데 세자 광해군

충장로 입구 길 바닥에 있는 충장로 표시

이 내린 군호에서 유래한 듯하다.

이어서 사당 앞에 선다. 충장사 사당에는 칼을 집고 앉아 있는 김덕령 장군의 영정이 있다. 영정 앞에서 향을 피우고 묵념을 하였다. 그리고 의병장 김딕령에 대하여 생각한다.

충장사 입구

충장공 김덕령金德齡 1568~1596. 그는 1594년 26세의 젊은 나이에 팔도 의병 총사령관이 되어 1596년에 이몽학의 난에 연루되었다는 이유로 원통하게 옥사한 비운의 의병장이다.

김덕령은 1568년 12월에 광주 석처촌지금의 광주광역시 북구 충효동에서 아버지 김붕변과 어머니 반씨의 3남3녀 중 둘째 아들로 태어났다. 그는 네 살 때에 작은 할아버지이고 환벽당 주인인 사촌 김윤제에게 공부를 배웠고 체구는 그리 크지 않았으나 용력이 뛰어 났다.

김덕령은 광주 석저촌石底村 사람이다. 용맹과 힘이 뛰어나서 달아나는 개를 쫓아가 잡아서 그 고기를 찢어서 모두 먹기도 하고, 말을 타고 달려서 작은 창문으로 한 칸 방에 들어갔다가 곧 말을 돌려서 뛰어 나오기도 하며, 누각 지붕 위에 올라가서 옆으로 누워 굴러서 처마를 타고 떨어져서 누각으로 들어가기도 하였다. 일찍이 대숲 속에 사나운 범이 있다는 말을 듣고 활과 창을 가지고 가서 박두樸頭, 고두리살로 먼저 쏘니 범이 입을 벌리고 쏜살같이 앞으로 달려들었다. 덕령이 창을 뽑아 대적하니 창날이 범의 턱 아래로 나와서 땅에 박히므로 범은 꼬리만 흔들고 감히 움직이지 못하였다. (《연려실기술》에서)

김덕령은 14세에 부친을 여의고 18세에 담양에 사는 이씨와 결혼을 하였다. 20세에는 형 김덕홍金德弘, 1558~1592, 매형 김응회와 함께 우계 성혼의 문하에서 수학하였다. 성혼은 송강 정철과 절친한 친구인데 그는 광주에서 선비들에게 강학한 적이 있었다.

1592년에 임진왜란이 일어나자 김덕령은 형 김덕홍과 함께 고경명 의병에 가담하였다. 고경명 부대가 전주에 이르렀을 때 형 덕홍은 덕령에게 말하기를, "노모가 집에 계시는데 아우 덕보만 혼자 있으니 우리 형제가 모두 나선다면 어머님을 모실 사람이 없게 된다. 나는 나라를 위하여 죽을 것이니 너는 돌아가서 어머니를 봉양하여라." 하였다.

김덕홍 입장으로서는 막내 동생 김덕보金德普, 1571~1627에게만 모친을 모시라고 하기에는 부담스러웠을 것이다. 김덕령은 형의 권고에 따라 광주로 귀향하였다. 그런데 김덕홍은 7월 10일 금산전투에서 고경명과 함께 순절한다.

한편 1593년 6월말에 진주성을 지키던 호남 의병장 김천일과 최경회, 고종후등이 순절하자 호남사람들은 또 한 번 실의에 빠졌다. 그러나 화순에서 최경회의 형 최경장이 중심이 되어 계의병이 일어났다.

8월에 어머니 반씨 부인이 별세하였다. 이 무렵 김덕령의 매형 김응회와 내외종간인 송제민은 먼저 국난을 생각하고 개인의 상사喪事는 나중이라고 하면서 김덕령에게 거병을 권유하였다. 그러나 김덕령은 형의 원수를 갚고 싶은 마음이 왜 없겠는가마는 지금은 모친 상중이니 의병으로 나설 수 없음을 토로한다. 이 때 아우 김덕보가 말하기를 "이같이 임금이 욕을 보고 있을 때에 마땅히 신하가 절개를 지켜야지 어찌 충을 펴는 것을 어렵게 여기십니까? 우리 형제가 마땅히 함께 국난에 나서야 하지만 여막

廬幕을 지킬 사람이 없으니 형님은 나라 일에 나서고 아우는 여막을 지키겠습니다."하였다. 이에 김덕령은 의병으로 나설 것을 결심한다.

10월에는 담양부사 이경린, 장성현감 이귀가 김덕령에게 의병으로 나설 것을 권유하였다. 담양부사 이경린은 김덕령의 제종숙인 김성원, 매형 김응회, 장인 이대록과 친분이 있었고, 장성 현감 이귀는 우계 성혼의 문인으로 김덕령과는 동문이었다.

드디어 김덕령은 1593년 윤 11월에 담양에서 의병을 일으킨다.
윤 11월 4일자 〈난중잡록〉에는 김덕령의 격문이 실려 있다.

광주 상인喪人 김덕령은 도내 각 고을의 여러 군자君子에게 공경히 고하나이다. 요사이 보건대, 흉악한 적이 이미 서울에서 나와 영남 변두리에 벌떼처럼 주둔하여 변경의 성보城堡에 멧돼지처럼 돌격하여 날로 미친 짓을 방자히 하매, 관군이 패배하고 의병도 또한 움츠러져서 군사를 멈추고 보기만 하고 무찔러 이기려는 뜻이 없으니 위엄을 상실하고 적을 길러줌이 이보다 심할 수가 없습니다. (중략)

김덕령은 처음부터 소탈한 바탕으로 뜻은 갓끈을 청하는 데 간절하였습니다. 변란이 일어난 처음에 나라에 몸을 던져 감히 조그마한 힘이나마 바칠 생각이었으나, 늙은 모친이 병이 들어 서산에 지는 해와 같았으므로 마지막으로 봉양할 정이 간절하여 차마 뿌리치고 나설 수 없어 두 해를 집에 엎드려 있으면서 칼을 어루만지며 동쪽을 돌아볼 뿐이었습니다. 이제 어머니가 돌아가시어 자식으로서 믿을 데가 없고, 국가에 일이 많으니 신하로서 절개를 다하고자 합니다.

다행히 담양부사 이경린을 만났더니, 그는 종실宗室의 후손으로 일찍이 나라 위해 적을 칠 뜻을 품은지라, 나의 헛된 이름을 듣고 전구戰具를 준비해 주면서 국난에 임하기를 권하므로 두 번이나 사양하다가 마침내 애통한 정을 끊어 상복을 벗고 사세에 따라 군중軍中으로 나왔나이다. (중략)

손으로 칼을 휘두르며 몸에는 갑옷을 걸치고 위엄을 기르며 날랜 기운을 쌓아서 범의 굴을 바로 더듬어 백성의 분을 조금이나마 풀어 주고 칠묘七廟 임금의 종묘의 수치를 씻으려 하오니, 오직 바라건대 먼 데나 가까운 데서 협력하여 위태한 나라를 붙드는 지극한 계책을 함께 마련합시다.

지금 충심衷心을 밝혀서 고하오니, 각 읍의 장사 중에 혹시 나를 따를 이가 있을는지요. 아! 2백 년 동안 기르고 가르친 나머지, 분에 겨워 순국殉國할 선비가 없을 것인가. 몸을 버려 국난을 구제해야 할 때가 이때입니다. 소매를 떨치고 단壇에 오름을 어찌 늦추리오! (중략) 지금 7도가 병화兵禍를 입지 않은 데가 없는데 오직 우리 호남만이 도륙을 면하였으니, 회복할 일맥이 여기에 있는데 근래에 물자가 거의 없고 민생이 곤궁하여 병화를 겪은 것이나 다름이 없으니, 이때에 적이 이른다면 누가 다시 막아내리오! (중략)

원하노니, 각 읍의 선비들은 주저하지 말고 분발하는 기운을 배나 더하여 서릿발 같은 창날과 철기로 우레처럼 굴리고 바람처럼 몰아쳐 간다면 남은 적들이 반드시 흙처럼 무너지고 와해될 것이며, 칼날에 피 묻히기를 기다릴 것도 없이

충장사 사당

죽기를 기다릴 것이니, 비수淝水의 공을 오늘에 세울 수 있고, 전연澶淵의 승리를 불시에 얻을 수 있을 것입니다. (중략)

거사할 것은 아래와 같이 조목을 나열하니, 이 격문이 도착하거든 자세히 생각하여 힘쓸지어다. 또 군사는 정예하기를 힘쓰고 많기를 힘쓰지 않는 것이니, 오중 장사吳中壯士 천 여 명을 얻어 함께 가기를 원하나이다.

● 답사할 곳 ●

* 충장사 : 광주광역시 북구 금곡동 1023 전화번호 062-266-6355

02

광해군, 김덕령에게 익호장군 칭호를 내리다.

1593년 윤11월에 광주 유생 김덕령이 담양에서 의병을 일으키자 호남 각지에서 의병들이 구름같이 몰려들었다. 한 달 만에 군사가 3천 여 명이나 모였다. 담양부사 이경린과 장성현감 이귀도 김덕령을 적극 도와주었다. 관내의 병역기피자들을 색출하여 의병에 편입시키었고, 전쟁 물자를 많이 지원하여 주었다. 지역 유지들도 적극 도왔다. 송제민은 제주도까지 가서 말을 가져왔으며, 기효증은 김덕령 의병의 도유사가 되어 각 지방에 통문을 보내어 양곡을 모았다. 함재 기효증은 퇴계 이황과 사단칠정논변을 한 성리학자 고봉 기대승의 장남으로서 임진왜란이 일어나자 의주로 양곡을 싣고 가서 선조 임금을 배알하고 벼슬을 받기도 하였다.

김덕령의 친척인 김응회, 이인경, 김언욱, 김존경, 김덕휴도 적극적인 역할을 하였다. 김응회는 김덕령의 매형으로 성혼 문하에서 같이 공부를 하였고 강항, 안방준과도 교류하였는데 김덕령 군대의 핵심 참모역할을 하였다. 이인경은 김덕령의 손위 처남으로 김덕령 군대의 군관으로 활약하였다. 칼에는 진충보국이라는 네 글자를 새기고 적진을 공격하는데 검술이 변화무쌍하였다. 김언욱은 김덕령의 고종사촌으로 김덕령 군대의 핵심참모였고, 김존경은 김언욱의 아들로 문장이 뛰어나 문서 작성과 전령 업무를 담당하였다. 김덕휴는 김덕령의 사촌동생인데 김덕령의 비서실장 역할을 하였다.

당시에 조정에서는 각 도에 유능한 인재를 장수로 천거 하라는 선조 임금의 하명을 내렸다. 명나라가 일본과의 강화교섭을 이유로 철병하려는 움직임이 가시화되자 조선군의 보강이 절실하였기 때문이다. 담양부사 이경린과 장성현감 이귀는 전라감사 이정암에게 김덕령을 장수로 추천하였다. 장성현감 이귀는 김덕령을 천거하는 글에서 "김덕령은 포승줄로 호랑이를 잡고 공중을 날아다니며, 지혜는 제갈공명과 같고 용맹은 관운장보다 낫다."고 극구 칭찬 하였다.

1593년 12월 13일에 전라감사 이정암은 김덕령을 장수將帥로 조정에 추천하는 장계를 올린다. 선조실록을 읽어 보자.

전라감사 이정암이 김덕령의 재주가 뛰어나니 군사를 책임지울 것을 청하다

전라도 관찰사 이정암이 치계하였다.

"전일 삼가 받든 유지有旨에, 행오行伍 가운데 장재將才가 있어 쓸 만한 사람이 있는지 다방면으로 알아보라고 하셨습니다. 이제 담양 부사 이경린의 첩보를 보건대, 부내府內에 거주하는 교생校生 김덕령이 젊어서부터 용기가 뛰어나 한 고장이 모두 탄복하였는데 이제 장재를 발탁함에 있어 이 사람보다 나은 사람이 없지만, 지금 상중喪中이라 응모하기가 어렵다는 내용이었습니다. 그래서 신臣이 담양에 이르러 김덕령을 불러 만나보고 기복起復하여 종군함으로써 국가의 위급함을 구제하도록 권면하였던바, 이제 바야흐로 의병을 모집하고 있는데 원근이 다투어 붙좇는다고 합니다. 따라서 동지 수백 명을 모집하게 되면 적의 예봉을 꺾고 진鎭을 함몰시키기 위해 일대 결사항전을 벌일 결심이라고 합니다. 그 뜻이 매우 가상하니 이런 사람은 특별히 조정에서 면려 표창하여 그 공효를 책임지우소서. 그리고 군량과 병기 등의 물품도 사적으로 마련하기는 어려울 것이니 각 고을에 비축되어 있는 것 가운데서 숫자를 헤아려 제급題給하게 하소서."

(선조실록 1593년 12월 13일)

전라감사 이정암의 치계를 읽어 보면 다음 세 가지 사실을 알 수 있다. 첫째 장계의 맨 앞머리에 있는 '전일 삼가 받든 유지有旨에, 행오行伍 가운데 장재將才가 있어 쓸 만한 사람이 있는지 다방면으로 알아보라고 하셨습니다."이란 기록을 보건대, 조정에서는 이미 각도에 왜적에 대항하여 싸울 장수를 추천하라는 하명이 있었음을 알 수 있다. 둘째 전라감사 이정암은 담양에서 김덕령을 직접 만나보고 김덕령을 장수로 추천할 만한 인물이라고 생각한 점이다. 의병장으로 나선 김덕령을 좇아서 원근에서 의병이 많이 몰려든 점도 그를 조정에 추천한 요인이 되었다. 셋째 조정에서 군량과 병기 등을 지원하고 군사를 면려 표창하여 사기를 북돋아 줄 것을 요청한 점이다. 이 점은 기존의 의병이 정부의 지원을 받지 않고 자생적으로 활동한 것과는 차이를 보인다. 명나라가 철군하는 마당에 조정은 주도적으로 군사를 모집하여야 할 상황이었다. 따라서 김덕령 의병도 조정의 지원을 받게 된 것이다.

한편 12월 22일에 김덕령은 담양부사 이경린의 주선으로 전라도 삼례에서 세자 광해군을 만나게 된다. 당시 광해군은 무군사를 이끌고 군인과 백성들을 위로하고 장수를 모집하기 위하여 전주로 내려오는 중이었다. 광해군을 수행한 병조정랑 조응록의 〈죽계일기〉에는 이 장면이 이렇게 기록되어 있다.

> 내가 담양부사 이경린을 임시 거처하는 곳에서 만났다. 김덕령이 철갑 차림에 장검을 잡고 들어왔다. 갑옷은 무게가 천금이나 됨직하여 여러 사람이 들 수 없으니 옛날 정지 장군의 갑옷이라고 한다. 그리고 장검도 그 길이가 여덟 자나 되어 여러 사람이 휘두를 수 없었는데, 김장사는 마치 작은 칼을 다루듯이 하였으니 정말 장군이었다.

12월 27일에 광해군은 전주에서 과거시험을 주재하였다. 시험은 문과와 무과시험이었다. 문과 시관은 좌의정 윤두수, 호조판서 한준, 세자 우빈객 이항복, 문학 유몽인 등이었고, 무과 시관은 좌참찬 이산보, 동지사 박진, 훈련원 첨정 정사시, 병조정랑 조응록 등이었다. 전주 과거시험에서는 문신 11인과 무신 1천 6백 인이 뽑히었다. 한편 도원수 권율도 무군사의 명령을 받들어 경상도 합천에서 무과시험을 치러 무인 9백 명을 뽑았다.

전주 무과시험에는 만 여 명에 달하는 무인들이 모여들었다. 무과 시험이 실시되기 전에 광해군은 김덕령에게 시범을 보이도록 하였다. 조응록의 〈죽계일기〉에는 이렇게 적혀 있다.

> 나는 일찍이 무과 시험장으로 갔다. 여러 시관들이 서로 앉아 있었다. 얼마 후에 세자께서 문과 시험 장소에 시제試題를 달아 놓고 무과시험 장소에 와서 앉으셨다. 세자는 김덕령을 불러 궁중에서 쓰는 말인 내구마 한 필을 내려 주며 재주를 시험케 하니 김덕령이 몸을 솟구쳐 말을 타고 가히 쓸 만함을 보였는데 참으로 장관壯觀이었다.

익호문. 충장사의 내삼문이다.

이 때 김덕령이 보인 무술 시범은 아마도 그가 잘 썼다는 철퇴를 비롯하여 말 타고 활쏘기, 창과 검 다루는 솜씨였을 것으로 생각된다.

광해군은 김덕령의 무술 시범을 보고 매우 흡족해 한 것으로 보인다. 곧바로 김덕령에게 익호장군翼虎將軍이라는 칭호를 내렸다. 익호란 날개를 단 호랑이라는 의미이다. 이제 광해군의 비호庇護를 받은 김덕령은 뭇 사람들로부터 주목받은 젊은 장수가 되었다.

광해군을 만난 김덕령은 다시 담양으로 돌아간다. 이즈음 김덕령 의병은 담양의 금성산성과 장성의 입암산성에서 열심히 군사훈련을 하고 있었다. 담양에 도착한 김덕령은 도원수 권율에게 그간의 경과와 군사상황을 보고 하였다. 이 보고를 받은 권율은 김덕령에게 초승군超乘軍이란 표장標章을 내린다. 초승이란 "군사들이 날래어 말에서 내렸다가는 다시 뛰어서 탔다."는 의미로 마치 몽고 기마병을 연상하게 한다.

03

선조, 김덕령 의병에게 충용이란 군호를 내리다.

1593년 12월 29일에 병조판서 이덕형은 조정에 급박한 전쟁 상황을 보고한다. 그는 명나라 장수 오유충, 낙상지등이 이미 철병하여 경주가 위태롭고 장차 왜군들이 크게 날 뛸 것을 걱정한다. 이 시기에 명나라 장수 낙상지는 경주에서, 송대빈은 삼가로부터 군사를 철수하여 명나라로 돌아간 상황이었다. 이어서 이덕형은 김덕령의 용맹을 언급하면서 김덕령에게 한 지역의 방어를 맡길 것을 건의한다.

"신이 어제 저녁에 소응충을 만나서 '오유충과 낙상지 두 장수가 무슨 이유로 돌아갔으며 유정이 돌아가도록 허락한 것인가?'고 물었더니, 그가 답하기를 '석성에게서 남쪽 병사들이 오랫동안 노고가 많았다는 이유로 철병하라는 문서가 왔었다. 그러므로 각 군대가 황급히 돌아갈 마음을 품고 흩어져 팔거八莒로 돌아왔는데, 이에 대해 유정이 고민했을 뿐이 아니라 오 · 낙 두 장수도 고민하였으나 금지시킬 수가 없었다.' 하였습니다. 신이 '전라도는 진주가 공고해야 하고 강원도는 경주가 보장이다. 그런데 적이 이미 진주를 함몰시키고 근래 또 경주를 침범하고 있다. 우리나라는 왜적을 막는 데 있어서 오직 명군만을 믿을 뿐인데 명군이 하루아침에 모두 철병하여 왜적이 멋대로 짓밟게 하니 유정은 이를 알고나 있는 것인가?' 하니, 답하기를 '유정도 어찌할 수가 없었다. 각 군대가 이미 돌아갔으니 5천명의 군대로 어떻게 홀로 팔거를 지킬 수가 있겠는가.'하였습니다. 명군이 돌아가고 부터 왜적이 경주를 침범한다면 죽령 이하와 강원도 연해에는 적을 막을 준비가 전혀 되어 있지 않습니다. 조속히 여러 장군들에게 명령하여 정병을 보내어 방어하게 하소서.

그리고 김덕령의 군대가 거의 3천여 명이나 되는데 기마병이 날래고 건장하여 군용軍容이 매우 성대하다고 합니다. 그런데 아직 장수로 임명되지 않았습니다. 관원을 파견하여 군용을 살펴보고 호령을 시행하여 스스로 일면을 감당하게 하소서. 감히 아룁니다." 하였다. (선조실록 1593년12월 29일)

병조판서 이덕형의 보고를 받자 비변사는 매우 다급하였다. 즉시 선조에게 대책을 보고한다.

"삼가 이덕형의 계사啓辭를 보니, 명군의 철병이 실로 허언이 아니었습니다. 명군이 이미 돌아갔으니 민심이 더욱 동요될 것이 틀림없습니다. 이는 진실로 큰 걱정입니다. 대저 명군은 모두 돌아갈 생각뿐이어서 전투에 마음이 없는 지 오래 되었습니다. 일이 이미 이 지경에 이르렀으니, 조정의 호령이 한 장 종이 문서에 불과할 뿐이고 각처에 사명을 띠고 나간 신하들도 한 결 같이 건성으로만 할 뿐,

분연히 일을 담당하고 나서는 사람이 없기 때문에 신들은 걱정스럽기 그지없으나 조처해야 할 방책을 모르겠습니다.

김덕령 군대의 군용이 매우 성대하다는 것은 신들도 들었습니다. 전에 들은 바에 의하면 김덕령이 권율에게 군호를 청하였는데 권율이 초승장으로 호칭하게 했다고 합니다. 초승이라는 호칭은 별로 근거할 데가 없으니 조정에서 새로 호칭을 내리고 또 한 명의 관원을 보내어 그 군중에 나아가 위무, 전장에 달려가 공을 세우도록 충의를 격려하는 것이 마땅하겠습니다." 하니, 상이 모두 따랐다. (선조실록 1593년 12월 29일)

이어서 비변사는 선조에게 김덕령의 군대를 충용군이라 칭하고 기치旗幟를 내릴 것을 청한다.

비변사가 아뢰기를, "김덕령의 군대에 충용군忠勇軍이라는 호칭을 내릴 것으로 이미 계하하였습니다. 비록 교서教書를 내린다 해도 군중이 보고 격동하는 데는 기치旗幟만한 것이 없으니 호기號旗 하나를 만들어 교사충용군教賜忠勇軍이라는 다섯 글자를 크게 써서 권협으로 하여금 이를 가지고 가서 하사하게 함으로써 조정에서 특별히 표창하는 뜻을 보이소서. 명나라에서도 장관將官에게는 영기令旗를 내려, 보고 듣는 이들로 하여금 명령이 조정에서 나왔다는 것을 분명히 알게 하였으니 이 예에 따라 기치를 내리는 것이 온당하겠습니다." 하였다.

그런데 선조는 김덕령이 어떤 사람인지 잘 모르겠고, 그가 공훈도 없음을 들어 군호와 기치 내리는 일을 다시 한 번 상의하여 시행하라고 한다.

김덕령은 어떤 사람인지 모르겠다. 사람들이 그에 대해 말하고 있지만 우리나라는 인심이 본디 경박한데 어찌 조정에서 경솔히 믿을 수 있겠는가. 그리고 그가 아직 공을 세운 일이 없으니 중대한 거조에 신중을 기하지 않을 수 없다. 다시 상의하여 시행하라.(선조실록 1593년12월 30일)

선조는 비변사의 보고를 받기 전에 미리 김덕령에 대하여 알아보았던 바, 그리 만족스럽지 않았던 것 같다.

선조가 "김덕령은 용맹이 어떠한가? 특별히 지략으로 이름난 것은 없는가?" 하니, 유성룡이 아뢰기를, "지략에 대해서는 듣지 못했습니다. 연소한 사람으로 나이가 28세라 합니다."하였다.

(선조실록 1593년 12월 4일)

이틀 후에 다시 비변사는 선조에게 군호라도 내릴 것을 건의한다. 1594년 1월 1일에 선조는 드디어 김덕령의 군대에 충용군 군호를 내린다.

비변사가 아뢰기를, "김덕령의 군대에게 기치旗幟를 내리는 일은, 그 거조의 중대함이 실로 성교聖教와 같습니다. 덕령의 인품이 어떠한지는 모르겠습니다만 도내의 정예롭고 용맹한 무사들의 태반이 그에게 귀속하였으므로 모여 있는 군대가 상당히 많으니 조정에서 명령을 내려 준행하게 해야 할 것입니다. 그러나 아

충용문, 충장사의 외삼문이다

직 공을 세우지 못했으니 다시 신중히 그의 공효를 살피는 것이 마땅하겠습니다. 따라서 군호軍號만 내리고 기치를 내리는 일은 다음에 조처하는 것이 온당하겠습니다." 하니, 상이 따랐다.

이어서 선조는 선전관 권협을 보내어 김덕령 의병에게 충용이란 군호를 주면서 교지敎旨를 내린다. 선조가 의병장에게 군호를 주면서 교지를 내리는 일은 정말 이례적인 것이었다. 그만큼 김덕령에 대한 선조의 기대가 컸음을 알 수 있다. 〈난중잡록〉에 기록된 교서를 읽어보자.

왕은 이렇게 이르노라. 아! 내가 생각하건대, 예로부터 위태로울 때에는 반드시 충성을 품고 의를 지키는 선비가 나와서 세상에 쓰임이 되어 분연히 힘을 쓰고 공을 세워 위태로움을 돌려서 편안하게 만들 수 있었다. 지금 왜적이 날뛰어 해가 지나도록 물러가지 않아서 위로는 종묘사직을 지키지 못하여 궁궐이 잿더미가 되었고, 아래로는 백성들이 죽어 해골이 들판에 가득 찼으니, 무릇 이 강토에 사는 백성 중에 어느 누가 부모 형제의 원수인 왜적과는 함께 살지 않겠다고 맹세하지 않겠는가마는, 아직 한 사람도 팔을 걷어붙이고 의를 일으켜서 앞장서서 공을 이루는 이는 없었다. 이 때문에 나는 밤낮 개탄하여 자리에 바로 앉지 못한 지가 오래였더니, 전라순찰사 이정암의 장계狀啓를 보니 네가 순국할 정성이 있어 적을 토벌하는 뜻을 비추고 시골에서 군사를 모아 적진을 바라보고는 분노하여 눈가가 찢어지며 한 자의 칼을 짚고 말 위에 뛰어 타매, 이를 알고 짐은 용기가 백배 나는구나. 옛말에, "뜻이 있는 자는 일이 마침내 이루어진다." 하였으니, 이는 어찌 절로 나오는 충의의 마음을 분발하고 조종의 길러준 덕택에 감동되어 세상에 쓰임이 되어 힘을 내는 자가 아닌가.

짐은 너의 뜻을 깊이 가상히 여겨 특별히 충용이란 군호를 내리며, 신하를 보내어 가서 너의 군사를 위무하고 너의 충성 바치는 뜻을 표창하노니, 너는 마땅히 훈계하는 명령을 받아서 군사의 마음을 격려하고, 창과 갑옷을 정돈하여 범처럼 달리고 번개처럼 나가서 원수의 지휘를 받아서 왜적을 섬멸하여라. 공을 세운다면 벼슬과 상을 너에게 아끼지 않을 것이며, 너희 부하들도 그 공로에 따라서 벼슬과 상을 함께 받으리니, 너는 힘쓸지어다. 이렇게 교시하노라.

04

김덕령 부대, 경상도로 향하다.

충용장 군호를 받은 김덕령은 곧바로 서울로 가서 선조의 소명을 받아야 하였다. 그런데 김덕령은 무군사의 명을 받아 경상도로 떠난다. 세자 광해군을 따라 전주에 내려와 있던 좌의정 윤두수가 영남의 전선이 위태하니 김덕령의 군대를 경상도로 보내겠다고 보고하였기 때문이다.

좌의정 윤두수가 【무군사에 있었다.】 치계하기를,

"(전략) 삼가 선전관이 가지고 온 유지를 보았습니다. 용병用兵은 국가의 대사인데 신들은 모두가 서생書生이니 어떻게 감히 자신의 의견을 고집할 수가 있겠습니까. 양도兩道의 감사에게 이문移文하여 단지 방수병防守兵 4천 명을 나누어 의령과 경주 등지로 들여보내어 유리한 형세를 이용하여 적의 소탕을 돕게만 하였습니다. 그리고 근일 김덕령이 와서 동궁을 배알하였는데 급히 상경하여 소명에

응하려 하였으나 영남의 사세가 매우 급박하니 부득이 전진戰陣으로 보내고자 합니다." (선조실록 1594년 1월 2일)

김덕령 역시 전쟁터로 달려가는 것이 시급함을 선조에게 상소한다.

충용장 김덕령이 상소하기를, " 전하의 소명이 갑자기 내릴 줄이야 어찌 생각이나 했겠습니까. 황공스러워서 어찌할 바를 모르겠습니다. 신은 서울로 출발하려 하였습니다만 뜻밖에 명군이 철병함에 따라 적세가 매우 급박하게 되었으므로 무군사에서 신에게 영남으로 달려가서 한편으로는 싸우고 한편으로는 지키게 하였습니다.

신이 생각하건대, 군명에 급히 달려가는 것이 신하의 도리이지만, 바로 전진戰陣으로 달려가 군기軍機를 그르치지 않는 것도 신하의 직분이기에 즉시 소명을 받들어 달려가지 못하였으니 신의 죄가 큽니다. 삼가 성명聖明께서는 특별히 그 죄를 용서하시고 공효를 책임지우시면 매우 다행이겠습니다." (선조실록 1594년 1월 3일)

이 무렵에 비변사는 김덕령에게 벼슬을 내릴 것을 선조에게 청한다. 선조는 1594년 1월 5일에 김덕령을 선전관에 제수한다. 이어서 호조좌랑 벼슬도 내린다. 조정으로부터 벼슬을 두 개나 받은 김덕령은 더욱 막중한 책임을 느낀다.

1월 6일에 김덕령은 장성 임암산성과 담양 금성산성에서 훈련하고 있는 군사들을 모두 담양 추성관으로 모이게 하였다. 그리고 김덕령 군대의 행군 경로를 각 관청에 보내었다.

〈난중잡록〉과 〈연려실기술〉에 기록된 김덕령군의 행군 경로는 "담양에서 출발하여 순창 · 남원 · 운봉 · 함양 · 산음 · 단성 · 삼가 · 의령 · 함안 · 창원 · 김해 · 동래 · 부산 · 동해 · 대마도를 거쳐 일본 오사카로 향한다."는 것이었다.

이 행군로를 보면 김덕령은 왜군 본진이 있는 부산을 단숨에 되찾고 대마도를 정벌하고 나서 도요토미가 있는 일본 오사카까지 진격한다는 것이다. 이 얼마나 웅대한 포부인가! 뜻이 원대하고 사기가 충천한 20대의 젊은 의병장 김덕령이 아니면 그 누가 이런 노정路程을 계획할 수 있을 것인가? 김덕령의 기개가 한껏 드러나는 대목이다.

이윽고 김덕령은 영남의 각 관청과 선비들에게 격문을 보낸다. 격문 첫머리는 나라가 위태로운 상황에서 김덕령이 의병으로 나서게 된 경위가 적혀 있고, 본문에는 1월 22일을 기하여 출병함을 알리고 경상도가 가장 전화戰禍를 많이 당하고 있음을 안타깝게 여기면서 왜적 소탕에 전력을 다할 것임을 맹세한다. 마지막 부분은 경상도의 선비와 장정들이 왜적 소탕에 도와줄 것을 부탁한다.

선비 백성들이여! 귀 도道는 본시 절의를 숭상하였으니 지금 이 왜적을 치는 일에는 사부士夫들이 반드시 응모하는 이가 있을 것입니다. 각 고을에서 충후忠厚하고 부지런하고, 일 잘 보는 사람을 선택하여 다소를 따라 각기 유사有司를 정하여 혹 용사를 불러 모으고 혹 말꼴馬芻을 쌓아 놓고 혹 늙고 약하고 전장에 나가지 못한 자를 모집하여 군량을 운반하게 할 것입니다. 여러 군자들은 각기 노력하여 잘 조처하고 계획해 주기를 원합니다. (김덕령의 격문에서)

이렇게 노문路文과 격문檄文을 띄운 충용장 김덕령은 담양에서 보름 정도 머물면서 군사를 재편하고 의병을 추가 모집하였다. 이 시기에 해남 현감 위대기와 군산만호 이세침이 김덕령 군에 합류하였고, 김덕령의 측근 김응회와 김언욱이 벼슬을 받았다. 위대기는 장흥사람으로서 일찍이 권율의 비장이 되어 이치 전투에서 명성을 휘날린 용장이었다.

무군사가 치계하기를, "광주 사람 김덕령은 용맹이 절륜하고 지혜가 뛰어납니다. 지금 상중喪中에 있으면서 모집한 의병이 이미 1천명에 이르렀는데 이들은 모두 곡식을 바치고 징병에 누락되었던 사람들입니다. 동궁께서 만나보고 재주를 시험한 뒤로는 원근에서 의병들이 날마다 모여들고 있으니 이 기회를 놓칠 수가 없습니다.

해남 현감 위대기는 백성을 다스리는 데는 부족하지만 적을 죽이는 데는 능한데 김덕령을 따라가 공 세우기를 바라고, 군산 만호 이세침도 따라가려 하니, 이 두 사람의 본직本職을 체차시켜 김덕령에게 합류시키는 좋겠습니다.

그리고 전 별좌 김응회와 전 찰방 김언욱은 모두 김덕령과 절친한 사람들로 당초 의병을 모집할 적에도 이 두 사람의 도움을 받아 일을 시작하였습니다. 그런데 지금은 김덕령이 동궁에게 익호장군이라는 호칭을 받아 관군이 되었기 때문에 두 사람이 모두 물러가려고 하여 사세에 지장이 생기었습니다. 이 두 사람에게 모두 처음 입사入仕하는 자의 직을 제수하고 막하에서 종사하게 하는 것이 온편하겠습니다." 하였는데, 비변사가 회계하기를, "모두 이 장계대로 시행하게 하도록 하소서." 하였다. (선조실록 1594년 1월 5일)

드디어 1594년 1월 22일, 김덕령 부대는 담양을 출발한다. 이들은 순창에서 하룻밤을 자고 다음날 남원에 도착하여 광한루에 진을 쳤다. 김덕령군은 이곳에서 매일 군사 훈련을 하였다. 수 천 명이 한꺼번에 하는 훈련은 정말 장관壯觀이었다. 이 훈련은 10여 일 동안 계속되었다. 이즈음에 김덕령은 임실 출신 최담령崔聃齡을 별장으로 삼는다. 최담령은 황금 보기를 돌 같이 한 최영 장군의 후손으로 담략이 있었다. 김덕령과 최담령 두 사람은 기개가 뛰어나서 사람들은 그들을 2령군二齡軍이라 불렀다. 광한루 앞에 밤나무가 많이 있어 군진 치기에 크게 불편하였는데 두 사람은 한 칼로 이를 베어 내고 말 달리는 훈련장으로 만들었다.

남원에 머무르는 동안에 김덕령 지휘부는 경상도 남해안에 성을 쌓고 웅거해 있는 왜군을 무찌르기 위한 토론을 활발하게 하였다. 이 토론에서 경상의병장 곽재우와 연대를 모색하자는 의견도 나왔다. 김덕령은 곽재우에게 서신을 보낸다. 김덕령보다 나이가 16살이나 많고 전투 경험도 많은 홍

충장사에 있는 김덕령 영정

의장군 곽재우는 당시에 상주목사 겸 조방장에 제수되어 삼가에 있는 악견산성을 수축하고 있었다. 김덕령의 편지를 받은 곽재우는 답신을 한다. 곽재우의 편지를 받자, 김덕령은 다시 답신을 보낸다. 이 편지에서 그는 곧 대오를 정비하여 경상도로 들어가 곽장군의 지휘를 받겠노라고 한다.

2월초에 조정에서는 1593년 12월 27일 전주 무과시험에서 합격한 무인들을 김덕령 군대에 소속시킨다. 이들은 의병들을 조련하는 장교 역할을 수행하였다. 해남현감 위대기와 군산만호 이세침에 이어 무과 급제자까지

서울 용산 전쟁기념관에 있는 김덕령 부조

김덕령 군대에 합류하였으니 김덕령의 군대는 의병이라기 보다는, 관군과 의병의 연합부대라고 하는 편이 더 낫다.

마침내 2월 7일에 김덕령 군대는 경상도 함양에 도착한다. 먼저 김덕령은 도원수 권율 막하에 가서 도착 보고를 하고 왜적을 토벌할 계책을 논의한다. 이후 김덕령군은 2월 27일에 산음지금의 산청에 주둔한다.

05

충용장 김덕령, 팔도 의병 총수總帥가 되다.

1594년 2월 7일에 김덕령 부대는 경상도 함양에 주둔한다. 이 시기에 왜적은 경상도에서 날로 치성하여 거제, 진해, 함안 등지에서 노략질을 하고 있었다. 조정에서는 김덕령에게 진해·고성의 경계에 머물면서 왜적을 방어하도록 명령을 내린다.

이에 따라 김덕령의 별장인 최강1559~1614이 고성에 나아가 왜적을 무찌른다. 오희문의 〈쇄미록〉에는 최강이 고성에서 왜적 90여명을 죽이고 창원에서 왜적 20여명을 참획하는 전과를 거두었다고 기록되어 있다. 최강은 고성 출신으로 1585년에 무과에 급제한 뒤 임진왜란이 일어나자 형 최균과 함께 고성에서 의병을 일으켰다. 그는 김시민과 합세하여 제1차 진주성 싸움에서 공을 세웠고, 김해에서 웅천으로 가려는 왜군을 격퇴하였다.

이어서 김덕령 군대는 2월 27일부터 산음에 주둔한다. 경상도에서 머무른 지 한 달이 되자 김덕령 군대는 군량 부족에 시달린다. 3월초에 김덕령은 군량이 부족하니 호남 군사로 벼슬한 자 이외는 농업에 종사시킬 것을 조정에 요청한다.

충용장 김덕령이 치계하였다.

"신이 처음 일을 시작할 때는 동지 몇 명을 불러 모아 한 장수의 선봉이 되고자 하였을 뿐인데 뜻밖에 상께서 장수의 호칭을 내려 주시고 모여 있는 군사를 위무慰撫해 주시니 신이 감당할 수 없어 밤낮으로 두렵고 민망합니다.

무군사에서는 광주·담양·장성 등 3읍邑에 이 군인들의 군량과 군기軍器를 전적으로 위임하였습니다. 이 군대의 현재 병력이 3천여 명이나 되는데 군량을 보급하는 일을 유독 3읍에게만 맡기니 연이어 운송하기가 매우 어렵습니다. 신의 어리석은 생각으로는 호남 군사 중에서 벼슬한 자 이외에는 모두 귀농할 것을 허락하여 농사일을 알차게 하고, 영남에서 정병 수천 명을 뽑아 인솔하여 적을 토벌한다면 전쟁에 유리할 뿐 아니라 국가의 구황 정책에 있어서도 편리하고 보탬이 될 것입니다.

신이 뜻을 결정하여 전진하고 싶으나 지금 군량이 떨어졌으니 어쩔 수 없이 대군을 흩어 보내고 별도로 5백여 명을 뽑아 여러 장수가 있는 곳으로 나아가 주둔하고서 적의 형세를 탐지하여 살펴가며 아울러 복병을 매복하려 하는데, 군량만 계속될 수 있다면 흩어 보낸 군사를 다시 모아 한 차례 결사전을 치를 계획입니다."

(선조실록 1594년 3월 2일)

당시에 김덕령 부대는 광주, 담양, 장성 3곳에서 군량을 조달 받았다. 그런데 군사 3천명을 먹여 살리기에는 군량이 턱없이 부족하였다.

사실 군량 부족은 김덕령 군대에 국한된 것이 아니었다. 백성들이 기아에 허덕이어 길거리에 죽은 자들이 넘쳐나고, 군사들도 군량 부족으로 힘들었다. 심지어 군량을 제대로 대어주지 않아서 영남의 군사들이 많이 굶어 죽는 일도 발생하였다. 이런 와중에도 백성에게 고혈을 뽑아서 굶주린 백성으로부터 원성을 사고 있는 일선 관리들이 부지기수였다. 참, 어처구니가 없다.

이런 군량 부족의 심각성을 깨닫고 병조는 선조에게 앞으로는 군인을 징발하지 말고 농사나 잘 짓게 하면서 위급할 때 군인을 징발하도록 건의하여 곧바로 재가를 받았다.

이어서 조정은 각 군에서 자체적으로 군량을 조달하도록 둔전屯田 설치를 허용한다. 이런 조치로 김덕령 부대도 숨통이 트이었다.

1594년 4월 12일에 김덕령 부대는 진주로 군진을 옮긴다. 그리고 진주 월아산 아래 대여촌지금의 진주시 금산면 가방리 관방마을 들판에 진을 치고 둔전을 설치한다. 군인들은 식량의 자급자족을 위하여 농사를 지었다. 또한 장기전에 대비하여 목책을 설치하고 제무소를 만들어 칼과 창 등의 무기도 제조하였다.

한편 1594년 4월에 선조는 각도의 모든 의병을 혁파하여 김덕령 의병에 통합시키고 김덕령을 의병 총수로 임명한다.

여러 도諸道의 의병을 혁파하고 충용장 김덕령에게 소속시키도록 명하였다. 김덕령은 진주에 머물러 있었는데, 군량이 떨어지고 무리가 흩어졌으므로 점점 군용軍容을 이루지 못하게 되었다. (선조수정실록 1594년 4월 1일)

김덕령이 팔도 의병 총수가 됨에 따라 임계영의 전라좌의병, 변사정의 적개의병 그리고 정인홍의 경상도 의병들이 해산되었다. 해산된 의병들 중 일부는 김덕령 군대에 합류하기도 하였다.

이 당시에 조선 군대의 기강은 정말 엉망이었다. 1594년 4월 17일자 선조실록을 읽어보면, 변방의 장수들이 굶주린 우리 백성의 목을 베어 전투에서 얻은 왜적의 목이라고 허위보고를 하고 있고, 대부분의 군대들이 예전에는 명나라 군대에 의지하더니 이제는 김덕령 군대에만 의존하여 아예 손을 놓고 있었다. 도원수 권율의 지도력에 대한 문제도 제기하고 있다. 이런 군대로 일본과 전쟁을 하고 있으니 참 한심하다.

상이 편전便殿에 나아가 대신과 비변사의 유사당상有司堂上을 인견하였다. 영의정 유성룡이 아뢰기를, "요즈음 듣건대 영남의 일들은 믿을 만한 것이 없습니다. 변장邊將들이 흔히 우리나라의 굶주린 백성들의 목을 베어 그것을 대전大戰에서 얻은 적의 수급이라고 한다니, 속이는 일들이 대체로 이러합니다.

도원수가 자기 종사관을 시켜 각진各陣을 순찰하게 한다면 검찰檢察할 수가 있을 것이건만, 지난번에 이경함에게 물었더니 지척에 있는 의령에도 가보지 않고 서울에서 보낸 공문마저도 덮어둔 채 보지 않는다고 합니다.

지난날에는 명나라 군대만 믿고 있다가 지금 와서는 또 김덕령에게 의지하고 병사兵使 등 모든 장수들은 앉아서 날만 보내고 있으니 나라 일을 다시 어떻게 할 도리가 없습니다. 도원수는 후중厚重한 것 같기는 하나 이완시키는 일이 많습니다." 하였다.

상이 이르기를, "병사는 바로 한 도의 주장主將인데 부하 병졸들을 멋대로 김덕령에게 이속移屬시켰으니 될 일인가." 하니, 유성룡이 아뢰기를, "병사를 나눌 때 각 장수에게 배속시켰으니 저들 멋대로 옮겨 다니지는 않을 것입니다." 하였다.
(중략)

심충겸이 아뢰기를, "권율은 전곤專閫의 명을 받고서도 하는 일이 없습니다. 군량과 군기軍器에 대하여 하나도 조처하지 않고 있고, 조정에서 내려 보낸 공문도 모두 상자 속에 넣어 두고 거행하지 않는다고 합니다." 하니, 상이 이르기를, "원수로서 어찌 팔짱끼고 앉아만 있겠는가. 그것은 필시 아래에 받들어 행하는 사람이 없기 때문일 것이다." 하였는데, 유성룡이 아뢰기를, "권율은 변통變通하는 재주가 적은 편입니다." 하였다."

(선조실록 1594년 4월 17일)

전쟁은 명나라와 일본과의 외교 협상으로 소강상태이고, 조선 군대들은 아예 손을 놓고 있는 상황이었다. 이러함에도 김덕령군대는 1594년 9월초에 다시 고성지방에서 전과를 올린다. 이 사실은 1594년 9월 2일자 도원수 권율의 치계에 나온다.

> "왜적 2백여 명이 고성 지방에 하륙下陸하여 멋대로 노략질을 하는데 복병장 최강이 소탕해 잡아들이지 못하였으므로 김덕령으로 하여금 군사 2백 명을 뽑아 힘을 합해 복병을 설치하게 하였습니다. 적이 남녀 50여 명을 사로잡아 갈 적에 복병이 싸우다 후퇴도 하며 혹은 요로要路로 곧장 달려가 숨어서 요격한 결과 비록 왜적 1명도 참획하지는 못했지만 잡혀가던 사람들은 남김없이 모두 데려왔습니다."

한편 선조는 그간의 노고를 치하하여 권율, 이빈, 곽재우 등 육군 수뇌부와 이순신, 원균, 이억기 등 수군 지휘관에게 포상을 하였다.

김덕령도 호피와 방한복 한 벌을 하사받았다.

● 답사할 곳 ●

* 진주 대여촌 : 경남 진주시 금산면 가방리 관방마을)

06

김덕령, 거제 장문포 수륙 합동 작전에 참전하다.

- 김덕령 묘소에서

이제 충장사 사당에서 발길을 김덕령 묘소로 옮긴다. 묘소는 쪽문을 지나서 조금 올라가면 있다. 묘소 양쪽에는 망주석과 무인석이 있고, 앞에는 비석이 두 개이다. 원래 김덕령 묘소는 광주 무등산 이치마을 남서쪽 산에 있었는데 1974년 11월에 이곳으로 이장하였다. 이장을 하면서 유품들이 나와서 그 유품이 충장사 유물관에 전시되어 있다.

그러면 김덕령의 의병활동을 계속하여 살펴보자. 1594년 9월 하순에 김덕령은 도원수 권율로 부터 9월 27일까지 견내량으로 모여 장문포長門浦 전투에 참전하라는 명령을 받는다. 장문포는 현재의 경남 거제시 장목면 장목리에 위치한 포구로서 바로 앞에는 칠천도가 있다.

김덕령 묘소

충장사 유물관

충장공 김덕령 묘소를 이장하면서 나온 관, 충장사 유물관에 전시되어 있다.

이 시기에 왜군은 거제 장문포 일대를 중심으로 연안 각 포구마다 왜성을 쌓고 노략질을 하여 왔다. 현존 장문포 왜성은 성벽이 둘레 710m, 높이 3.5m, 너비 3.5m로 꽤 견고하게 되어 있다.

1594년 8월 6일 호남에 머물고 있던 좌의정 윤두수는 삼도 체찰사가 된다. 이로써 조선군의 상위 편제는 삼도체찰사 윤두수, 도원수 권율, 삼도 수군통제사 이순신 체계를 갖추게 된다.

삼도체찰사 윤두수는 친척인 경상우수사 원균의 건의에 따라 수륙합동작전으로 거제의 왜적을 협공하기로 계획하고 이를 비변사에 보고한다. 그런데 비변사는 '우리 군대는 오합지졸이요 무기는 궁시뿐이며, 계책 또한 죽음 앞에서 삶을 구하는 데 불과한 뿐' 이라는 이유로 전투에 난색을 표시한다. 이런 비변사의 우려에도 불구하고 선조는 윤두수의 소신이 가상하다고 여기어 계획대로 진행하라는 밀지를 윤두수에게 보낸다. 선조의 밀지를 받은 윤두수는 곧 바로 도원수 권율에게 명하여 모든 병력을 거제에 집결토록 하였다.

이에 도원수 권율은 육군과 수군에게 9월 27일에 총 집결할 것을 지시한다. 육군은 권율, 김덕령, 곽재우, 선거이 등이 나서고 수군은 이순신, 원균 등이 나섰다.

9월 25일에 첨지중추부사 김경로와 박종남이 가장 먼저 도착한다. 26일에는 충용장 김덕령이 군사 8백여 명을 데리고 도착하였고, 이어서 경상도 조방장 곽재우가 김응함 · 장의현 · 백사림 · 주몽룡 · 나승윤 · 한명련과 승장 신열등과 함께 왔다. 이어서 27일에는 삼도수군통제사 이순신이 경상우수사 원균과 함께 전선 50여척으로 한산도에서 일제히 출발하여 적도 거제시 문덕면 앞바다에 이르렀다. 이들은 조방장 곽재우, 충용장 김덕령, 별장 한명련, 주몽룡과 함께 작전계획을 세운다. 저녁에 충청병사 선거이가 도착하였다. 한편 경상도 순변사 이일은 전라병사 이시언과 함께 만약의 사태에 대비하여 함양에서 복병하였다.

이 무렵에 곽재우와 김덕령이 대화한 기록이 〈선조수정실록〉과 〈난중잡록〉에 실려 있다. 이를 읽어 보면 조정은 김덕령에 대한 기대가 매우 큰데 반하여, 김덕령은 상당히 자신감이 없어 보인다.

> 바다에 내려올 때에 곽재우가 김덕령에게 말하기를, "지금 들으니, 이번 걸음을 장군이 원수에게 자청하여 된 것이라 하니 그런 일이 있었소?" 하니, 김덕령은, "아니요." 하였다. 곽재우가, "장군이 바다를 건너 적을 멸할 자신이 있소?" 하니, 김덕령이, "아니요." 하였다. 곽재우가, "국가에서 믿고 일을 시작하는 것

도 장군을 믿는 것이요, 군사들이 믿고 적에게로 달려가는 것도 장군을 믿는 것인데, 지금 장군의 말이 이와 같으니 국가에서 누구를 믿고 일을 하며 군사들이 누구를 믿고 적에게로 달려가리오. 우리들은 모두 오늘날 쓸 만한 재주가 못 되고, 오늘의 일은 장군의 명령을 따른 연후에라야 거의 희망이 있는 것이니, 원컨대 장군은 한 마디 말로 결단하여 여러 사람의 의심을 풀어 주시오." 하였다. 김덕령은, "나도 역시 이번 일의 자초지종을 잘 알지 못하오. 굴에 들어 있는 적을 어찌 치겠소?" 하였다.

곽재우는 길이 한숨을 쉬며 "아! 알겠소. 오늘의 일은 장군의 용맹을 시험하자는 것이요. 장군의 이름이 왜적에게 크게 알려져 있기 때문에 기운 빠진 적들이 해안으로 퇴각하고 겁내어 움츠려 움직이지 못하는 것인데, 지금 가벼이 전진했다가 약함을 보인다면 뒷날을 도모하는 계책이 아니오." 하고, 곧 급히 원수에게 보고하기를, "왜적이 험한 데 웅거하여 도저히 어찌할 방책이 없는데 가벼이 나아갔다가는 또 장군의 위엄을 손상할 것이니, 오늘의 일은 실로 낭패입니다. 물러나 몸을 보전하면서 때를 기다리는 것만도 못합니다." 하며 하루에 세 번 소식을 알렸으나, 원수가 듣지 않으므로 여러 장수들이 별 수 없이 배에 올랐다. (난중잡록 1594년 9월)

드디어 9월 28일부터 장문포 수륙 합동작전이 전개된다. 장문포 전투 일지는 조경남의 〈난중잡록〉과 이순신의 〈난중일기〉에 적혀 있다.

9월 28일

날이 흐렸는데 이순신이 이끄는 수군은 홍도거제시 사등면의 고개섬 앞바다에 가서 진을 쳤다.

9월 29일

장문포의 적진을 급습하였는데 일본 수군은 조선 수군에 대한 반격을 자제하고, 험준한 지형에 의지하여 나오지를 않았다. 이곳은 적장 후쿠시마 마사노리와 도다 가쯔다카가 지키고 있었고 시마즈 오시히로는 그의 부장인 이쥬인 히사하루를 원병으로 보냈는데 적의 주력은 누각을 높이 짓고 양쪽 봉우리에는 벽루를 쌓고 좀처럼 싸우려 하지 않았다.

하지만 아군이 선봉에 있던 적선 2척을 공격하자 왜군은 육지로 도망쳤다. 아군은 왜군의 빈 배만 불태우고 칠천량에서 이 날 밤을 보냈다.

10월 1일

거제도 영등포로 들어가 왜군에게 싸움을 걸었다. 그러나 왜군은 바닷가에 배를 대놓은 채 항전하지 않았다. 해질 무렵 장문포 앞바다로 돌아와 배를 매려 할 즈음에 왜선 3척이 나타나 병선兵船이 매여 있는 곳을 범하여 배꼬리에 불을 지르고 또 군졸 한 명을 베고 갔다. 그날 저녁에 적선賊船이 어둠을 타고 몰래 나와서 일시에 포를 쏘므로 우리 군사는 매우 당황해서 어찌할 바를 몰랐다. 이때 전라수군의 사후선伺候船 3척이 실종되었다.

10월 2일

선봉장이 지휘하는 배 30척을 장문포 방면에 보내 적의 형세를 살펴보고 오도록 했다.

10월 3일

통제사 이순신이 여러 장수를 직접 지휘하고 일찍이 장문포에 가서 싸웠으나 왜적 기병과 보병 50명이 항전하는 바람에 급히 후퇴하여 배에 올랐다. 저녁 무렵에 칠천량에 돌아와서 하룻밤을 지냈다.

10월 4일

이순신은 조방장 곽재우 · 충용장 김덕령과 함께 수륙 합동작전을 협의하고 대대적으로 수륙합동공격을 실시하였다. 김덕령이 군사 수백 명을 이끌고 땅으로 상륙하여 산으로 올라가고 바다에서 수군이 호응하는 작전이었다. 그런데 이 공격은 별다른 전과 없이 끝나고 말았다. 선봉에 선 김덕령 부대가 잠시 왜군을 혼란 시켰으나, 왜적이 높은 위치에서 총을 쏘아대니 공격을 멈출 수 밖에 없었다. 이에 선거이를 포함한 여러 장수들이 모두 퇴각하였다.

10월 5일

조선군은 칠천량에 그대로 머물렀다.

10월 6일

아침 일찍 선봉을 시켜 장문포 적의 소굴로 보내 보았으나 적이 패문을 써서 땅에 꽂았는데 그 끝에는 다음과 같이 적혀 있었다.

"일본이 명나라와 더불어 지금 화친을 논의하고 있는 중이니 싸울 필요가 없다." 그날 밤에 진을 흉도로 옮겼다.

10월 7일

충청병사 선거이와 조방장 곽재우, 충용장 김덕령이 육지로 돌아갔다.

10월 8일

아침에 떠나서 장문포 적진에 이르니 적은 여전히 나오지 않았다.

삼도수군통제사 이순신은 군사를 돌려서 흉도를 거쳐 이 날 밤 자정에 한산도로 돌아갔다.

10월 9일

첨지 김경로, 박종남, 김응함, 한명련, 진주목사 배설, 김해부사 박사림 등 여러 장수들이 모두 육지로 돌아갔다.

세 번에 걸친 장문포 수륙합동 전투는 결국 큰 성과 없이 끝났다. 체찰사 윤두수가 적극 밀어 붙인 '조선 육군이 육지에 있는 적을 바다로 밀어내면 수군이 해상에서 적을 섬멸한다.' 는 작전은 왜선 2척만 부수고 별 소득이 없었다.

장문포에 있는 왜적은 견고한 성을 쌓아놓고 대치하여 육군이 쉽게 접근할 수 없었고, 왜군은 1,6km나 되는 거리에 뗏목을 배치하여 조선 수군의 접근을 막아 조선군은 고전하였다.

* 장문포 왜성 : 경남 거제시 장목면 장목리

07

거제 장문포 수륙 합동 작전, 실패로 끝나다.

충용장 김덕령은 도원수 권율의 명령에 따라 의령에서 차출된 군사 800명을 이끌고 선봉장으로 장문포 전투에 참전하였다. 당시에 김덕령은 각기증을 앓고 있었다. 각기증이란 지대가 낮고 습한 곳에서 찬 기운이 사람에게 올라와 생기는 질환으로, 다리 힘이 약해지고 갑자기 다리를 폈다 굽혔다 하지 못해 제대로 걷지 못하는 병이다. 이 병이 심하면 하지 마비, 구토, 보행이상 등의 증세가 나타난다.

김덕령이 각기증을 앓고 있었다는 기록은 도원수 권율의 치계와 병조좌랑 김상준의 선조 면담 기록에 나타난다.

> 도원수 권율이 치계하기를, "의령의 여러 진영에서 뽑아 온 8백여 명은 김덕령으로 선봉장을 삼고, 곽재우로 도별장을 삼아 전군을 지휘하도록 하여 신칙申勅

해서 들여보낸 뒤에, 윤두수가 1백 40여명과 이일李鎰이 거느린 군사 2백 10여 명은 육전을 지원하도록 장수를 정하여 들여보냈는데, 김덕령이 때마침 각기증을 앓고 있어 말을 타기도 하고 걷기도 하는 모습이 쓰러질 것만 같자, 여러 장수들은 지팡이를 잃은 맹인처럼 모두 겁을 먹은데다가 또 거제의 적병이 산야에 깔려 있다는 소식을 듣고는 더욱 의구심을 가졌습니다.

장수의 마음이 이미 동요되었으므로 군정軍情을 알 만한데 억지로 명령을 내린다면 패할 것이 분명하기에 부득이 곽재우를 수군과 합세하여 기회를 보아 육지에 내려서 곧 바로 격파하도록 지시하였고,

이일李鎰은 견내량의 북쪽 해안에 주둔하여 예기치 못한 일에 대비하도록 하였습니다. 그러나 여러 장수들은 배를 부리는 격군이 고르지 못하다 하여 마음대로 출전 기일을 연기하고 또 바다에 비가 내려 어두워서 나가지 못하고 며칠씩 늦어져 기회를 잡지 못하였고, 저들 적병은 성문을 굳게 닫고 움직이지 않아 조금도 바다로 나올 뜻이 없으므로 접전은 하지도 못하고 군사의 위엄만 손상하였으니 매우 통분합니다." (선조실록 1594년 10월 13일)

또한 병조 좌랑 김상준도 선조에게 김덕령이 선봉을 서야 하는데 병이 나서 들어가지 못하였다고 보고하고 있다. (선조실록 1594년 10월 15일)

각기증에 걸린 김덕령은 9월 29일 첫 전투에는 참여하지 못하고 10월 4일의 두 번째 전투에 가까스로 참전한다. 그런데 그는 이 전투에서 초라한 모습을 보인다.

모든 장수들이 부득이하여 배에 올라 왜영으로 향해 전진하니, 적군은 깃발을 크게 벌려 세우고 성에 올라 대항하였다. 선거이가 김덕령에게, "장군의 용맹을 오늘 보일 만하오." 하였다. 김덕령이 익호기 두 개를 뱃머리에 꽂고 북을 치고 소리 지르며 전진하였다. 배가 서로 가까워지자 철환이 비 오듯 쏟아져서 겹쳐서 뚫지 않음이 없게 되자, 김덕령이 어찌할 도리가 없어 배를 끌어 퇴각하였다. 여러 장수들이 김덕령을 따라 모두 본영으로 돌아왔다.

이 때문에 김덕령은 여러 사람들의 기대를 잃었고 더욱 좌상 윤두수에게 잘못 보이여 마침내 목숨을 잃기에 이르렀다. (난중잡록 1594년 10월, 연려실 기술)

1594년 9월 1일자 선조수정실록에도 "김덕령은 신용神勇이 있으니 싸우지 않으면 몰라도 싸우기만 하면 반드시 이길 것으로 알았는데, 한 차례 전투에 공이 없자 주변 사람들이 실망하였다."고 적고 있다.

심지어 영의정 유성룡은 "김덕령이 병이 있다고 하는데, 일이 성공되지 못할 줄 알고 병을 핑계한 것인지도 모르겠습니다."까지 말하고 있다.(선조실록 1594년 10월 14일)

장문포 수륙합동작전이 실패로 끝나자 조정에서는 작전 실패의 책임을 물어 윤두수의 체직을 청한다. 그러나 선조는 이 전투가 자신이 밀지로 내린 전투였음을 감안하여 윤수두를 감싼다.

이런 와중에 경상도 관찰사 홍이상이 11월 19일에 보낸 장계가 조정을 발칵 뒤집게 한다. 이 장계에는 전라도 사후선 3척이 실종되고 그 배에 탄 군사들이 거의 다 죽은 사실이 적혀 있었다.

"당초 거사할 때 신이 순행 차 진주에 이르러서 전 감사 종사관 최입에게 수군을 거느리고 적간摘奸하라고 들여보내고, 신의 군관 강효업·홍윤필 등도 포수를 거느리고 가서 싸움을 도우라고 아울러 들여보냈었습니다. 최입과 강효업 등이 돌아온 뒤에 그쪽 형편을 자세히 물었더니 '양굴兩窟에 있는 적의 수효는 그리 많지 않아 쌍방이 교전할 때 역력히 셀 수가 있었는데, 다과의 형세로 논한다면 마치 태산이 새알을 누르는 것보다 더하였었다. 외양外洋을 배회하고 한랑閑浪을 들락날락하며 관망하였는데, 1일 미시에 왜선 3척이 나와 사도蛇渡의 병선이 매여 있는 곳을 범하여 배꼬리에 불을 지르고 또 군졸 한 명을 베고 갔으므로 놀라고 통분해 하였다. 그날 저녁에 적선이 어둠을 타고 몰래 나와서 일시에 포를 쏘므로 우리 군사는 매우 당황해서 어찌할 바를 몰랐다. 이때 전라수군의 사후선伺候船 3척이 실종되어 그 배에 탄 병졸이 거의 다 죽었다. 적이 재차 사도의 선박을 범하여 남김없이 불태웠다. 수직守直하던 군졸로 미처 도피하지 못한 자는 모두 피살되었다.

3일에 통제사의 전령에 의하여 군사 1백여 명을 모집해가지고 육지에 내려 군사의 위세를 보였다. 이때 적의 기병과 보병 도합 50여 명이 산을 넘어 돌진해 오므로 아군은 당황하여 급히 후퇴해서 배에 올랐다. 비록 전군이 패하지는 않았으나 많은 사상자를 냈다.' 하였습니다. (선조실록 1594년 11월 19일)

이 보고가 알려지자 사헌부는 11월 22일에 권율 · 이순신을 잡아들여 신문訊問하고 윤두수를 파직하라고 주청한다.

사헌부가 아뢰기를, "전번 거제의 싸움에서는 3도의 병력을 다 동원하였으므로 군세軍勢가 매우 웅장하였습니다. 양굴兩窟의 적도는 수백 명이 못 되었으니, 중과의 형세로 말한다면 마치 태산이 새알을 누르는 격과 같을 뿐만이 아니었습니다. 그런데 수륙의 여러 장수들은 한 사람도 죽음을 각오하고 힘껏 싸우지 않고서 혹은 외양에서 배회하기도 하고 혹은 나갔다 물러갔다 하면서 관망하기도 하고, 혹은 안정된 곳에 물러나 있으면서 단지 대장代將만을 보내어 결국 군사들이 패하여 위엄을 손상케 하였습니다. 사후선伺候船 3척이 실종되고 사도의 병선은 남김없이 소탕되었으며, 그 배에 실린 군졸들은 거의 다 죽었는데도 서로 숨기고 사실대로 알리지 않고 도리어 장황한 말을 늘어놓고 망령되이 공훈을 보고하였습니다.

그들이 조정을 안중에 두지 않고 속이는 일을 자행한 죄가 여간 많지 않으니 매우 통분스럽습니다. 도원수 권율과 통제사 이순신을 아울러 나국拿鞫하여 율에 의해 죄를 다스리도록 하소서. 체찰사 윤두수도 몸소 대신이 되어 병권을 전담하고서 능히 기회를 보아 책응하지 않고 경솔히 거병하여 나라를 욕되게 하였으며, 또 사실대로 계문하지 않고 방자하게 속이고 숨겼으니, 더욱 무어라고 말할 대상이 안 됩니다. 파직시키소서."

(선조실록 1594년 11월 22일)

이에 대하여 선조는 그럴 수 없다고 답한다. 그러자 다시 사간원이 나서서 권율 · 이순신의 나국과 윤두수의 파직 등을 청하였으나 선조는 거듭 허락하지 않았다.

> 사간원이 아뢰기를, "도원수 권율과 통제사 이순신은 이미 군사를 패망시킨 죄를 범했고 또 기망한 죄가 있으니, 왕법王法으로 따지면 결코 용서받기 어렵습니다. 나국하고 율을 살펴 정죄하게 하소서.
>
> 전前 체찰사 윤두수는 처치를 잘못하여 국위를 손상시켰고 또 제장들의 허위 보고를 가볍게 믿고 사실대로 계문하지 않았으니, 역시 무어라 말할 수 없는 잘못을 범하였습니다. 파직시키소서."
>
> (선조실록 1594년 11월 23일)

12월 1일에도 권율 등의 저벌문제가 논의되었으나, 선조는 전쟁이 진행 중인 상황에서 장수를 바꾸는 일은 병가兵家의 꺼리는 바이니, 체직시킬 수 없다고 한다. 다만 사헌부, 사간원등에서 16차례에 걸쳐 탄핵을 당한 윤두수만 체직시키고 이 사건을 마무리 한다. 호남정신

08

김덕령, 제2차 진주성싸움에서 순절한 의인들을 위하여 제사를 지내다.

김덕령은 장문포 전투를 별 성과 없이 마치고 다시 진주로 돌아온다. 1594년 10월 13일에 김덕령은 도원수 권율의 명을 받아 1593년 6월 하순 제2차 진주성 싸움에서 순절한 의사義士들의 원혼을 달래기 위하여 조촐한 제사를 지낸다.

이 당시 제관인 김덕령은 비통한 심정으로 제문을 낭독한다. 제문은 문장이 수려하고 뜻은 간절하다. 참으로 호소력이 있다.

"아! 슬프도다. 하늘을 보니 아득하고 땅을 굽어보니 답답하구나. 한 조각 전쟁터가 만고의 의역이로다. 눈물을 닦으며 술잔을 올리고 성의를 다해 조사하노라.

전쟁의 변이 어느 시대인들 없었으리오 마는 우리 동방에 어찌 오늘 같은 날

이 있었는고. 흉한 칼날이 이르는 곳에 모두가 건국巾幗뿐이었네. 금성탕지金城湯池가 견고하지 못하여 함곡관이 닫히지 못했네. 더구나 이 진주에 적병 백만이 합세하였음에랴. 칼을 던지며 갑옷을 끌고 지킬 생각을 하지 못했는데 우리 장사들은 국가의 은혜에 보답하고자 소리를 같이 하고 기운을 같이 하였네. 이들은 5백명 뿐이 아니었네. 죽기를 각오하고 나날이 많은 적과 싸웠네. 사람은 순원이요, 성은 수양이었네. 산천은 기색이 동하고 해와 달이 빛을 잃었네. 아! 슬프도다. 용과 봉이 힘이 다 되었으니 이 적들을 어찌하랴. 성 밖에 매미 새끼만한 구원병도 끊어졌으니 사방으로 돌아보아도 하란賀蘭이로다. (중략)

김덕령은 국사國士가 아니건만, 외람되이 장수의 직책을 맡았네. 군사를 모아 겨우되게 이 한 모퉁이에 주둔했네. 분하여 일어나 앉아 칼로 땅을 찍고 길이 탄식하네. 오히려 충혼들을 저버렸으니 장부되기 부끄럽네. 소박하게 제수를 갖추어 감히 임하시길 바라오. 속절없이 영웅으로 하여금 원통한 눈물 흐르게 하도다.

(중략) 아! 슬프도다. 진주 산은 높고 높으며, 남강 물은 출렁, 출렁이네. 길고 긴 이 원한이여. 산고수장하리. 엎드려 바라건대, 흠향하옵소서.

이 제사를 지내면서 김덕령은 진주성 싸움에서 순절한 호남의 의병장 김천일과 고종후와 최경회 등을 생각하였으리라. 그들의 원혼을 달래면서 왜적을 물리쳐 복수를 하겠다는 비장한 각오를 했으리라.

이 무렵 김덕령은 두 가지 일화를 만들어 냈다. 첫 번째 일화는 주둔하고 있는 진주 둔전에 사나운 말이 있었는데, 이 말이 뛰쳐나가 곡식을 밟고 날듯이 높이 뛰어 사람들이 도저히 붙잡을 수 없었다.

김덕령이 그 소문을 듣고 즉시 가서 굴레를 씌워 올라타니 곧바로 말이 온순하여졌다. 왜군들은 이 소문을 듣고 몹시 두려워하여 '석저장군石底將軍' 이라고 하였다. 석저는 김덕령이 살던 마을 이름인 석저촌인데, 왜군은 그것도 모르고 돌 밑에서 나온 줄로 잘못 알았다.

두 번째 일화는 김덕령이 연달아 호랑이 두 마리를 때려잡은 일이다. 그는 이 호랑이들을 왜적의 병영에 자랑하며 팔았다. 왜적들은 김덕령의 신력에 벌벌 떨었다. 일찍이 철퇴 두 개를 허리 아래 좌우에 차고 다녀 신장이라고 불린 김덕령답다.

1594년 11월에 김덕령은 의령 정암에서 곽재우 군사와 합동작전을 벌여 승리를 거두었다. 이 기록은 '김충장공 유사'에 나온다.

김덕령이 군사를 이끌고 의령에 도착하여 곽재우와 함께 정암에 진을 쳤다. 바위 아래에는 크고 깊은 웅덩이가 있는 데 가히 그 깊이를 헤아릴 수 없었다. 왜적이 돌연 표목을 강 상류 얕은 개울에 세웠다. 김덕령이 곽재우에게 "적이 무엇 하고자 하는 것입니까?" 라고 물으니 곽재우는 "왜적은 밤을 타 냇가를 건너와 우리를 치려고 표목을 세워 깊은 곳을 피하고자 하는 것입니다" 고 하였다.

이 말을 듣자 김덕령은 병사를 이끌고 내를 건너 매복을 하였다. 그리고 왜적이 설치한 표목을 뽑아 깊은 웅덩이에 옮겨 꽂았다. 과연 밤에 왜적이 내를 건넜다. 김덕령이 뒤를 밟아 고함을 지르고 북을 치며 뒤를 으니, 적은 표목만을 바라보고 건너다가 다 빠져 죽고 말았다.

한편 김덕령에 대한 조정의 신망은 갈수록 추락 일로이었다. 진주에서 주둔한지 2년이 다 되었건만 전투다운 전투는 하지 못하고 있었고, 명성을 드높일 수 있었던 좋은 기회인 장문포 전투에서도 초라한 성과를 거두었다.

그나마 다행인 것은 선조 임금이 아직도 김덕령을 신임하고 있는 점이었다. 1595년 1월 8일과 2월 6일의 선조실록을 읽어 보면 선조가 아직도 그를 신임하고 있음을 알 수 있다.

이항복이 아뢰기를, "당초 조정이 너무 포장을 한 것입니다. 신이 남쪽 지방에 있을 때에 주의를 시켰더니 그 역시 깊이 새겨들었습니다. 그의 참모들을 보았더니 상당수가 과격한 사람들이었고, 그도 술을 마시고 실수하는 일이 많아 매우 전도되는 일이 있었으므로 이 때문에 군졸이 이산하게 된 것입니다. 그 뒤에 그는 글을 지어 사졸들과 맹약을 하였으므로 지금은 군정이 약간 누그러졌다 합니다" 하자, 상이 이르기를, "대개 우리나라 사람들이 말하는 것은 참작하지 않고 마구하기 때문에 나는 그가 성공하지 못할 것을 알았다. 무군사 일기를 보았더니 '김덕령이 말하기를 '총통 3백 자루를 쏘고 있었더니, 왜적이 저절로 무너졌다'고 했다' 하였고, 또 '쌍무지개가 몸을 둘렀다'고 하였는데, 어찌 이럴 리가 있겠는

가."하였다. (선조실록 1595년 1월 8일)

상이 이르기를, "김덕령은 내가 잘 모른다. 당초에 사람들이 사실과 너무 지나치게 말하더니, 지금은 도리어 무능하다고 여긴다. 명성이 꺾이자 군졸들이 떨어져 나간다고 한다. 나의 생각에는 비록 필부의 용맹이라 하더라도 쉽게 얻을 수 없는데 그는 한쪽 지역을 방어하게 할 만하니, 지금 전라 감사에게 하서하여 군병을 뽑아 보내 주기도 하고 또는 군량을 계속 공급해 주기도 해서 군세를 돕게 하는 것이 어떻겠는가? 이처럼 해이하게 두어서는 안 된다" 하였다.

(선조실록 1595년 2월 6일)

한편 선조임금은 1595년 1월 하순에 담양에 있는 김덕령의 가족에게 물품을 하사한다. 김덕령은 이에 감읍하여 사은 상소를 올린다.

충용장 김덕령이 상소하기를, "신이 이달 27일에 전라 감사의 이첩을 보고 위에서 본도로 하여금 신의 처자에게 식물을 제급하도록 한 전지를 받들어 살폈습니다. 신은 명을 받고 황공하여 놀라 마지않았습니다.

신이 공이 없음은 성상께서 환히 아시는 바입니다. 주야로 군중에서 오랫동안 죄벌이 내려지기를 기다렸는데, 엄한 꾸지람을 가하지 않고 도리어 은총이 사실에 내려질 줄을 어찌 헤아렸겠습니까. 황공한 마음이 더하여 감격의 눈물이 턱을 적십니다.

신이 보잘것없는 몸으로 당초에 살피지 않고 감당하기 어려운 일을 망령되이 맡은 것은 어찌 잘 할 수 있다고 해서였겠습니까. 다만 신자의 민박한 정황에서 그랬던 것인데, 헛된 이름이 한번 전파되어 그릇 구중궁궐에까지 전해졌습니다. 조그마한 공도 세우지 못했는데 성상의 은택이 먼저 입혀져 호를 내리고 벼슬을 주셔서 격려함을 보이시니, 신이 목석이 아닌 이상 어찌 죽음을 각오할 줄 모르겠습니까.

(중략) 신의 죄는 법에 있어서 사면되지 못할 바인데, 목숨을 보전할 수 있는 것은 역시 성상의 무궁한 인자함에 힘입은 때문입니다. 일찍이 낭서를 제수하여 본분에 넘치게 대우해 주시어 부끄럽고 두려운 마음 그지없는데, 오늘날 은총이 파급되어 여러 번 남다른 예우를 받으니, 하해 같은 은택은 갖옷을 하사받는 그 정도뿐만이 아닙니다. (선조실록 1595년 2월 3일)

09

김덕령, 살인죄로 옥에 갇히다.

1595년 4월에 선조는 해평부원군 윤근수尹根壽 1537~1616를 불러 왜적의 동태, 명나라 군대의 움직임, 그리고 조선군의 동향을 파악하라는 지시를 내린다.

이에 윤근수는 전라도와 경상도 각 지역을 돌아본다. 이 때 윤근수는 진주에서 처음으로 김덕령을 만난다. 임진왜란 중에 윤근수는 형 윤두수와 함께 권력의 중심에 있었다.

서인인 윤근수는 1591년에 송강 정철이 세자 책봉문제로 화를 입자, 형 두수와 함께 삭탈관직 되었는데 임진왜란이 일어나자 예조판서로 다시 기용되었고, 문안사問安使 · 원접사 · 주청사 등으로 여러 차례 명나라에 파견되어 국난 극복에 앞장섰다.

윤근수는 진주에서 김덕령을 만나자 김덕령이 성혼의 제자이고 정철과도 인연이 있음을 알고 그동안의 노고를 치하하고 각별한 애정을 표시한다. 그는 이곳에서 그의 노복이 죄를 지어 문초를 받고 있음을 알고 김덕령에게 선처를 부탁한다.

1595년 9월에 윤근수는 특산물 조달의 현지 조사를 위하여 체방사가 되어 다시 진주를 방문한다. 이때 윤근수는 그가 석방을 부탁한 노복이 김덕령의 손에 죽었다는 소식을 듣게 된다. 윤근수는 분노하여 김덕령을 진주옥에 가둔다.

이에 관한 '선조수정실록'과 '난중잡록'을 읽어 보자. 먼저 1596년 2월 1일자 선조수정실록이다.

김덕령은 첩보 전달을 지체했다는 이유로 역졸 한 사람을 매로 쳐서 죽였을 뿐만 아니라 도망한 군사의 아버지를 잡아다가 매를 쳐서 죽게 하였는데 죽은 자는 바로 윤근수의 노속奴屬이었다. 윤근수가 남쪽 지방을 순시하는 도중에 김덕령을 직접 만나 석방해 주도록 타일렀고 덕령은 이를 승낙하였는데 근수가 돌아가자 즉시 그를 죽였던 것이다. 윤근수는 그가 약속을 어긴 것이 미워서, 덕령은 신의가 없고 학살을 즐겨서 장수 재목이 되지 못한다고 역설하였다.

다음은 1595년 10월 17일자 난중잡록이다.

김덕령을 잡아다 문초하였다. 이때에 김덕령이 두치복병장豆恥伏兵將이 되어 군사를 일으킨 지 3년에 한 치의 공도 세우지 못하고 한갓 잔혹한 것만 일삼아서 무죄한 사람을 많이 죽였다. 윤근수가 진주관晉州官으로 하여금 잡아 가두도록 하였다.

김덕령이 옥에 갇히자 진주출신 부사 성여신과 진주유생 박홍주 등은 도체찰사 이원익에게 선처를 호소하는 청원서를 보낸다.

이 청원서에는 '첩보를 전달하는 전령이 제 역할을 못하여 적의 정보파악이 늦어지고 군량 조달에 차질이 빚어졌는데, 그런 전령을 잡아서 볼기 몇 대를 친 것이 와전되어 돌에 매달아 물속에 넣었다고 모함한 것이다. 또한 장문포 전투에 참가하기로 한 병사가 도망을 가서 그의 아버지를 심문하였고, 이 과정에서 병사의 아버지를 매질하였는데 윤근수의 부탁에 따라 그를 풀어 주었고 그 뒤에 상처가 악화되어 죽게 된 것이다. 이렇듯 군율에 따라 장졸을 다스린 김덕령에게 살인죄를 적용함은 지나친 것이다.' 라고 적혀 있었다.

1596년 1월 8일에 선조는 김덕령의 석방을 비변사에서 의논하라고 하는 비답을 내린다. 지금은 전쟁 중이니 우선 석방하고 죄는 추후에 논의하라는 어명이었다.

상이 전교하였다.

"김덕령은 의당 비변사에서 심문을 하게하고 율문에 의해 집행하여야 한다. 그러나 극악한 왜적이 아직 소멸되지 않아 혹시라도 적절히 대처할 일이 없지 않을 것이니, 우선 방면하여 그로 하여금 힘을 다해 충성을 바치게 하고, 서서히 의논하여 조처하는 것도 또한 하나의 방법일 것이다. 비변사는 의논하여 아뢰라."

(선조실록 1596년 1월 8일)

이러함에도 사헌부는 김덕령을 벌 줄 것을 청한다. 선조는 두 차례까지는 윤허하지 않았다.

사헌부가 아뢰기를,

"김덕령은 사사로운 감정으로 세 사람이나 때려 죽여 그 잔혹함이 극심하므로 법에 있어 놓아줄 수 없습니다. 그런데 지금 상께서 특별히 사면을 명하여 그로 하여금 스스로 보답하게 하였습니다. 신들은 진실로 성상께서 그의 재용材勇을 아껴 특별히 너그러운 은혜를 베풀어서 조그마한 보답의 효과라도 거두기를 바라는 것인 줄을 알고 있습니다. 그러나 '사람을 죽인 자는 죽인다.'는 것이 약법삼장約法三章에 실려 있습니다. (중략) 김덕령을 잡아와 추국하여 율에 의해 처벌하기를 바랍니다."하니, 상이 답하기를, "아뢴 대로 하라. 김덕령의 일은 이미 의논을 거쳐 결정하였으니, 윤허하지 않는다." 하였다.

(선조실록 1596년 1월 13일)

사헌부가 전에 아뢴 내용으로 아뢰기를,

"김덕령을 잡아와 추국하고 율에 의해 죄목을 정하소서."

하니, 상이 답하기를, "아직 흉적이 국경에 있는데 먼저 용사를 죽이는 것은 불가한 일이 아니겠는가. 일에는 경經과 권權이 있는 법이니 좀 서서히 의논한들 무엇이 늦겠는가. 윤허하지 않는다." 하였다.
(선조실록 1596년 1월 14일)

그러나 사헌부가 다시 세 번째로 상소를 하자 선조도 별 수 없이 의금부로의 압송을 허락한다.

사헌부가 전에 아뢴 내용으로 아뢰기를,
"김덕령을 잡아와 추국하고 율에 의해 정죄하소서."
하니, 상이 따랐다. (선조실록 1596년 1월 15일)

의금부로 압송된 김덕령은 선조 임금이 이미 방면 방침을 정한 만큼 큰 고초를 겪지 않고 지낸 듯하다. 조정 대신들도 김덕령의 석방을 건의한다.

1596년 1월 17일자 선조실록을 보면, 이호민은 김덕령이 살인한 일은 극히 놀라운 일이나, 지금은 적의 진퇴를 아직 알 수 없고 나라의 성패 또한 헤아릴 수 없는 터인데, 이때를 당해 한 사람의 장사壯士라도 잃는 것은 좋은 계책이 되지 못하니 특별히 국문을 정지하고 풀어주도록 임금에게 건의한다. 이에 영의정 유성룡도 찬동한다.

드디어 김덕령은 옥에 갇힌 지 4개월이 되는 1596년 2월말에 선조의 특명으로 석방된다. 이어서 1596년 2월 28일에 선조는 김덕령에게 궁중에서 사용하는 내구마內廏馬 한 필을 주라고 명한다.

한편 선조는 김덕령을 만나보고 싶어 한다. 다만 막 죄를 벗은 사람이라 흠이 될까 염려스러웠다. 그런데 이덕형은 "이미 사면되어 나왔으니 반드시 그의 마음을 격려하여 공을 이루게 하소서. 지금 비록 불러 보신들 무슨 해로움이 있겠습니까."하고 선조에게 김덕령을 만나보도록 진언한다.

마침내 3월 3일에 선조는 김덕령을 불러오라고 전교하였다. 그런데 김덕령은 이미 내려간 지 이틀이 지난 뒤였다.

선조가 "김덕령을 불러오라"하니, "김덕령이 내려간 지 벌써 이틀이 지났습니다." 하였다. 상이 이르기를,"도원수와 함께 내려가게 하였는데 어찌하여 내려갔다고 하는가?" 하니, 회계하기를,

"김덕령과 도원수가 함께 내려갈 것을 전일 연중筵中에서 전교하셨는데, 지금 덕령이 벌써 내려갔다는 말이 들리기에 이상히 여겨 도원수 권율에게 그 까닭을 물었더니, 덕령은 식량이 떨어져 부득이 하여 내려갔다고 합니다" 하자, 상이 이르기를,

"어찌하여 양식이 떨어져 내려가게까지 하였는가. 유사는 어찌하여 이와 같이 만들었단 말인가. 온당치 못하다. 내가 그를 보고자 하였는데 볼 수가 없게 되었구나." 하였다. (선조실록 1596년 3월 3일)

정말 아쉽다. 이 때 김덕령이 선조를 알현하였다면 그로부터 4개월 후인 1596년 7월에 이몽학의 난이 일어났을 때, 죽음만은 면하였을 것인데.

10

김덕령, 이몽학의 난에 연루되어 다시 투옥되다.

1596년 3월초에 의금부에서 풀려난 김덕령은 다시 진주로 돌아온다. 그는 병사들의 사기진작과 흐트러진 기강을 확립하기 위하여 힘을 써 보지만, 역부족임을 깨닫고 울분의 세월을 보낸다. 이로부터 4개월이 지난 1596년 7월, 김덕령은 이몽학李夢鶴의 난에 연루되어 다시 투옥되고 만다.

먼저 이몽학의 난에 대하여 알아보자. 이 기록은 선조실록과 선조수정실록 그리고 난중잡록 및 연려실기술 등에 실려 있다.

1596년 7월 초에 이몽학은 충청도 홍산鴻山, 지금의 부여군에서 반란을 일으켰다. 이몽학의 난은 조선왕조를 전면 부정하고 새 정권을 수립하고자 하는 역모였다.

이몽학은 본시 왕족의 서얼 출신으로 서울에 살았으나, 성품이 불량하고 행실도 좋지 않아 그 아버지에게 쫓겨나서 충청도 · 전라도를 전전하였다. 그는 충청도 홍산 무량사無量寺에 우거하면서 선봉장 한현韓絢 등과 친교를 맺었고 그의 부하가 되었다.

한현은 서얼 출신으로 1592년에 임진왜란이 일어나자 의병 활동을 하였고 1594년에는 겸사복兼司僕으로서 적군이 퇴각한 충청도에 의병들이 갖추어놓았던 군기들을 수습하는 임무를 맡았다.

또한, 명나라 기효신서紀效新書에 의해 속오법이 시행되자 응모하여 선봉장이 되었고, 같은 서얼출신인 권인룡 · 김시약 등과 함께 어사 이시발 밑에서 군사조련을 남낭하였다.

한현은 충정도 전역을 돌아다녀 민정을 매우 잘 알고 있었다. 오랜 전란과 흉년 그리고 과중한 부역으로 민심은 탄식과 원망으로 차 있었고, 크고 작은 고을에 모두 방비가 없음을 보고 그는 난을 일으키고자 하였다.

이몽학과 한현 등은 김경창 · 이구 · 장후재, 사노私奴 팽종, 도천사道泉寺 승려 능운 등과 함께 승속군僧俗軍 600~700명을 거느리고 홍산 쌍방축雙防築에 모여 거사를 꾀하였다.

이 때 한현이 부친상을 당하여 홍주洪州 지금의 홍성에 있었는데, 우선에 이몽학이 먼저 거사하기로 하고 한현은 내포內浦에서 서로 호응하기로 약속을 정하였다.

이몽학은 무량사의 굴속으로 잠입하여 승려들과 더불어 기치旗幟와 기장器杖을 만들었다. 충청도의 풍속에 흔히들 동갑회同甲會를 만들었는데, 이에 그 패거리를 시켜 계契를 만든다고 선전하고 동네 어귀 들판으로 모이게 했다.

이몽학은 절에서 출병하여 마을 안으로 들어왔다. 깃발을 세우고 걸상에 앉아 각角을 불고 북을 치면서 큰소리로 사람들을 불러 모았다. 동갑 모임 중에서 공모한 장정이 먼저 나와 칼을 뽑아 들고 무리를 데리고 달려 나갔다. 이몽학은 그들에게 속임수로 꾀기를 '이번에 일으킨 의거는 백성을 편안히 하고 나라를 안정시키기 위한 일이다. 거역하는 자는 죽음을 당할 것이고 순종하는 자는 상을 받으리라' 고 하니 모두들 좋다고 떠들면서 그를 따랐으며, 사람마다 스스로 고관대작이 될 것으로 여기고 성불聖佛이 세상에 나왔다고 하였다.

그리하여 승려와 속인을 장군으로 나누어 배치하고 문관과 무관 등으로 가칭하니 사족 자제와 무뢰배들이 많이 그들에게 붙었다.

7월 6일 밤에 이몽학은 홍산현鴻山縣을 습격하여 현감 윤영현과 임천군수 박진국을 사로잡았다. 두 사람은 모두 항복하여 이몽학에게 붙으니 이몽학은 그들을 상빈上賓으로 대우했다.

잇따라 이몽학은 정산, 청양, 대흥, 부여 등 6개 고을을 함락시켰다. 7월 7일에는 정산현定山縣을, 8일에는 청양현을 함락시키니 정산현감 정대경과 청양현감 윤승서는 도망하였다.

9일에는 대흥군을 함락시키니 군수 이질수는 산중으로 숨었다. 또한, 부여현감 허수겸은 반란군이 경내에 들어오기도 전에 겁을 먹어 수하 부하들이 무기를 적진으로 운반하는 것을 보고도 감히 처단하지 못하고, 반란군이 경내에 들어오자 문서를 반란군에 전해주었다. 서산군수 이충길은 아우 3명을 반란군에게 몰래 보내어 내통하게 하였다.

이와 같이, 고을 수령들은 도주하거나 항복하고 혹은 반란군을 도와주었고, 아전과 백성들도 모두 반란군에게 가세하였다. 소문만 듣고도 호미를 던지고 그들에게 투항하는 자가 줄을 이어 군사가 수만 명에 달하였다. 이몽학은 소문을 퍼뜨리기를 '충용장 김덕령과 의병장 곽재우 · 홍계남 등이 모두 군대를 연합하여 도우며, 병조 판서 이덕형이 내응한다' 하여 기세를 올렸다.

마침내 이몽학은 7월 10일에 충청도의 요충지인 홍주성을 공격하였다. 이 때 홍주목사 홍가신洪可臣 1541~1615은 관속官屬 이희 · 신수를 반란군 진영에 보내어 거짓 투항하게 하여 방어 준비를 할 수 있는 시간을 버는 한편,

민병民兵을 모았다.

고을에 사는 무장 임득의 · 박명현과 순찰사 이정암의 종사관 신경행 등을 불러서 성을 지킬 계책을 논의하고는 성 밖에 연이어 있는 민간 초가집들을 그대로 놓아두면 적들이 비를 피하고 밥을 해먹기에 편리하다고 하여 밤에 불화살을 쏘아 모두 태워버렸다.

이윽고 남포현감 박동선이 변란의 소문을 듣고 충청수사 최호에게 급히 알리고 군병을 동원하여 홍주를 구원하자고 하니, 충청수사는 남포현감에게 자기에게 와서 상의하라고 했다.

현감 박동선은 즉시 달려가서 홍주로 곧장 진군하자고 말하자, 수사 최호는 '수군은 육지에서 싸우는 병사가 아니다' 하면서 난색을 표했다. 박동선은 큰소리로 '지금이 어느 때인데 수군과 육군의 다른 점을 이야기하는가' 하였다. 드디어 수사는 수군을 동원하였고 보령 현감 황응성도 홍주성에 함께 들어갔다.

홍주성은 원병을 얻어 크게 기뻐하여 성 머리로 나와 서고, 밤이 되자 성가퀴에 횃불을 벌려 세우자 성 안팎이 환히 밝아졌다.

이몽학은 홍주성을 포위하였으나 목사 홍가신이 굳게 지켜 막아 싸우니, 성을 함락시킬 수 없었다. 그리하여 11일 새벽에 이몽학은 군대를 이끌고 덕산德山으로 향하였는데, 반란군 중에 도망자가 속출하였다.

이몽학은 다시 거짓말로 꾀기를, "읍내나 촌에 사는 백성들은 편안히 있고 동하지 말라. 이번 거사는 남아 있는 백성을 수화水火 가운데서 구제하려는 것이다"하고, 또 말하기를, "장군 김덕령과 영천 군수 홍계남 등은 다 우리와 공모되었으니, 마땅히 군사를 거느리고 와서 함께 서울로 향하리라"하였다.

관군은 이 때를 이용해 반란군 진영에 무사를 보내어 혼란시키면서, 이몽학의 목을 베는 자는 반란에 가담하였다 하더라도 큰 상을 내리겠다고 회유하였다.

한편 7월 12일에 도원수 권율은 충청병사 이시언의 요청의 의하여 전라감사 박홍로와 함께 군사를 거느리고 여산을 거쳐 이산尼山으로 향하였다. 도중에 권율은 반란군의 세력이 매우 많음을 알고 충용장 김덕령에게 명령하여 군사를 거느리고 오게 하였다.

도원수 권율이 이끄는 호남 군사가 부여군 석성石城에 이르렀을 때 전주판관이 척후장斥候將으로서 먼저 들어가 적을 정탐하였다. 판관의 아장 윤계가 장사 10여 명을 모집하여 밤에 적의 진중에 들어가서 총통을 연달아 쏘며 큰소리로 외치니, 반란군들이 크게 놀라 떠들었다.

윤계가 외치기를, "도원수와 전라 감사와 충용장 김덕령이 각기 수만 군사를 거느리고 이미 이 땅에 도착하였으니 내일은 마땅히 소굴을 무찔러 죽여 남김이 없게 할 것이다. 너희들 가운데는 아마 협박에 어쩔 수 없이 따른 자가 많을 것이니, 만약 적장을 베어 가지고 와서 항복하면 죽음은 면할 수 있으리라" 하였다.

이 무렵 반란군의 막하였던 김경창 · 임억명 · 태근 세 사람이 장막에 들어가 이몽학을 누운 자리에서 베어 죽이니 반란군들은 일시에 무너져 흩어졌다.

이 때 한현은 반란군 수천 명을 거느리고 홍주 땅에 주둔하였는데, 충청병사 이시언이 홍주 목사 홍가신과 함께 진군하여 치니 반란군이 패하여 달아났다. 한현은 면천으로 도망하였으나 면천군수 이원에게 잡혀 홍주옥에 갇혔다. 그는 다시 서울로 압송되어 선조임금의 친국을 받게 된다. 호남정신

11

선조, 김덕령을 직접 심문하다.

도원수 권율의 명령을 받은 충용장 김덕령은 7월 14일에 군사를 이끌고 충청도로 향한다. 진주에서 출발한 김덕령은 함양을 거쳐 운봉에 닿기 전인 7월 17일에 반란군이 진압되었다는 도원수의 전령을 받고 다시 진주로 돌아온다.

그런데 반란군 괴수 이몽학이 죽은 후에 그가 지닌 문서를 수색하여 보니 김 · 최 · 홍의 세 성姓이 적혀 있었다. 도원수 권율이 홍주 옥에 갇힌 한현을 심문하니 그는 김 · 최 · 홍은 "김덕령 · 최담령 · 홍계남이다"라고 자백하고, "곽재우와 고언백도 모두 나의 심복이었다."라고 말하였다.

이윽고 7월 18일에 충청도 순찰사 이정암의 종사관 신경행辛景行은 김덕령을 체포하라는 서장書狀을 올린다. 이 서장에는, "김덕령에 대해 여러 차례 역적들이 언급한 것을 보면, 반드시 그 까닭이 있을 것입니다. 한편으로 도원수 및 전라도 순찰사에게 불시에 체포하여 조정의 처치를 기다리도록 이문移文하였습니다"하였다. (선조실록 1596년 7월 18일)

서장이 접수되자 선조는 즉시 동부승지 서성徐渻을 보내 김덕령을 잡아오도록 하였다. 이에 앞서 선조는 크게 놀라서, "김덕령은 용맹이 삼군에 으뜸가니 만약 잡아오지 못한다면 어찌하나" 하니, 서성이 아뢰기를, "한명련도 날래고 용감하니 한명련을 시켜 도모하게 하고 김응서로 하여금 항복한 왜인 50명을 거느려서 돕게 하소서" 하였다.

서성이 전주에 이르니 도원수 권율이 김덕령을 이미 진주 옥에 가두어 놓은 상태이었다. 권율은 김덕령이 명령을 거역할까 염려하여 비밀히 성윤문을 시켜 잡아오도록 하였다. 성윤문이 은밀히 군무에 대해 의논할 것이 있다고 김덕령을 부르니 김덕령은 혼자서 말을 타고 왔었다.

성윤문이 그의 손을 잡고, "조정에서 그대를 잡으라는 명이 있네" 하니, 김덕령은 즉시 꿇어앉으면서, "임금의 명이 계시는데 어찌 이와 같이 도리어 나를 접대하는가." 하였다. 이에 성윤문은 그의 원통함을 알고 다만 그의 두 손만을 자물쇠로 채워서 옥으로 보냈다.

서성은 김덕령이 이미 잡혔다는 소식을 듣고 장계를 올렸는데, "권율이 김덕령에게 이몽학을 토벌하도록 하였는데 나흘이나 머뭇거리면서四日遲留 성패를 바라만 보고 있었으므로觀望成敗 가두었다"고 하였다. 이 여덟 글자가 죄목이 되어서 김덕령은 죽음을 면하지 못하였으니 사람들이 모두 동부승지 서성을 비난하였다.

7월 27일에 서성은 김덕령을 전 현감 김경눌 등을 시켜 압송하도록 하여 서울의 옥에 가둔다. 8월 4일에 김덕령은 선조로부터 친국을 받는다.

한현이 동조자로 지목한 곽재우, 고언백, 홍계남은 잡혀왔다가 풀려났고, 반란군의 입에 오르내린 병조판서 이덕형은 40일 동안 거적을 깔고 엎드려 처분을 기다린 끝에 무사하였다. 그러나 김덕령만은 무사하지 못하였다.

그러면 선조실록을 통하여 선조의 친국 사실을 살펴보자.

상이 별전別殿에 나아가 죄인 김덕령을 친국親鞫했다. 상이 이르기를, "금군禁軍과 위사衛士들에게 밥을 먹이도록 하라" 하였다.

김덕령은 나이 30세이었다. 추국하기를, "역적 한현·이몽학 등과 결탁하여 몰래 통하여 모의하여 성세聲勢를 만들고, 국가가 위태하고 어지러운 때를 당해 반역을 도모한 사실이 모든 역적들의 공초에서 셀 수 없이 나왔다. 한현의 공초 내에는 '장수는 김덕령이다' 했고, 또 '이몽학과 박승립이 김덕령을 찾아가 만나보고 함께 거병하는 일을 모의하였다' 하였으며, 유규의 공초 내에는 '전라도에 김 장군이 있는데 장군의 명칭은 익호 장군이다' 했고, 이업의 공초 내에는 '장후재가 김덕령에게 왕래했는데, 덕령이 '사세를 보아가며 하라'고 했다" 하였다.

또 "전후로 역적들의 공초가 의논한 것도 아닌데 말이 똑같았으니, 흉악한 음모와 비밀한 계책을 서로 통하면서 함께 반역을 한 정상이 밝은 하늘아래 훤히 드러나 숨길 수 없게 되었다. 그런 짓을 꾸민 내력을 사실대로 정직하게 진술하라"하니,

공초하기를, "비록 도적들의 한 말이 그와 같을지라도 공모했다면 반드시 오고 간 자취가 있을 것입니다. 하늘의 해가 훤히 비추는 아래에서 제가 군부君父에게 진달陳達하는 말이니, 옳으면 옳다 하고 그르면 그르다 할 것이니, 어찌 감히 조금이라도 숨길 수 있겠습니까. 국가를 위해 3~4년 동안이나 친척들과 이별하고 분묘도 버려두고서 변방에 나가 고생하며 방수防戍했었으니, 만일 국가에서 알게 되었다면 반드시 큰 상을 주었을 것입니다. 그런데 제가 터무니없는 명성이 있었기 때문에 저 역적의 무리들이 국가에서 저를 쓰지 않도록 하게 하려고 시기하여 모함하는 흉계를 부린 것입니다. 제가 우러러 받드는 군부의 앞에서 분변하지 않는다면 어디에서 발명發明하겠습니까?

7월 14일 도원수의 전령에 '호서의 토적 수천여 명이 갑자기 발동했으니 섬멸할 태세를 갖춰 수십 기를 거느리고 오라' 했기에, 저는 이 전령을 듣고서 스스로 여기기를 '나의 칼을 시험할 기회가 왔다' 하고 즉시 운봉으로 달려갔다가 역적들이 이미 잡혔다는 소식을 듣고 도로 돌아왔습니다. 14일에 전령을 듣고서 15일에 단계에서 유숙했으며 16일에 함양으로 갔다가 17일에 미처 운봉에 닿기 전에 도원수가 다시 전령을 고쳐 '역적들이 이미 무너져 흩어졌다'고 했기에, 저의 생각에 도원수의 전령이 혹은 거짓인가 여겨져 다시 자세히 보니 곧 도원수가 한 것이었으므로 진영으로 돌아왔습니다. 이밖에는 진달할 일이 없습니다.

만일 공모하느라 서간이 오간 일이 있었다고 한다면, 단지 그 때만이 아니라 반드시 전부터 더러는 간찰 같은 것으로 서로 통한 것이 있을 것입니다. 시기하는 마음을 가진 역적들이 저를 모함하려고 하였는데 무슨 말인들 못하였겠습니까. 어찌 그들의 말만 듣고 그렇다고 여길 수 있겠습니까. 저로서는 다시 진달할 일이 없습니다." 하였다.

상이 이르기를,

"김덕령을 따로 가두어 두었는가?"

하니, 신점이 아뢰기를, "사가私家 한 칸에 가두었습니다."하자, 상이 이르기를, "앞서 말하지 않았는가? 별처別處에 가두어 두고 병조로 하여금 실한 군사를 더 배정하여 수직하게 해야 할 것이다" 하였다.

유성룡이 아뢰기를, "김덕령은 역적들의 공초에 나왔으니 의심할 것이 없습니다마는 여러 역적들이 도착하기를 기다린 다음에 의논하여 처리해야 할 것입니다"하니, 상이 이르기를, "옛적부터 역적을 다스리는 일은 반드시 문서를 기다려 본 다음에야 다스렸던 것은 아니었다. 여러 역적들의 공초에 나왔는데 어찌 의심할 것이 있겠는가." 하였다.

유성룡이 아뢰기를, "상황이 이러하니 반드시 살게 될 수는 없겠습니다마는, 그래도 차차 따져 물어 실정을 얻어내야 합니다." 하고, 윤두수는 아뢰기를, "이와 같이 큰 옥사는 비록 뒷날까지 기다리더라도 반드시 끝까지 알아내기 어려울 것이니 우선 오늘 문초해야 합니다" 하고, 대사간 이기와 대사헌 유영경이 아뢰기를, "이는 성상께서 재량하여 처리하시기에 달렸습니다마는, 옥사의 사체로 말하건대 자세히 알아보려 한다면 우선 후일을 기다렸다 하는 것이 무방합니다."

하였다.

상이 이르기를, "최담령을 신속히 잡아와야 되니 즉각 선전관을 내보내라" 하고, 또 이르기를, "김덕령은 사람을 죽인 것이 많은데 그 죄로도 죽어야 한다. 이빈이 그를 절제節制하는 장수였는데도 또한 죽이려고 했었다니 그 죄 역시 크다" 하고, 또 이르기를, "김덕령을 수직하는 일을 소홀히 여기지 말고 긴밀하게 하라. 자진自盡하는 일이 있게 될까 염려된다." 하고, 또 이르기를, "김덕령을 내보내도록 하라" 하였다. 신시申時에 국문을 파했다. (선조실록 1596년 8월 4일)

이 실록을 읽어보면 선조는 이미 김덕령을 죽이기로 작심한 듯하다. 영의정 유성룡과 대사간 이기, 대사헌 유영경 등은 김덕령이 죽음을 면치 못하겠지만 자세히 알아 본 뒤에 처리하자는 입장이었고, 윤두수는 오늘 문초하자고 하여 김덕령은 어느 누구에게도 비호를 받지 못한 듯하다. 김덕령, 정말 가련하다.

12

김덕령, 형문 끝에 옥사하다.

1596년 8월 4일에 김덕령을 친히 국문한 선조는 혹시 변란이 일어날까 염려하여 옥문을 굳게 잠그고 감시를 철저히 할 것을 명한다. 이에 의금부는 건장한 군사 1백여 명을 동원해서 굵은 밧줄로 김덕령을 묶어둔 채 밤낮으로 에워싸고 지켰다.

비탄에 빠진 김덕령은 너무나 원통하여 옥중에서 시 한수를 읊는다. 이름하여 춘산곡春山曲이다.

춘산의 불이나니 못다 핀 꽃 다 붓는다
저 뫼 저 불은 끌 물이나 있거니와
이 몸의 내연기 없는 불 일어나니 끌 물 없어 하노라

춘산곡. 광주 사직공원에 춘산곡 시비가 있다.

8월 8일에 선조는 다시 김덕령의 심복 최담령을 친국한다. 최담령은 전라도 부안에 있는 처자를 만나러 갔다가 잡혀 올라왔다. 그는 선조에게 역모한 적이 없음을 자술한다.

> "하늘이 알고 귀신이 알고 내가 알고 그대가 알고 있다고 옛사람이 말하였듯이 감히 거짓을 말할 수 있겠습니까? 역적들의 무리가 터무니없는 말을 퍼뜨린 것은 제가 최영의 자손으로 어려서부터 용감하다는 이름이 있었기 때문입니다. 하늘이 위에서 내려다보고 있는데 어찌 역모를 생각이나 하겠습니까?"

이어서 선조는 8월 14일에 전교를 내린다. 최강, 김언욱 등 김덕령의 참모들을 지체 없이 추국하여 김덕령 사건을 신속 처리하라는 어명이었다. 여기에는 종묘사직을 뒤흔드는 역모에 연루된 김덕령을 살려 줄 수 없다는 선조의 강한 의지가 담겨있다.

전교하기를, "김덕령의 일을 추국하려면 반드시 먼저 막하의 부하들을 추국하여 실정을 알아내야 할 것이다. 더구나 이 사람들은 곧 소위 참모로서 모두가 집안 족속族屬들인데, 다 같이 역적들의 공초에 나왔으니 먼저 추국하지 않을 수 없다. 이는 곧 종묘사직과 관계가 있는 것이니 보통 옥사처럼 시일을 끌며 지체해서는 더욱 안 될 것이다."

"김덕령의 일은 이미 뭇 역적들의 공초에 나왔으니 이를 고찰하여 엄하게 추국해야지 전혀 단서가 없다고 말해서는 안 된다. 다만 이번의 큰 옥사에서 물어볼 만한 수종인隨從人들을 먼저 추국해야 하는 이유는, 실정과 행적을 모조리 얻어내어 이를 증거로 삼아 괴수를 추국할 바탕을 만들고자 하는 까닭에서이다. 옛적에도 이와 같은 옥사는 그 집의 노복奴僕과 비첩婢妾들까지도 모두 심문했다. 어찌 단지 공초한 말에 드러난 것만을 증거로 삼겠는가.

내 생각에 이 사건은 처리하기 어려운 것이 아닐 듯하다. 설사 먼저 추국 받는 사람이 자복하지 않은 채 먼저 죽어버리게 된다 하더라도, 어찌 이 때문에 주저하면서 그 괴수를 추국하지 않을 수 있겠는가.

먼저 김덕령을 추국하는 것이 너무 서두르는 일인 듯 하기는 하나 만일 김덕령이 속으로는 그의 죄를 인정하면서도 끝까지 숨기고 자복하지 않는다면 또한 어떻게 실정을 얻어낼 수 있겠는가. 내 생각에는 김언욱을 먼저 형추하여 끝까지 심문해야 한다고 여겨지는데, 다시 의논하여 아뢰라. 다시 추국하여 끝까지 힐문하는 일은 아뢴 대로 하라."

(선조실록 1596년 8월 14일)

선조의 의지가 워낙 강하자, 조정의 대신들 중에 어느 한 사람도 옥중에 갇힌 김덕령을 구해주려고 나서지 않았다. 추국관 중에서 지중추부사 정탁과 좌의정 김응남이 구하고자 하였으나 역부족이었다. 어떤 대신들은 선조보다 한 술 더 떴다. "김덕령은 사람 죽이기를 삼을 베듯 하였으며 또 모반할 얼굴이니 죽이지 않으면 반드시 후환이 있을 것이다"라고 말하여 김덕령을 더욱 궁지에 몰아넣었다.

추국청은 즉시 김덕령의 참모인 최강, 친족인 김언욱, 김응회 등을 추국하였다. 그러나 이들로 부터도 역모를 밝혀 낼 수가 없었다.

8월 16일부터 추국청은 김덕령을 매일 형문한다. 그러나 김덕령은 자복하지 않았다. 역모한 일이 없으니까 자백할 일이 없었으리라.

그러면 8월 18일의 3차 형문 기록을 읽어 보자.

김덕령을 3차 형문하여 30회 이상 형장을 가했지만 앞서의 공초와 가감이 없었다. 추국청이 아뢰기를, "김덕령을 3차 형문했지만 승복하지 않으니 마땅히 더

형문해야 할 것이나 숨이 곧 넘어갈 듯 하여 착명着名도 하지 못했습니다. 만일 곧 죽어버린다면 실정을 얻어내지 못하게 될 듯싶으니, 내일 가형加刑하소서" 하니, 아뢴 대로 하라고 답하였다. (선조실록 1596년 8월 18일)

이렇듯 김덕령은 몽둥이로 여러 차례 얻어맞아 정강이뼈가 부러졌다. 그런데도 그는 무릎으로 걸어 다녔다. 선조는 "김덕령은 형장도 아무렇지 않게 여기니 참으로 지독하구나."하였다. 괘씸하다고 여겨져서 그에게는 더 가혹한 형벌이 가해졌고, 의금부 군사들은 옥문을 출입할 때 그를 큰 나무 토막에다 묶고 좌우에서 에워싸고 다녔다.

8월 19일, 8월 20일에도 4차, 5차 형문이 가해졌다. 추국관들은 자백하라고 거듭 추궁하고 더 잔혹한 형문을 가하였으나 김덕령은 결코 자복하지 않았다.

8월 21일에 6차 형문이 시작되었다. 수차례 고문을 당하여 김덕령은 겨우 목숨만 남아있었으나 행동거지는 평상시와 같았다. 그는 조용히 공초를 받으면서 "신이 만약 다른 뜻이 있었다면 어찌 당초에 도원수의 명을 받고 운봉에 왔겠으며, 또 명을 받고 군사를 거느리고서 진으로 돌아갔겠나이까. 다만 신에게는 만 번 죽어도 용서받지 못할 죄가 있나이다. 계사년1593년에 모친이 별세하였는데 3년 상의 슬픔도 잊고 한 하늘 아래 같이 살 수 없는 왜나라 원수에 흥분하여 정을 끊고 상복을 벗어 던지고 칼을 잡고 분연히 나섰으나, 여러 해 동안 종군하였지만 조그마한 공도 세우지 못하였으니 충성도 이루지 못했으면서 도리어 불효만 하였습니다. 허물은 이것뿐이오니 만 번 죽어도 용서받기 어렵지만 구국한 충정은 천지가 굽어 살피옵나이다. 다만 최담령 등이 죄 없이 옥에 갇혀 있으니 원컨대 죽이지 마시옵소서." 하고, 마침내 형장 아래에서 죽었다.

〈호남절의록〉에는 김덕령의 죽음을 중국 남송의 장군 악비岳飛 1103~1141의 죽음에 비유한다. 38세의 장수 악비가 여진족 금나라와 싸워 이기고 있는 도중에, 무능한 임금 고종과 주화파인 권신 진회에 의하여 죽임을 당하였듯이, 28세의 김덕령1568~1596도 이몽학의 난에 연루되어 의심 많은 선조 임금과 시기하는 충청병사 이시언, 경상우병사 김응서 무리에 의해 죽었다는 것이다. 선조수정실록 1596년 8월 1일자, 안방준의 '삼원기사 三寃記事' 참조

김덕령이 죽었다는 소식을 듣고 제일 환호한 것은 왜군이었다. 가토 기요사마가등청정은 김덕령의 명성을 듣고 몰래 화공을 보내어 그의 얼굴을 그려다가 보고는, "참으로 장군이다" 하면서 항상 경계를 하였는데, 그가 죽었다는 말을 듣고 진위를 확인하고자 김덕령을 면대할 수 있도록 원수부에 청하였다. 원수부는 '집에 돌아가서 상을 마치게 하였다' 고 대답했다. 마침내 왜군들은 그가 죽었다는 것을 자세히 알고 술을 마시고 기뻐 뛰면서 "호남과 호서는 걱정 없다"고 하였다.

며칠 뒤에 진주 진영의 군사들과 주민들에게 김덕령이 죽었다는 소식이 알려졌다. 그들은 통곡하고 슬퍼하였다. 전라도의 군민軍民들도 김덕령의

옥사 소식을 듣자 모두 원통하게 여기고 가슴 아파하였다.

조경남은 1596년 8월 24일자 '난중잡록'에서 김덕령의 죽음을 이렇게 애도하고 있다.

> 온 나라 사람들이 그를 의지하여 안심하였고, 왜놈도 또한 겁내어 항상 스스로 계엄하여 경계를 지키고 감히 침범하지 못하였는데, 국운이 불행하여 죄가 아닌데도 김덕령을 죽였도다. 하늘이 그에게 몇 년의 수명을 더 주었더라면 정유년에 왜적이 어찌 전라 · 충청도에 쳐들어 올 수 있었으랴. 당시에 뜻있는 이는 개탄하지 않는 이가 없었다.

* 광주 사직공원 : 광주광역시 남구 사동 177

13

취하였을 때의 노래여, 한恨의 노래여

- 풍암정, 취가정에서

선조는 김덕령이 형장에서 죽었다는 보고를 받는다. 그는 아무런 말도 하지 않았다. 이렇다, 저렇다는 말 한마디가 없었다. 그나마 김덕령의 죽음에 대한 측은함은 있었던지 시신만은 거두도록 하였다. 역모를 일으킨 이몽학의 시신이 저잣거리에 걸리고, 한현이 능지처참된 것에 비하면 대접을 받은 셈이다.

심한 고문으로 만신창이가 된 김덕령의 시신은 수레에 실려 광주로 내려온다. 아우 김덕보와 친척 그리고 부하들이 소달구지 뒤를 따랐다. 김덕령의 시신은 고향 마을 광주 석저촌에 도착한다. 시신에는 부인 이씨가 손수 만든 수의가 입혀지고, 장례식은 암울하게 치러진다. 역적으로 몰렸으니 조정에서 보낸 관리가 장례를 삼엄하게 통제하였다. 김덕령은 무등산 이치마을 남서쪽에 묻힌다. 나라를 위하여 충성을 다한 그였지만, 돌아온 것은 누명과 죽음뿐.

이는 마치 1980년 5월 18일 광주 민주화 항쟁 당시에 죽은 이들의 장례를 연상하게 한다. 민주투사들 역시 폭도로 몰려 광주 망월동에 묻히었다.

김덕령의 가족과 친척, 부하들은 부조리한 세태를 원망하며 세상과 등진다. 김덕령의 마지막 부탁으로 풀려난 최담령과 최강 등은 영남과 호남의 방어사에게 배속되었다. 이후 선조는 최담령을 장수로 임명하지만, 그는 겁쟁이 행세를 하고 폐인노릇을 한다.

김덕령의 손위 처남 이인경도 병을 핑계로 사임하고는 시골에 은거한다. 그뿐만이 아니었다. 김덕령의 죽음을 목격한 전라도의 선비들은 모두 숨어버리고 다시는 의병으로 나서지 아니하였다. 목숨 바치며 나라에 충성하였지만 돌아온 것은 죽음뿐인데, 어느 누가 기꺼이 나서려하겠는가?

무엇보다도 가장 한이 맺힌 이는 부인 이씨와 동생 김덕보였다. 부인 이씨는 자식도 없이 홀로 지내다가 1597년 정유재란 때 순절한다. 이순신이 서울로 잡혀가고 원균이 이끄는 수군이 칠천량 전투에서 몰살당하자 왜군은 전라도를 초토화하였다. 남원성이 무너져 수 만 명의 군관민이 한꺼번에 죽었다. 김덕령의 부인 이씨도 담양 추월산으로 피난을 간다. 왜적들은 이곳까지 추격하여 백성들을 닥치는 대로 죽이고 부녀자를 겁탈하였다. 그녀는 정절을 지키려다가 보리암 근처 낭떠러지에서 떨어져 죽는다.

김덕령의 동생 김덕보1571~1627는 세상이 싫었다. 무능한 임금과 국난 중에도 당쟁만을 일삼는 조정대신, 모함을 일삼는 용렬한 장수들이 너무 원망스러웠다. 그는 1597년에 화순군 동복의 어느 마을에 은거하다가, 지리산 백운동으로 다시 숨는다. 그러다가 1602년에 고향으로 돌아온다. 그는 무등산 원효 계곡아래에 조그만 집을 짓고 죽을 때까지 지낸다. 이 집이 바로 풍암정楓巖亭이다.

김덕보는 1627년에 정묘호란이 일어나자 안방준과 함께 의병을 일으켰으나 나이가 많고 병이 들어 전장에는 나가지 못하였다. 그리고 그해 한 많은 세상을 뜬다. 안방준은 김덕령의 원통한 사연을 김덕보에게서 듣고 삼원기사三寃記事를 썼다 한다.

폭염이 계속되고 있는 여름이다. 다시 역사인물 답사를 시작한다. 충장사를 둘러보고 나서 무등산 원효계곡 아래에 있는 풍암정을 간다. 풍암정은 충장사에서 계곡 아래로 곧장 내려가면 있다. 내려가는 길목에 김덕령의 작은 할아버지인 김윤제의 제실이 있다. 풍암정에 도착하여 안내판부터 살펴본다.

이 정자는 조선중기 김덕보가 세운 정자이다. 1614년광해군 6에 정홍명1592~1650이 쓴 풍암기의 내용으로 미루어 1614년 이전에 처음 세워진 것으로 보인다. 풍암이라는 명칭은 단풍과 바위가 어우러진 주변의 아름다운 경치 때문에 붙여진 것이다.

풍암정

정홍명은 한글 가사문학의 대가인 송강 정철의 아들이다. 그가 지은 풍암기에는 "풍암정은 수많은 기암괴석 사이마다 100여 그루의 단풍나무가 끼어 있어 푸른 시내의 물빛이 붉을 정도로 무성하다"라고 하였다.

정자에는 풍암정사 현판과 풍암기 그리고 임억령, 고경명, 안방준, 이안눌 등의 한시가 편액되어 있다. 풍암정사 현판 바로 위에는 풍암 김덕보가 지은 칠언율시 편액이 걸려 있다. 한시를 읽어본다.

마음 가는 대로 읊음漫詠

늦게야 단풍나무 언덕에 작은 집을 지으니
바위 앞에는 대나무, 뒤는 산기슭
양지바른 창문은 겨울에도 따뜻하고
높은 곳에서 물을 보니 여름에도 차갑네.

영약은 언제나 신선과 짝이 되어 썰고
좋은 책은 빌려다가 야인野人들과 같이 보네
몸 숨길 편안한 곳이 따로 있는데
무엇하러 바다 밖의 봉래산을 찾을 것인가

이제 발길을 취가정醉歌亭으로 옮긴다. 취가정은 김덕령이 살았던 광주 충효동 마을 근처에 있다. 김윤제의 별당인 환벽당 바로 옆이다. 취가정은

풍암정 정자 안에 있는 편액들

아름드리 소나무로 둘러싸여 있다. 입구에는 안내판과 취시가 비가 있다. 먼저 취가정 안내판을 읽어 본다.

이 정자는 임진왜란 때의 의병장인 충장공 김덕령 장군을 추모하기 위하여 고종 27 1889년에 김만식을 비롯한 후손들이 세웠다.

취가정이란 이름은 모함을 받아 죽임을 당한 김덕령 장군이 술에 취한 모습으로 석주 권필 1569~1612의 꿈에 나타나 자신의 억울함을 하소연하는 노래를 부르자, 권필이 시를 지어 원혼을 달랬다는 이야기에서 유래한다. 즉 김덕령 장군이 취했을 때 부른 노래라는 뜻으로 취가정이라 이름 지은 것이다.

권필은 이안눌과 함께 조선 중기를 대표하는 시인이다. 그의 문집 '석주집'에서 취시가를 찾았다.

꿈속에 작은 책 한권을 얻었는데 바로 김덕령의 시집이었다. 첫머리에 실린 시 한 편은 '취시가醉時歌'였다. 내가 이 시를 여러 차례 되풀이해 읽어 보고서 그 뜻을 알았다. 그 가사는 이러하다.

술 취했을 때 부르는 노래여,
이 곡조를 듣는 이 아무도 없어라.
나는 꽃과 달 아래에서 취하고 싶지 않고,
나는 공훈을 세우고 싶지도 않다오.
공훈을 세우는 것은 뜬구름과 같고,
꽃과 달 아래에서 취하는 것도 뜬 구름일세
술 취했을 때 부르는 노래여,
아무도 내 마음 알아주는 이 없구나.
다만, 긴 칼을 잡고 밝은 임금 모시길 원할 뿐이네.
내가 잠에서 깨니 서글픈 비감悲感이 들었다. 그래서 절구 한 수를 지었다.

취가정

장군이 지난날에 창을 잡았으나
장한 뜻이 중도에 꺾이니 운명인 걸 어찌하랴
지하에 계신 영령의 한없는 원한이
취시가 한 곡조에 분명히 드러나누나.

취시가는 권필이 꿈에서 얻은 것을 쓰고 답한 형식으로 되어 있다. 이 시에는 김덕령의 죽음에 대한 안타까움과 분노가 담겨있다. 권필의 현실 비판 의식이 내재되어 있다.

운암서원 : 송제민과 권필의 신위가 모시어진 서원이다.

권필의 장인은 송제민1549~1602이다. 송제민은 김덕령을 의병장으로 적극 추천한 사람이다. 권필은 장인으로부터 김덕령의 옥사 이야기를 들었으리라.

한편 정자 전면의 네 기둥에는 주련이 부착되어 있다.

충성은 일월을 꿰고	충관일원 忠貫日月
기개는 산하를 덮었는데	기장산하 氣壯山河
취하여 땅에서 부르는 노래	취가어지 醉歌於地
감동하여 하늘에 들렸네.	성문우천 聲聞于天

취가정 네 기둥에 있는 주련

충용장 김덕령, 그는 정녕 불운아이다. 원통하게 죽은 후 65년 동안이나 죄인 취급을 당하다가 1661년에야 신원이 회복되었으니.

● 답사할 곳 ●

* 풍암정 : 광주광역시 북구 충효동 718

* 취가정 : 광주광역시 북구 충효동

14

정조, 김덕령에게 충장공 시호를 내리다.

- 광주광역시 북구 충효동 정려비각

광주광역시 북구 충효동을 간다. 충효동은 취가정 바로 뒤편에 있다.

충효동 입구에는 왕버들나무 세 그루가 있다. 4백년이 넘어 보인다. 일설에 의하면 이 나무는 김덕령이 비참하게 죽자 마을 주민들이 이를 기리기 위하여 심었단다. 마을의 액운을 쫓아내 달라는 의미도 있었단다.

왕버들 나무 건너편에는 충효동 정려비각이 있다. 입구에 세워진 안내판을 읽는다.

> **이 비는 임진왜란 때 의병장으로 활약한 충장공 김덕령과 형 덕홍, 아우 덕보, 부인 흥양 이씨 등의 충忠, 효孝, 열烈을 기리기 위해 세워진 것이다.**
>
> **1788년정조12 왕명으로 충효리忠孝里라는 마을 이름을 하사받고 이듬해 그 유**

충효동, 정려비각 입구

래를 밝힌 이 비를 세웠다. 비각은 정면 3간 측면 1칸의 맞배지붕으로 1792년에 처음 세웠다.

비각 안으로 들어간다. 거기에는 비가 하나 있고, 한 쪽에 안내판이 있다. 먼저 비각 안에 있는 비부터 들여다본다. 앞에는 '증 병조판서 충장공 김덕령 증 정경부인 흥양이씨 충효지리贈兵曹判書忠壯公金德齡贈貞敬夫人興陽李氏忠孝之里' 라고 적혀 있고 뒤에는 비문이 있다. 비문 마지막에 기유 3월 일립日立이라고 적혀있다. 기유년을 환산하여 보니 1789년이다.

충효지리 비

이윽고 안내판 있는 곳으로 가서 안내문을 읽는다. 안내문 제목은 '충장공 김덕령 충효리 비' 이다. 여기에는 김덕령이 신원伸冤 원통한 일이나 억울하게 뒤집어 쓴 죄가 풀림이 되어 시호가 내려지고 마을 이름이 충효리가 된 내역이 상세히 적혀 있다. 글은 서유린이 지었고, 1789년정조13년 3월이라 적혀 있다.

김덕령은 1661년 현종 때 신원되어 병조참의로 추증된다. 숙종 6년에는 병조판서로 올라갔고, 1788년정조 12년 4월에 정조는 충장忠壯이라는 시호를 내린다. 충장이란 뜻은 '위태롭게 하여 임금을 받들었기에 충이라 하고, 무에 능하고 몸가짐이 진중하기에 장' 이라 하였다.

이때 부인 이씨에게 정경부인을 추증하였고, 형 덕홍에게 지평벼슬을, 아우 덕보에게 집의 벼슬을 내려 삼형제를 의렬사에 함께 모시게 하였다. 또한 1788년 11월에 정조는 김덕령의 고향에 비석을 세우라고 전교하였다.

다시 비각 앞으로 가서 비를 살펴본다. 그리고 보니 이 비 뒷면의 비문이 바로 안내판에 적힌 바로 그 글이다.

한편 비각 정면 상단에는 편액이 하나 있다. '정조어제윤음'이다. 내용을 살펴보니 1788년 11월 16일자 정조실록이다. 정조 임금이 김덕령 · 김덕홍의 고향에 그들의 업적을 적은 비석을 세우게 한 전교이다.

전교하였다. "어제는 이제독이순신을 말함 사당기李提督祠堂記를 짓고 오늘은 임충민임경업을 말함 표려윤음林忠愍表閭綸音을 내렸는데, 김충장金忠壯의 집에 사제賜祭하러 갔던 관원이 복명復命하면서 그 집에 간직되어 있던 유고遺稿와 수적手蹟을 가져다가 올렸으니, 일이 우연이 아닌 듯하다. 그 글을 읽고 그 글씨를 보니 왕성하게 생기生氣가 있어 마치 그 사람을 보는 것 같아 한 글자에 한 번씩 감탄하다 보니 나도 모르는 사이에 책을 다 읽었다.

일찍이 듣건대 우리나라는 접역鰈域에 위치해서 풍기風氣가 국한되었으므로 생각 또한 옹졸한데 거기다 사당私黨을 현자賢者와 정인正人을 해치는 무기로 삼기 때문에 상대가 먼저 착수하느냐 내가 먼저 착수하느냐에 따라 연슬淵膝이 크게 달라진다고 하기에, 나도 즉시 이런 풍기에 이런 당사마저 있다면 비록 기夔 · 설卨 · 관중管仲 · 제갈량諸葛亮 같은 인재가 다시 나오더라도 세상에 용납되기 어려울 것이라고 하였다. 충장공이 화를 당한 것만이 반대파 소인들에게서 연유한 것일 뿐 아니라 충무공과 충민공도 모두 그렇지 않음이 없었으니 어찌 몹시 한탄스럽지 않겠는가.

그러나 없어지지 않는 것은 공의公議이고 어두워지지 않는 것은 영웅의 업적이어서, 천 년 전의 일이 백세百世 뒤에서도 사리 상 굽혀진 것은 반드시 펴지고 억울한 것은 언제고 풀리기 마련이다. 만약 충장공의 영혼으로 하여금 이를 알게 한다면 영웅의 눈물이 반드시 주체할 수 없이 흐를 것이다. 충장공 김덕령의 유고와 수적을 호남백湖南伯으로 하여금 모각模刻해서 반포하게 하라.

임충민공 부부의 충렬忠烈에 대해서는 이미 표려表閭하였거니와, 충장공 형제의 지극한 효성이 나라에 충성을 바치는 근본이 되었고, 그 부인의 효성 또한 이에 짝하여 아름답고 완전하였다. 형제와 부부가 몸을 던져 나라를 위해 목숨을 바친 드높고 늠름한 행적이 오늘에 이르기까지 사람들의 이목에 오르내리는데도, 아직까지 정려 · 포장하는 은전이 없었으니, 어찌 잘못된 일이 아니겠는가.

지방관으로 하여금 그 마을에 '증 병조판서 충장공 김덕령 증 정경 부인 흥양 이씨 충효지리'라는 비석을 세우게 하라. 그리고 그 형 충신 증 지평 김덕홍도 함께 비기碑記에 실어 조정에서 영원히 잊지 않고 있다는 뜻을 보이라."

정조는 김덕령 유고를 모두 읽고 감탄하면서, 억울하게 죽음을 당한 그를 영웅으로 받들고 있다. 이순신과 임경업도 소인배에 의해 모함 받았음을 언급하면서, 김덕령과 그 부인 그리고 형제의 충 · 효 · 열에 대하여 치하하고 있다.

일찍이 정조는 1785년 9월 5일에 전라도 유생 기석주奇錫周가 올린 '김덕령에게는 마땅히 시호를 내리는 은전恩典이 있어야 하고, 그 형 김덕홍과 그 아우 김덕보에게도 역시 특별히 포장하여 증직을 내려주라' 는 상소에 대하여 하교하기를, "충용군忠勇軍의 절의節義는 곧 여자와 어린 아이들도 알고

정조어제 윤음이 걸려 있는 충효리 비각

있는 바이다. 유전遺傳하는 말로써 살펴보더라도 위풍이 당당하여 사람으로 하여금 기가 죽게 한다. 이미 증직의 은전이 베풀어졌고 곧 사우를 세우라는 명이 있었으니, 열성조列聖朝에서 충신을 칭찬하고 장려한 거룩한 뜻을 우러러 알 수가 있겠다. 특히 신설伸雪이 된 지 얼마 되지 않아 미처 시호를 내릴 겨를이 없었다. 더구나 그 형과 그 아우의 절행節行이 또 이와 같이 뚜렷하니 포장褒奬하여 증직하는 것도 지나친 일이 아니다"라고 말하였다.

정조 임금은 김덕령에 대한 현창사업을 가장 적극적으로 한 명군이다. 충장공 시호를 하사하고, 마을에 정려비를 세웠을 뿐만 아니라, 벼슬도 좌찬성종1품으로 가증하였고 김충장공 유사를 편찬하였다.

물론 정조 임금은 김덕령뿐만 아니라 이순신과 임경업에 대하여도 많은 현창사업을 하였다. 정조는 충남 아산의 충무공 이순신 장군 묘 앞에 있는 신도비문을 직접 지었고 이충무공 전서도 편찬하였다. 임경업 장군의 임경업실기도 편찬하였다.

정려비각 정문 바로 앞에 붙은 편액이 정조 임금의 전교임을 알고 보니, 문화재를 관리하는 행정관청이 비각 안에 있는 안내판을 좀 더 잘 만들어 졌으면 하는 생각이 든다.

단순하게 김덕령 충효리 비문만 번역하여 놓을 것이 아니라 정조의 전교 편액에 대한 설명도 곁들였으면 얼마나 좋았을까. 그랬으면 관광객들이 김덕령 일가의 충효가 서린 충효동의 내역을 보다 쉽게 이해하였을 것이다. 영문 글도 곁들었으면 좋겠다. 영문 표기는 2015년 유니버시아드 대회를 앞둔 글로벌 광주가 지향하여야 할 점이다.

김덕령은 광주를 상징하는 대표적 인물이다. 마치 충장로가 광주의 역사 거리이듯이, 충장공 김덕령은 무등산의 전설이다. 앞으로 김덕령에 관한 많은 스토리를 발굴하고 문학 · 미술 · 음악 · 연극 · 뮤지컬 등 다양한 장르를 통하여 그를 알리는 작업이 이루어 졌으면 한다. 호남정신

● 답사할 곳 ●

* 충효동 정려비각 : 광주광역시 북구 충효동

부 록

- 임진왜란 주요 사건 연표
- 참고문헌

임진왜란 주요사건 연표

■ 1592년 (선조 25년)

4.13 일본군 병선 700여척이 조선 침략 개시

4.14 왜군 제1군, 부산진 함락

4.15 동래성 함락 (송상현 전사)

4.25 상주성 함락 (순변사 이일 패전)

4.28 신립, 충주 전투에서 패전하여 자살함.

4.30 선조, 서울을 떠나 서천.

5.1 선조, 개성에 도착

5.2 서울, 왜군에게 점령됨.

5.7 전라좌수사 이순신, 옥포 해전 승리

5.8 선조, 평양 도착

5.29 전라좌수군 2차 출전, 사천 해전 승리. 거북선 처음 등장

5.29 고경명, 담양 추성관에서 모임

6.3 김천일, 나주에서 창의

6.11 고경명, 담양에서 창의

6.14 왜군, 평양 입성

6.22 선조, 의주에 도착

7.8 이순신, 한산도 해전 승리

7.8 권율과 황진, 이치 전투 승리

7.10 고경명, 유팽로, 안영, 고인후 등 금산전투에서 순절

7.17 조승훈, 1차 평양성 전투 패배

7.20 임계영, 전라좌의병 창의

7.21 김경수, 장성 남문 창의

7.24 임해군 · 순화군, 왜군에 사로잡힘

7.26 최경회, 전라우의병 창의

8.1 이원익, 제2차 평양성 전투 패배

8.18 조헌 · 영규, 금산 전투에서 순절

8.27 해남현감 변응정, 황당촌 전투에서 순절

9.1 이순신, 부산포 해전 승리 (정운 전사)

10.6-10.10 김시민 제1차 진주성 전투 승리

10.6 최경회 · 임계영, 진주성 전투 지원

10.18 이응종 등 55명, 영광군 수성

12.25 명나라 제독 이여송, 대군을 이끌고 압록강을 건너 조선에 입국

■ 1593년 (선조 26년)

1.6-1.9 조선군과 명군이 평양성 전투 승리

1.19 조 · 명 연합군 개성 무혈 탈환

1.27 명군 이여송, 백제관 전투에서 패배

2.12 권율, 행주산성 전투 승리

2.12 변이중 · 정걸 · 김천일, 행주산성 전투 지원

2.18 명군 이여송, 평양으로 퇴각

3.4 이순신, 제2차 당항포 해전 승리

4.6 명나라 송응창, 교전 금지령을 내림.

4월 심유경, 고니시와 회담

4.18 왜군, 서울 철수 개시

4.20 조 · 명 연합군, 서울 입성

5.3 송응창, 다시 교전 명령

5월 명나라 사신 일본에 들어가 도요토미 히데요시를 만남

6.6 권율, 도원수가 됨.

6.22~6.29 제2차 진주성 전투에서 진주성 함락됨 (김천일 · 황진 · 최경회 · 장윤 · 고종후 · 양산숙 · 강희열 등 순절)

7.15 이순신, 한산도로 본영을 옮김.

8.1 이순신, 삼도 수군통제사에 임명됨.

8.10 명나라 이여송, 서울을 출발하여 요동 귀환을 시작.

9.13 송응창 · 이여송, 요동으로 돌아감.

10.1 선조, 서울에 귀환 입성

12.30 김덕령에게 충용군호를 부여

■ 1594년 (선조 27년)

1.11 송유진 역모 사건 발생 (송유진, 1.25 처형됨)

2월 훈련도감을 설치

3.4 제2차 당항포 해전 승리

3.29 영의정 유성룡, 군제를 진관체제로 복구할 것을 청함.

4.6 한산도에서 무과 실시

4.13 가토와 승 僧 유정의 제1차 서생포 회담

7.3 이정암, 전주부윤으로 임명됨.

7.26 이항복, 병조판서가 됨.

8.6 좌의정 윤두수, 전라도체찰사에 임명

8.27 고니시, 우병사 김응서를 통해 수교 요청해 옴.

11.12 이순신과 원균과의 갈등 문제 논의됨.

11월 김응서, 고니시와 만나 강화를 논의

12.1 원균을 충청병사로, 선거이를 충청수사로 임명

12.29 곽재우, 진주목사 겸 우도조방장으로 임명됨.

12.30 명나라, 일본에 책봉사 파견키로 결정

■ 1595년 (선조 28년)

7.17 황신, 일본군의 철수동향을 보고

10.27 비변사에서 거북선을 더 만들 것을 건의

■ 1596년 (선조 29년)

1.4 심유경, 고니시와 함께 일본으로 건너감.

1.15 일본 잔류 병력 철수준비 착수

2월 안골포 김해 거제도에서 왜군 철수

2.15 곽재우, 경상우도 방어사에 임명됨.

7.7 이몽학의 모반 사건이 발생 (이몽학 7.11 처형됨)

8.4 선조, 김덕령을 직접 국문 (김덕령, 8.11 옥중에서 사망함)

8.18 통신사 황신 일행이 일본에 갔다 옴.

9.2 명나라 책봉사와 도요토미 히데요시 오사카성에서 회담 (강화 파기)

10.10 책봉사와 통신사, 나고야에서 고니시로부터 재침을 통고받음.

12.8 비변사, 왜군에 대한 수비책을 아뢲. 고니시 부산 도착

12.21 통신사 황신, 일본에서 돌아와 왜군 재침을 아룀.

■ 1597년 (선조 30년)

1.13 일본, 조선 재침함 (정유재란이 일어남).

2.26 이순신 구속됨. 원균, 삼도수군통제사에 임명됨.

3.12 이순신, 국문을 당함.

4.1 이순신, 옥에서 풀려나서 백의종군함.

4.13 승 유정, 왜군의 침략목적 출병과 토벌에 대하여 상소

5.9 조선의 원수 이하 장수들 모두가 명나라 양총병의 지휘를 따르게 함 (작전통제권)

6.14 비변사, 수군으로 왜군을 견제할 것을 아룀.

6.18 안골포 해전. 보성군수 안홍국 전사함.

7.11 통제사 원균, 권율에게 곤장을 맞음.

7.16 조선수군, 칠천량 해전 패배 (원균 · 이억기 · 최호 전사)

7.22 이순신을 전라좌수사겸 삼도수군통제사로, 권준을 충청수사로 임명함.

8.3 왜군, 진주를 점령함.

8.16 왜군, 남원성을 함락시킴.

8월 장성남문 의병 다시 일어남.

8.29 이순신, 진도에 도착

9.7 명군, 직산 전투에서 승리

9.16 이순신, 명량해전 승리

9.20 정기룡, 보은전투 승리

12.23~1598. 1.3 명나라 장수 양호와 마귀 등이 울산의 왜군을 포위하다가 경주로 퇴각

12.30 이순신, 목포 고하도 주둔

■ 1598년(선조 31년)

1.27 왜군 총대장 고바야카와 일본으로 건너감.

2.17 이순신, 목포 고하도에서 완도 고금도로 본영 이동

4.8 전라병사 이광악, 무주전투에서 승리

5.16 진린 군사 9천명 요동 도착, 유정 군사 1만3천명 의주 도착

7.6 정기룡, 덕산 전투

7.16 이순신, 고금도 부근 해전

8.5 전라병사 이광악, 도요토미 히데요시 사망설 보고

8.18 도요토미 히데요시 사망, 일본 4로군 남하 시작

9월 순천 왜교성 전투

11월 울산, 사천, 순천의 왜군이 철수

11.18 노량해전, 이순신 전사

참고문헌

○ 건국대사학과 편, 역사와 이야기가 있는 답사기행–경상우도 편, 새문사, 2010

○ 고씨중앙종문회 · 충렬공 제봉 고경명 선생 기념사업회, 임란의병장 고경명의 재조명, 2007

○ 고재필 편집, 국역 정기록, 천풍인쇄사, 1978

○ 고진숙, 이순신을 만든 사람들, 한겨레아이들, 2004

○ 곽의진, 민, 솔과학, 2009

○ 국립광주박물관, 광주 – 유구한 문화의 도시, 도서출판 라인, 2008

○ 국립진주박물관, 싸워 죽기는 쉬어도 길을 빌려주기는 어렵다, 혜안, 1999

○ 국립진주박물관, 임진왜란과 도요토미 히데요시, 부키, 2003

○ 국립진주박물관, 임진왜란과 진주성 전투, 국립진주박물관, 2010

○ 국립진주박물관, 임진왜란 조선인 포로의 기억, 국립진주박물관, 2010

○ 국사편찬위원회 인터넷 사이트, 조선왕조실록

○ 기효증, 함재근왕록, 기성근 소장
○ 김권섭, 선비의 탄생, 다산초당, 2008
○ 김대중 편역, 도산에 사는 즐거움 – 이황 선집, 돌베개, 2008
○ 김동수 교감 · 역주, 호남 절의록, 경인문화사, 2010
○ 김동욱 옮김, 새벽강가에 해오라기 우는 소리(국역 기문총화) 상 · 중 · 하, 아세아 문화사, 2008
○ 김만선, 유배, 갤리온, 2008
○ 김명준, 임진왜란과 김성일, 백산서당, 2006
○ 김선기, 호남정신 뿌리 깃든 전라도 정자기행, 보림, 2003
○ 김세곤, 고봉, 퇴계를 그리워하다, 보림출판, 2009
○ 김세곤, 호남정신의 뿌리를 찾아서, 온새미로, 2010
○ 김세곤, 퇴계와 고봉, 소통하다, 온새미로, 2012
○ 김수업, 논개, 지식산업사, 2001
○ 김시덕, 그들이 본 임진왜란, 학고재, 2012
○ 김영헌, 김덕령 평전, 향지사, 2006
○ 김인숙, 조선 4대 사화, 느낌이 있는 책, 2009
○ 김종대, 여해 이순신, 예담, 2008
○ 김종대, 이순신, 신은 이미 준비를 마치었나이다, 가디언, 2012
○ 김탁환, 불멸의 이순신 3, 4권, 황금가지, 2004
○ 김현식, 이순신의 일상에서 리더십을 읽다, 평민사, 2009
○ 김훈, 칼의 노래, 생각의 나무, 2001
○ 김희영, 이야기 일본사, 청아출판사, 2006

○ 남성숙, 호남 사람 이야기, 광주 매스컴, 2009
○ 노기욱, 임진의병장 노인의 금계집 국역본, 전남대학교 출판부, 2008
○ 도현신, 임진왜란, 잘못 알려진 상식 깨부수기, 역사넷, 2008
○ 동양문헌학회, 호남 유학과 선현, 동양문헌학회, 2011
○ 동양학 연구원, 국역 회재집, 호남문화사,1994
○ 문화재청 엮음, 수난의 문화재, 눌와, 2009
○ 문화재청 칠백의총관리소, 칠백의총, 문화재청, 2010
○ 박광전 저, 안동교 역주, 국역 죽천집, 신조사, 2003
○ 박경식, 이순신과 원균, 행림출판, 2005
○ 박기봉 편역, 충무공 이순신 전서 1,2,3,4권, 2006
○ 박덕규 편저, 중국 역사 이야기, 명나라 (상)(하), 일송북, 2005
○ 박상하, 진주성 전쟁기, 어문학사, 2007
○ 박석무, 조선의 의인들, 한길사, 2010
○ 박성봉 편저, 박죽천연구논총, 백산자료원, 2004
○ 박영규, 한권으로 읽는 조선왕조실록, 웅진지식하우스, 2004
○ 백지원, 조일전쟁, 진명출판사, 2009
○ 봉암서원, 봉암서원지, 봉암서원, 2001
○ 서강대학교 국제한국학센터 기획, 임진왜란 동아시아 삼국전쟁, 휴머니스트, 2007
○ 송갑석, 무등산 역사길이 내게로 왔다. 심미안, 2012
○ 송복, 위대한 만남 서애 류성룡, 지식마당, 2007
○ 신광재 지음, 나주목사 이야기, 나주역사문화연구소, 2006

○ 신경, 재조번방지, 한국고전번역원 DB
○ 신병주, 조선을 움직인 사건들, 새문사, 2009
○ 신봉승, 문묘 18현, 청아출판사, 2010
○ 신호창, 이순신의 전쟁, 돋을새김, 2012
○ 심경호, 내면기행, 이가서, 2009.
○ 심경호, 나는 어떤 사람인가, 이가서, 2010
○ 안방준 저, 안동교 역주, 국역 은봉전서, 신조사, 2001
○ 안종일, 정진백 편, 정의로운 역사 멋스러운 문화, 사회문화원, 2007
○ 안진오, 호남 유학의 탐구, 심미안, 2007
○ 압해정씨 병사공파종중회 편, 송정 정걸장군 일대기, 도민문화사, 2002
○ 연민수 편저, 일본 역사, 보고사, 1998
○ 오항녕, 조선의 힘, 역사비평사, 2010
○ 유몽인 지음, 신익철 등 옮김, 어우야담, 돌베개, 2006
○ 유성룡 저, 김문수 엮음, 징비록, 돋을새김, 2009
○ 이긍익, 연려실기술, 한국고전번역원 DB
○ 이덕일, 사화로 보는 조선역사, 석필, 1998
○ 이덕일, 유성룡, 역사의 아침, 2007
○ 이덕일, 조선 왕을 말하다. 역사의 아침. 2010
○ 이민웅, 임진왜란 해전사, 청어람 미디어, 2004
○ 이민웅, 이순신 평전, 성안당, 2012
○ 이상각, 조선왕조실록, 들녘, 2009
○ 이선근 발행, 제봉전서(상 · 중 · 하), 한국정신문화연구원, 1980

○ 이수광 저 · 남만성 역, 지봉유설, 을유문화사, 1975
○ 이순신 역사연구회 저, 이순신과 임진왜란 1,2,3,4권,비봉출판사, 2005
○ 이순신 지음, 노승석 옮김, 교감 완역 난중일기, 민음사, 2010
○ 이순신 지음, 송찬섭 엮어 옮김, 난중일기, 서해문집, 2004
○ 이우상, 조선왕릉 - 잠들지 못하는 역사 1, 2 , 다알미디어, 2009
○ 이은직 지음, 정홍준 옮김, 조선명인전 2, 일빛, 2005
○ 이을호, 총설, 전라남도임란사료편찬위원회 편, 호남지방 임진왜란 사료집 I, 삼일정판사, 1990
○ 이이화, 한국사 이야기 11, 조선과 일본의 7년 전쟁, 한길사, 2000
○ 이장희 외, 망암 변이중 연구, 삼우사, 2003
○ 이종묵, 조선의 문화공간 2, 휴머니스트, 2006
○ 이신이, 이순신을 찾아 떠난 여행, 책과 함께, 2008
○ 이치백, 무민공 황진장군, 사단법인 전북향토문화연구회, 2008
○ 이치백, 정충록, 사단법인 전북향토문화연구회, 2008
○ 이한우, 선조, 조선의 난세를 넘다, 해냄, 2007
○ 이항 저, 권오영 역, 국역 일재선생 문집, 일재선생문집국역추진위원회, 2002
○ 이해영 지음, 학봉 김성일의 생각과 삶, 한국국학진흥원, 2006
○ 임기봉 역주해, 이충무공 진중일기, 범우, 2007
○ 임원빈, 이순신 승리의 리더십, 한국경제신문, 2008
○ 임진왜란 연구회 편, 고경명의 의병운동, 국립진주박물관, 2008
○ 전남대학교 이순신해양문화연구소, 여수의 역사와 문화를 찾아서, 심미안, 2008
○ 전대신문 엮음, 전라도를 다시 본다, 전남대학교 출판부, 2005

○ 전라남도 임란사료편찬위원회 편, 호남지방임진왜란사료집 I, 삼일정판사, 1990
○ 전라남도 임란사료편찬위원회 편, 호남지방임진왜란사료집 II III, 삼일정판사, 1992
○ 전라남도임란사료편찬위원회 편, 호남지방임진왜란사료집(호남절의록) IV, 삼일정판사, 1990
○ 전쟁기념관 편, 임진왜란과 권율장군, 전쟁기념관, 1999
○ 제장명, 이순신 파워인맥, 행복한 나무, 2008
○ 제장명, 이순신 백의종군, 행복한 나무, 2011
○ 조경남, 난중잡록, 한국고전번역원 DB
○ 조관희 엮음, 이야기 중국사, 청아출판사, 2003
○ 조성욱, 충무공 이순신, 연경문화사, 2004
○ 조성욱 역, 임진장초, 연경문화사, 1984
○ 조원래, 임진왜란과 호남지방의 의병항쟁, 아세아문화사, 2001
○ 조원래, 임진의병장 김천일 연구, 학문사,1993
○ 조원래 책임편집, 임진왜란과 진주성전투, 국립진주박물관, 2010
○ 조용헌, 500년 내력의 명문가 이야기, 푸른 역사, 2002
○ 최관 · 김시덕, 임진왜란 – 관련 일본 문헌 해제, 도서출판 문, 2010
○ 최경회 등, 일휴당실기 · 육의록, 낭주인쇄사, 1987
○ 최영희, 임진왜란, 세종대왕 기념사업회, 1974
○ 최영희 등, 임진왜란과 이치대첩, 충남대학교 백제연구소 · 금산군, 1999
○ 최우열, 조선이 뒤흔든 이순신의 바다, 채륜, 2012
○ 최효식, 임진왜란기 영남의병 연구, 국학자료원, 2003

○ 한국사상문화원, 호남학의 세계, 한국사상문화원, 2006
○ 한국족보학연구소, 국역 해광집, 화동기획, 2002
○ 한정주, 한국사 전쟁의 기술, 다산초당, 2010
○ 허남오, 진주성 – 용사일기, 지구문화사, 2004
○ 허승일, 다시, 역사란 무엇인가?, 서울대학교 출판문화원, 2009
○ 황원갑, 부활하는 이순신, 마야, 2006
○ 호사카 유지, 조선 선비와 일본 사무라이, 김영사, 2007
○ 한국고전번역원 인터넷 사이트, 대동야승 · 난중잡록 · 연려실 기술 등
○ E. H. 카, 김택현 옮김, 역사란 무엇인가, 까치, 1997